PSICANÁLISE DE CASAL E FAMÍLIA

CONSELHO EDITORIAL

André Costa e Silva

Cecilia Consolo

Dijon de Moraes

Jarbas Vargas Nascimento

Luis Barbosa Cortez

Marco Aurélio Cremasco

Rogerio Lerner

Blucher

PSICANÁLISE DE CASAL E FAMÍLIA

Uma introdução

Organizadoras

Rosely Pennacchi

Sonia Thorstensen

Psicanálise de casal e família: uma introdução
© 2022 Rosely Pennacchi, Sonia Thorstensen
Editora Edgard Blücher Ltda.

SÉRIE PSICANÁLISE CONTEMPORÂNEA
Coordenador da série Flávio Ferraz
Publisher Edgard Blücher
Editor Eduardo Blücher
Coordenação editorial Jonatas Eliakim
Produção editorial Luana Negraes
Preparação de texto Bárbara Waida
Diagramação Guilherme Henrique
Revisão de texto Maurício Katayama
Capa Leandro Cunha
Imagem da capa iStockphoto

Blucher

Rua Pedroso Alvarenga, 1245, 4º andar
04531-934 – São Paulo – SP – Brasil
Tel.: 55 11 3078-5366
contato@blucher.com.br
www.blucher.com.br

Segundo o Novo Acordo Ortográfico, conforme
5. ed. do *Vocabulário Ortográfico da Língua
Portuguesa*, Academia Brasileira de Letras, março
de 2009.

É proibida a reprodução total ou parcial por
quaisquer meios sem autorização escrita da
editora.

Todos os direitos reservados pela Editora Edgard
Blücher Ltda.

Dados Internacionais de Catalogação
na Publicação (CIP)
Angélica Ilacqua CRB-8/7057

Psicanálise de casal e família : uma introdução /
organizado por Rosely Pennacchi, Sonia Thorstensen. –
São Paulo : Blucher, 2022.

403 p. : il.

Bibliografia

ISBN 978-65-5506-416-2

1. Psicoterapia familiar 2. Casais 3. Psicologia
I. Pennacchi, Rosely. II. Thorstensen, Sonia.

22-4812   CDD 616.89

Índice para catálogo sistemático:
1. Psicoterapia familiar

Conteúdo

Introdução   9
Rosely Pennacchi e Sonia Thorstensen

Prólogo   17
Maria Inês Assumpção Fernandes

1. As mudanças psicossociais na família e seu impacto na clínica de casal e família   25
   Isabel Cristina Gomes

2. Reflexões sobre o início do atendimento a casais e famílias   43
   Magdalena Ramos

3. Quando o paciente é o vínculo   67
   Lisette Weissmann

4. A psicossexualidade: da sexualidade infantil à vida amorosa adulta   83
   Sonia Thorstensen

5. Complexos familiares: as primeiras vivências em
família e seus reflexos na relação de casal   97
Sonia Thorstensen

6. Família: incidências formadoras e patológicas   139
Rosely Pennacchi

7. A transmissão psíquica: o intergeracional e o
transgeracional   167
Maria Lucia de Souza Campos Paiva e Silvia Brasiliano

8. Transmissão familiar pensando em significantes   183
Rosely Pennacchi

9. O segredo familiar no compasso da transgeracionalidade   207
Celia Blini de Lima e Rosely Pennacchi

10. Transferência e contratransferência na clínica conjugal e
familiar: o campo das intertransferências e das
transferências múltiplas como foco de análise   225
Maria Luiza Dias

11. As alianças inconscientes: um operador clínico no
trabalho com casais e famílias   259
Maria Inês Assumpção Fernandes

12. Individualidade, conjugalidade, familidade   277
Celia Blini de Lima

13. Atendimento presencial e a distância de casais e famílias   305
Ruth Blay Levisky

14. Pandemia: pulsão invocante 321
    Rosely Pennacchi

15. Famílias monoparentais: um olhar psicanalítico 349
    Lisette Weissmann

16. Intimidade e contemporaneidade: algumas
    considerações 365
    Walderez Bittencourt

17. Ética e manejo clínico: algumas considerações 379
    Rosely Pennacchi e Sonia Thorstensen

Considerações finais 389

Sobre as autoras 395

Introdução

Rosely Pennacchi e Sonia Thorstensen

Este livro surgiu do interesse de participantes do Grupo Vincular em registrar um pouco de nossas reflexões e experiências como analistas de casal e família. Esse grupo, que se reúne mensalmente desde 2004, congrega muitos colegas que iniciaram essa prática clínica em nosso meio há quase meio século. Daí o desejo de, com a ajuda destes textos, incentivar jovens analistas a se aventurar nesse terreno fascinante e, por vezes, amedrontador do atendimento da família e do casal.

Nossa proposta é que o livro seja uma introdução e, ao mesmo tempo, uma primeira fonte de referências sobre os principais autores que norteiam nosso trabalho, podendo ser usado como apoio num curso de formação. Desse modo, haverá em cada capítulo uma apresentação do referencial teórico que o orienta, evidenciando a influência das preferências teóricas de cada autor na sua abordagem clínica.

Nosso intuito é que as leituras sejam de fácil compreensão, para que profissionais de áreas afins também possam usufruir delas. As bibliografias indicadas servirão para um aprofundamento maior.

No início de cada capítulo, constará uma pequena narrativa acerca do caminho que cada analista-autora trilhou até se especializar nessa área. Nas entrevistas preparatórias para a organização do livro, ocasião em que perguntamos a cada autora como veio a se tornar analista de casal e família, os relatos vieram recheados de referências a famílias de origem, rememorações, afetos, o que sentíamos que também acontecia conosco. Parece-nos que trabalhar nessa área já implica um envolvimento afetivo maior com o tema.

Um aspecto central que caracteriza o atendimento de casal é o que Spivacow (2020, p. 51) chamou de *estado mental de casal*. Diz ele que se trata de um estado mental que deve estar presente no analista e que, se as coisas correrem bem na terapia, será internalizado pelos parceiros. Quando o analista assim se coloca, o foco central da análise é a relação. Dessa forma, mesmo que o analista esteja se referindo ao funcionamento de um ou de outro, ou de ambos, ele terá sempre em mente a relação, considerando-a de uma perspectiva intersubjetiva.

O *estado mental de casal* é uma posição terceira, equidistante de ambos os parceiros e que o terapeuta assume desde o início do atendimento. Spivacow (2020) conclui: "O que o casal mais intro-jeta do terapeuta refere-se a um estado mental – uma atitude, uma perspectiva de permanente consideração do vínculo – e não tanto os conteúdos específicos de interpretações que foram efetuadas" (p. 53). Podemos ampliar esse conceito para *estado mental de família*, com as mesmas implicações destacadas por Spivacow.

Dada sua complexidade, a psicanálise de casal e família apresenta uma dificuldade maior de manejo do que a análise individual. E por que isso ocorre?

Espera-se da família que harmonize e contenha em seu inte-rior uma profusão de impulsos intensos, todos pressionando para encontrar seu modo de se expressar, satisfazer-se ou ser desloca-dos, sublimados, recalcados, numa verdadeira e contínua "ciranda" pulsional familiar. O próprio Freud foi enfático em demonstrar a dimensão narcísica do amor, as diferenças entre homem e mulher quanto ao desejo, quanto à resolução edípica, e o preço a pagar por renunciar às pulsões para viver na civilização.

Acrescente-se a isso o fato de que, do ponto de vista histórico, o casamento sempre esteve a serviço do patrimônio familiar. Esperava-se dos cônjuges que nele houvesse compreensão e estima. À medida que o casamento se afasta desse registro e entra na esfera do amor, a questão se torna muito mais complexa. Espera-se agora que seja possível fundir no amor o respeito recíproco e o desejo sexual.

Trata-se de um equilíbrio instável, sempre sujeito a transbordamentos. É nesse momento que usualmente somos chamados a intervir. Aí, faz-se necessário o *estado mental de casal ou de família* que nos assegure a equidistância necessária para sustentar nossa capacidade de pensar e agir psicanaliticamente.

Assim, por exemplo, é frequente ouvirmos no consultório queixas de que um dos parceiros se esquiva da relação sexual. Mas também não quer ser traído nem se separar, porque gosta de viver em família. Temos aí um impasse! Por outro lado, as pessoas continuam se casando e lutam para encontrar alguém. Não há ninguém para quem o laço conjugal e/ou a relação amorosa não seja uma questão, ou mesmo não traga conflitos, ansiedades e sofrimentos.

Colocados todos esses aspectos, perguntamos: (1) como lidar com as frustrações do encontro/desencontro amoroso?; (2) como lidar com a exigência de conjugalidade que tanto insiste e tanto fracassa?; (3) como não sucumbir à exigência de que tudo funcione "perfeitamente" no casamento?

O ser humano, dada sua constituição, lança-se na vida convencido de que, de antemão, foi roubado, convicção que nenhuma gratificação posterior conseguirá abalar. Como compensação pelo objeto primordial perdido, ele nunca perceberá nada além de falácias

12   INTRODUÇÃO

substitutivas. O companheiro pode ser colocado na posição de alguém que deve restituir algo.

Eiguer, lembremos, adverte-nos que amamos o outro tanto pelo que ele é quanto pelo que simboliza. Já Lacan ressalta que amamos no outro o que nos daria completude, portanto, aquilo que nos falta: será que só amamos fantasmas, ficções?

Nossa trajetória

Desde 2004, coordenamos o Grupo Trama-Urdidura, que se dedica a estudar família, contemporaneidade e psicanálise com base nos textos de Freud, Lacan e dos pós-lacanianos franceses. Procurando nos alicerçar nos conceitos fundamentais da psicanálise clássica, mantemos um esforço seguido de construção de uma cesta de conceitos com maior especificidade para o atendimento de casais e famílias, via discussão de textos e supervisões. Desde o início, procuramos agregar fontes da antropologia, da sociologia e da filosofia, pois acreditamos que a psicanálise deve se enriquecer com os conhecimentos dessas áreas.

Mais recentemente, fazemos parte da equipe que ministra o curso sobre Família, Contemporaneidade e Educação na Coordenadoria Geral de Especialização, Aperfeiçoamento e Extensão da Pontifícia Universidade Católica de São Paulo (Cogeae/PUC-SP), o que nos permite trocar ideias com professores, diretores de escola, assistentes sociais, além de psicólogos que também atuam junto às famílias.

Em 2020, decidimos convidar nossos experientes colegas do Grupo Vincular, com suas diferentes abordagens psicanalíticas sobre casal e família, para escrever suas experiências e seus conhecimentos na elaboração de um livro-curso, ou curso livrado, como o chamamos carinhosamente. Pensamos que essa diversidade seria muito fecunda e interessante, e cada autora escolheu o tema sobre o qual gostaria de escrever.

No Capítulo 1, Isabel nos apresenta algumas mudanças ocorridas na família atual e os conflitos decorrentes delas, utilizando-se de três exemplos clínicos emblemáticos das novas tensões geradas nesse ambiente. Ela aponta o paradoxo que se instala entre o discurso contemporâneo manifesto e a experiência objetivamente vivida, pensada como material latente.

No Capítulo 2, Magdalena, de modo leve, porém direto e objetivo, leva-nos a mergulhar no "como fazer" da clínica de casal e família. Apresenta também uma cronologia muito bem-vinda do desenvolvimento institucional dessa área da psicanálise em nosso meio.

No Capítulo 3, Lisette nos apresenta a psicanálise das configurações vinculares, enfatizando o vínculo como paciente. Seguindo essa linha de pensamento, ela propõe pensar em um percurso marcado não apenas pela história dos sujeitos envolvidos, mas considerando o que cada parceiro fará surgir no vínculo, ou seja, a imposição de uma presença, tornando impossível não considerar a mudança que o outro, no presente, gera nas marcas vinculares.

No Capítulo 4, Sonia aborda a psicossexualidade freudiana e a sexualidade infantil, bases sobre as quais repousam a escolha amorosa e a constituição da família.

E, no Capítulo 5, ela descreve o intrincamento pulsional familiar a partir da função que cada membro da família desempenha diante do outro. Funções de mãe, pai, irmãos, cada uma delas devendo ser compreendida mais profundamente para se ter uma ideia do sentido de suas interações, das ansiedades e dos conflitos envolvidos. Também considera o que muda e o que permanece nas formas atuais de "constituir família".

No Capítulo 6, Rosely põe em evidência o fato de que a família não é só a matriz de simbolizações, socialização, identificações, mas também o continente, bem como a infância do sintoma. Somos elos em uma cadeia anterior à nossa chegada. Como se constrói a história da pessoa? Como o psiquismo individual transforma o legado genealógico? A autora escolhe os temas dos nomes próprios e das festas familiares como indícios significativos para se percorrer a malha familiar.

No Capítulo 7, Maria Lúcia e Silvia apresentam o desenvolvimento do conceito de transmissão geracional a partir dos escritos de Freud, passando por Kaës e Granjon, e mostram como, a partir da abordagem psicanalítica do casal e da família, este se tornou um tema muito pesquisado na atualidade. Por meio de dois filmes, evidenciam como os segredos encriptados em geração anterior agem na história de seus descendentes.

No Capítulo 8, baseando-se em Freud e Lacan, Rosely retoma o tema da transmissão psíquica priorizando a correlação existente entre a estrutura do inconsciente e a palavra. Utilizando-se do famoso caso de Freud, o Homem dos Ratos, ela mostra o deslizamento do significante ao longo das histórias familiares. Nesse caso, Freud já descreve o paciente aprisionado na rede dos significantes e atormentado por fantasias obsessivas em sua vida cotidiana.

No Capítulo 9, Celia e Rosely trazem um caso clínico que mostra como a analista, na e pela transferência, maneja os encontros com a família de modo a elucidar para os pais um segredo que provocava dificuldades escolares na criança. Mostram como os segredos são "silenciosos", mas provocam efeitos e deixam pistas.

No Capítulo 10, Maria Luiza apresenta os conceitos de transferência e contratransferência e sua amplificação para o atendimento de casais e famílias, introduzindo as noções de intertransferência conjugal e transferências múltiplas.

No Capítulo 11, Maria Inês analisa em profundidade o pensamento de Kaës em seu esforço de construção de uma metapsicologia que inclua as vivências intersubjetivas. Dela emerge o conceito de alianças inconscientes, seus pactos e seus contratos, operadores clínicos imprescindíveis no atendimento de casais e famílias.

No Capítulo 12, Celia apresenta a psicanálise de casal e família a partir do referencial teórico da escola inglesa, seguindo Klein e Bion e colocando em evidência as projeções e as introjeções mútuas entre os parceiros, além da meticulosa atenção às percepções contratransferenciais da analista. No texto, Celia aprofunda os inter-relacionamentos entre o psiquismo individual, a conjugalidade e a parentalidade.

No Capítulo 13, Ruth inicia seu texto com a pergunta: quais os motivos conscientes e inconscientes para um paciente procurar ajuda psicoterápica? A partir dessa questão, a autora discorre a respeito do processo analítico, passando pelo atendimento presencial e por suas experiências com o atendimento a distância. Mostra que, na pandemia, mesmo analista e paciente vivendo situações semelhantes de isolamento, impotência e imprevisibilidade, o encontro analítico pode ocorrer e se manter. Ela observa que a relação virtual também desenvolve uma qualidade vincular, permitindo que vivências clínicas de atendimentos online apresentem possibilidades de simbolização dos conteúdos emocionais, de desenvolvimento de intimidade e de trocas afetivas.

No Capítulo 14, Rosely nos fala sobre os impasses dos momentos trágicos que estamos vivendo, com as crises sanitária, econômica e política, o que nos leva diretamente para os sentimentos angustiantes do desamparo primordial. O Outro nos aparece como a saída possível, e a autora nos remete aos primórdios da pulsão invocante constitutiva do ser. Ela aborda também o desejo do analista em tempos de realidades superpostas.

No Capítulo 15, Lisette nos apresenta uma reflexão sobre as famílias monoparentais com as quais trabalhou ao chegar ao Brasil.

Vinda de outro país, ela pôde perceber uma característica de nossa cultura no que se refere à falta do lugar terceiro do pai que gera uma indiferenciação mãe-filho presente nesses casos.

No Capítulo 16, Walderez tece algumas considerações sobre a intimidade na contemporaneidade e a interferência dos relacionamentos virtuais, em especial a questão da infidelidade virtual na vida conjugal.

E finalmente, no Capítulo 17, Rosely e Sonia apresentam reflexões sobre ética e ressaltam alguns aspectos do complexo manejo clínico no atendimento de casais e famílias.

Esperamos que esta coletânea possa inspirar e abrir novos caminhos para nossos jovens colegas!

Referência

Spivacow, M. (2020). *Amores en crisis*. Buenos Aires: Paidós.

Prólogo

História e memória nos diálogos da psicanálise com casal e família

Maria Inês Assumpção Fernandes

Duas inquietações me afetam ao pensar as palavras iniciais de um livro que expressa o profundo conhecimento clínico e a sólida reflexão teórica sobre o trabalho com casais e famílias no Brasil.

A primeira remete a nossos tempos sombrios, em convulsão, cenário contemporâneo e hipermoderno no qual os efeitos da velocidade sobre as transformações da informação, da economia, das relações sociais e do espaço urbano se acentuam; cenário no qual a rapidez das trocas e o tempo quase simultâneo dominam a vida social.

Nele, o ritmo de vida se transforma, o trabalho pede rapidez e eficácia, e a organização das famílias e a composição dos casais enfrentam revoluções sem precedentes, questionando-se as referências de vínculo de filiação, marcando-se arranjos imprevistos, acentuando-se a indiferenciação de fronteiras intergeracionais, o que tem refletido, como afirma Benghozi (2010), um modo afiliativo de estruturação. Além disso, sabemos que, com a contração do tempo pela velocidade, em realidade, celebrou-se também o amor pelo perigo e instalou-se a violência nos domínios da vida cotidiana. A existência das pessoas começa a ser regulada pelo tempo da urgência e

18   PRÓLOGO

do instantâneo – na família, no trabalho, na circulação pelas cidades, no consumo, nos afetos. E, assim, enfraquece-se a experiência, pois o tempo das consciências é capturado e alvo de exploração pelos mecanismos de urgência e de consumo.

A segunda inquietação reflete a preocupação com a consistência do trabalho psicanalítico numa situação clínica, institucional ou não, que exige sustentar um modelo de inteligibilidade que dê conta da realidade psíquica com a qual nos deparamos nesse dispositivo. O trabalho com famílias e com casais recebe uma herança complexa, seja do ponto de vista sócio-histórico, seja a partir da teoria psicanalítica que o fundamenta, que propõe operar com uma concepção de sujeito como sujeito do vínculo. Desse modo, abre novas perspectivas para a pesquisa psicanalítica ao enfrentar o desafio de pensar o estatuto do sujeito do inconsciente em sua relação com a realidade psíquica inconsciente constituída no vínculo, no grupo familiar. Essa é uma hipótese ousada, pois permite interrogar e investigar os diversos lugares de produção do inconsciente.

Acrescente-se a isso a preocupação com a instituição e a doxa psicanalíticas, que sempre manifestaram, e ainda exibem, uma resistência epistemológica à construção de dispositivos que não se alinhem ao tradicional sofá-divã.

Contudo, as cinco últimas décadas evidenciaram amplas transformações no campo da prática psicanalítica e de suas correlatas reflexões teóricas, permitindo que novos espaços psíquicos fossem decifrados. Como afirma Kaës (2010), durante e após a Segunda Guerra Mundial e no curso do desenvolvimento industrial e urbanístico dos anos de expansão econômica, novas formas clínicas do sofrimento psíquico, praticamente invisíveis até então, exigiam novos dispositivos de tratamento e de conhecimento. Assim, os modelos e as novas formulações que se constituíam interrogavam a teoria e a prática psicanalíticas, exigindo um redesenho da metapsicologia do aparelho psíquico e da teoria da constituição subjetiva, que eram apoiadas no método clássico. No centro do problema ficava a questão: como representar o espaço psíquico do sujeito considerado em sua singularidade quando outros espaços psíquicos interferem, estruturando – ou não – o espaço interno? Certamente, uma nova visão de mundo se instalava no campo da clínica e de seu conhecimento, marcada pelos novos paradigmas de outro humanismo que retirava o centro gravitacional da vida psíquica ao Inconsciente do espaço intrapsíquico. O universo tornava-se "elíptico, pluricêntrico, descentrado" (Kaës, 2010, p. 4).

Sabemos que, a partir de caminhos diversos e hipóteses construídas com base em situações particulares, como as decorrências da violência da guerra ou de condições institucionais em hospitais psiquiátricos, a reflexão psicanalítica e seus desdobramentos na transformação da clínica se desenvolveram intensamente na Europa e América. Na Inglaterra e na França, com mais ressonância no Brasil, por meio das leituras de W. Bion, S. H. Foulkes e R. D. Laing, além de D. Anzieu e P.-C. Racamier. Na América do Sul, mais especificamente na Argentina, inicialmente por meio de E. Pichon-Rivière e J. Bleger. Mais recentemente, Isidoro Berenstein e Janine Puget decididamente encabeçaram e expandiram a psicanálise das configurações vinculares e a reflexão sobre o trabalho com casais e famílias.

Nesse trabalho de memória, vale lembrar, por exemplo, que em 1972, na Inglaterra, Laing já posicionava a família como um sistema interiorizado de relações e operações entre elementos (os membros da família) e o conjunto de elementos (a família), reafirmando que ela não é somente um objeto social compartilhado por seus membros. Nessa reflexão, afirmava que o grupo familiar é unido pela interiorização recíproca que cada membro efetua de cada um dos outros, sendo que o vínculo de pertencimento é significado por essa família interiorizada.

Na Argentina, as pesquisas de Pichon-Rivière – de quem me considero herdeira –, iniciadas nos anos 1940, delineavam um

20 PRÓLOGO

caminho semelhante ao de Laing e ganharam muita sustentação na década de 1960. Sua influência no Brasil foi bastante relevante – principalmente nas universidades –, pois inicia um fértil diálogo com a psicanálise que se fazia no país nas décadas de 1960/1970. Reservo um espaço maior a Pichon-Rivière neste breve texto por duas razões. A primeira é a influência que exerceu sobre Janine Puget, principalmente, e Isidoro Berenstein na formulação da psicanálise das configurações vinculares, bastante expressiva no Brasil; a segunda é que Kaës, na formulação de sua *metapsicologia de terceiro tipo* – na qual constrói as hipóteses que respondem aos impasses teóricos da clínica de grupos, casal e família –, dedica-se a explorar conceitos desenvolvidos pelo autor sul-americano, a quem Henry Ey chamava *meu grande irmão do sul*.

Em suas pesquisas sobre a família e sua compreensão da relação saúde x doença como dela emergente, Pichon-Rivière investigava a relação entre as fantasias inconscientes e a estrutura social. Comprometia-se com uma investigação na qual a produção social da loucura e a crônica dos sofrimentos eram cotidianamente colocadas em debate (Fernandes & Scarcelli, 2017). Sua obra *Da psicanálise à psicologia social*, com textos escritos entre 1934 e 1977, permitiu-lhe um processo de elaboração teórico-clínica no qual, assentado em fundamentos filosóficos da dialética histórico-materialista, construía seu objeto teórico, o *vínculo*, incluindo nele uma concepção de sujeito social e histórico. Essa posição filosófica requeria mudanças, pois a questão que se formulava era: de que maneira uma ordem histórico-social e suas diversas mediações institucionais, grupais e vinculares conseguem se inscrever nos sujeitos, criar e modelar suas representações psíquicas e suas condutas? Que mecanismos específicos operam como articuladores do objetivo do mundo e do subjetivo das representações psíquicas (mundo interno)? Como o intersubjetivo se faz intrassubjetivo, e vice-versa (Fabris & Galiñanes, 2004)?

São essas as questões que as hipóteses de Kaës buscavam avançar e são as mesmas que subjazem aos inúmeros estudos apresentados nos diversos capítulos deste livro.

A revisão dessas pesquisas sobre a família e a concepção de doença mental, feita posteriormente por René Kaës, leva-o a dizer que a investigação sobre a constituição do vínculo e os agenciamentos psíquicos nele mantidos já induzia ao reconhecimento de um *segundo espaço psíquico*, representado pela figura teórica do porta-voz. O porta-voz expressa o sujeito considerado como *paciente designado*, na linha das teorias sistêmicas, ou como *emergente*, seguindo a teoria da complexidade. Tais considerações permitem pensar o sujeito em função do lugar que ocupa no grupo familiar.

Não esqueçamos que Piera Aulagnier, em 1975, ao propor o conceito de *porta-palavra* certamente em outro contexto, o do tratamento de pacientes psicóticos, tangencia a mesma questão. O papel de porta-palavra exercido pela mãe exerce uma dupla função, a de paraexcitação e a de construção de um aparelho de linguagem, que contribuem para definir a consistência do espaço psíquico comum e partilhado (Kaës, 2002). Assim, segundo Kaës, "o grupo familiar forma um espaço psíquico específico onde se constituem, depositam-se, enodam-se e se transformam os elementos fundamentais da vida psíquica de cada um" (p. 45).

Portanto, nesse cruzamento de pesquisas que envolvem o reconhecimento de outros espaços psíquicos, desenvolvem-se os trabalhos voltados para a compreensão dos fenômenos de grupo e do grupo familiar, na sua especificidade. Eiguer (1998) se utiliza da expressão *grupo-família*, no lugar de *grupo familiar*, para sublinhar a identidade específica desse conjunto. Vale dizer, antes de tudo, que o estudo psicanalítico que inaugura uma resposta consistente à compreensão do funcionamento do grupo foi realizado por J.-B. Pontalis, ao acentuar o estatuto psíquico do grupo enquanto objeto de investimento e de representação entre seus membros, debatido em seu clássico livro *Après Freud*, de 1968.

O campo teórico foi sempre fértil nessa trajetória que exigia outra compreensão do sujeito psíquico e de suas relações e reclamava uma nova reflexão sobre os conceitos de realidade material, realidade social e realidade psíquica. Nessa esteira de pensamentos, o desenvolvimento de novas modalidades clínicas, por meio das quais poderiam se manifestar as novas *patologias*, colocava em questão o arcabouço teórico psicanalítico e interrogava as condições de instauração e de manutenção de uma posição psicanalítica nos novos dispositivos.

Na verdade, nesses estudos e nessa época, há uma dupla ruptura epistemológica: uma delas referida à herança psicossociológica basicamente ligada aos estudos de dinâmica dos grupos e suas técnicas nos Estados Unidos, a outra referida à psicanálise individual.

Essa ruptura epistemológica, no que se refere à psicanálise, pode ser resumida da seguinte forma: "conceber o grupo como um sistema em tensão entre vários centros vai ao encontro de um verdadeiro obstáculo epistemológico que hesita diante da representação das relações elípticas entre a multiplicidade de *foyers groupaux* e a multiplicidade de *foyers individuels*. Nessa mudança de perspectiva se inscreve o modelo de aparelho psíquico grupal" (Kaës, 2010, p. 5).

O modelo do aparelho psíquico grupal foi construído para dar conta dos processos psíquicos inconscientes em ação no agenciamento dos vínculos de um grupo, por exemplo, um grupo familiar, respondendo às interrogações formuladas nas várias correntes que se erguiam colocando em questão aspectos da teoria, do método e da prática da psicanálise. Ao aliar a pesquisa de campo com a teórica e formular o modelo do *aparelho psíquico grupal*, retoma-se a exigência de um discernimento sobre o objeto-grupo, o esclarecimento sobre seus efeitos, e pede-se uma articulação sobre a relação entre o método e o objeto. O modelo dessa teoria – o aparelho psíquico grupal – supõe pensar as relações entre os espaços do grupo, dos vínculos intersubjetivos e dos sujeitos e dar conta das continuidades, das descontinuidades e das rupturas entre esses espaços. Nesse quadro conceitual, pode-se ter uma representação "da maneira como se forma um grupo, da realidade psíquica inconsciente que aí se produz e das formas de subjetividade que aí se manifestam" (Kaës, 2015, p. 121).

A fecundidade dessa hipótese é tentar articular três espaços psíquicos, o intrapsíquico e subjetivo, o interpsíquico e intersubjetivo e o transpsíquico e trans-subjetivo. Ficam propostos, portanto, nessa articulação, o espaço do grupo *familiar*, o espaço do vínculo e o espaço do sujeito singular. O modelo com o qual se trabalha é então capaz de dar conta da descontinuidade e da relativa heterogeneidade entre esses espaços.

Esses são os pontos fundamentais convocados na leitura deste livro. Ele instala um campo de reflexão em torno dos conceitos capitais da psicanálise e da lógica intersubjetiva que a sustenta. Penso ser nessa arquitetura conceitual que se delineia o conjunto dos capítulos, os quais configuram um processo concebido em estreita relação com o trabalho clínico e a elaboração de conceitos úteis para a análise, em diálogo com diferentes *teorias* psicanalíticas que tratam da família e do casal e de suas transformações.

Os capítulos exibem a complexidade do campo clínico metodológico, abordando as mudanças psicossociais que afetam as dimensões do público, do privado e do íntimo que incidem na constituição da família. Colocam em operação conceitos essenciais para o processo de trabalho e de análise, como os complexos familiares e os segredos. A problemática da transmissão psíquica explora os eixos sincrônico e diacrônico do caminho clínico. Por fim, o livro contempla as diferentes modalidades de atendimento e coloca em debate a formação do analista e a dimensão ética do trabalho clínico.

Composição complexa que enfrenta os obstáculos de uma travessia entre a epistemologia e a clínica feita com a sabedoria de quem conhece os enigmas a decifrar.

Referências

Benghozi, P. (2010). *Malhagem, filiação e afiliação*. São Paulo: Vetor.

Eiguer, A. (1998). *Clinique psychanalytique de couple*. Paris: Dunod.

Fabris, F., & Galiñanes, M. D. (2004). *Psicologia clínica pichoniana*. Buenos Aires: Cinco.

Fernandes, M. I. A. & Scarcelli, I. (2017). A queda do hífen: história, política e clínica. In W. Zangari & Silva Jr., *Psicologia social e a questão do hífen*. São Paulo: Blucher.

Kaës, R. (2002). *La poliphonie du rêve*. Paris: Dunod.

Kaës, R. (2010). *L'appareil psychique groupal*. Paris: Dunod.

Kaës, R. (2015). *L'extension de la psychanalyse: pour une métapsychologie de troisième type*. Paris: Dunod.

1. As mudanças psicossociais na família e seu impacto na clínica de casal e família

Isabel Cristina Gomes

Um pequeno prólogo

Comecei minha trajetória clínica associando o consultório particular com um trabalho institucional, há exatos 40 anos. Naquela época, a formação como psicanalista era bem rígida, com uma valorização do enquadre intrapsíquico, tendo-se como base principalmente Freud, Klein e Bion. Minha formação em Psicanálise foi iniciada ainda na graduação, no Instituto de Psicologia da Universidade de São Paulo (IPUSP), tendo importantes mestres, profundos conhecedores de Freud (prof.ª Amina Maggi) e Klein (prof. Ryad Simon). Se, por um lado, Freud era a referência, por outro, me faltavam ferramentas nos atendimentos institucionais, já que incluir o social se fazia cada vez mais necessário. Foi assim que primeiro descobri Winnicott e suas *Consultas terapêuticas em psiquiatria infantil* (1984) e, em seguida, os autores que discutiam a influência do grupo familiar nas sintomatologias afetivo-emocionais. Daí foi um passo para me aprofundar nos referenciais da psicanálise de casal e família em suas vertentes argentina (Berenstein & Puget, 1993; Berenstein, 2007) e francesa (Kaës, 2001, 2011).

As mudanças na família e o legado geracional

Por um longo período, a família nuclear, denominada tradicional, correspondeu a um modelo ideal no imaginário cultural. Entretanto, as transformações da contemporaneidade e os ideais impostos pela cultura, como a exigência de igualdade entre os gêneros, a urgência de preservar certo grau de liberdade individual, o movimento insistente de preservação das diferenças, vêm afetando o que até então ditava as coordenadas para a formação dos laços familiares. Além disso, as famílias não são mais organizadas sob a égide do patriarcado e são múltiplas em suas variações. É possível perceber um descompasso entre a diversidade de ideais, a rapidez das mudanças sociais e a capacidade do sujeito de processá-las (Gomes, 2016).

Se, por um lado, hoje convivemos com vários arranjos familiares, por outro, a hegemonia da família tradicional heterossexual ainda se faz presente em nossa sociedade. Esse paradoxo pode ser explicado, segundo o enfoque da psicanálise de casal e família, a partir da influência do mecanismo de transmissão psíquica geracional (Kaës, 2001, 2011). Ou seja, cada arranjo familiar atual sofre sempre a interferência dos modelos decorrentes das famílias de origem de cada um dos integrantes desse novo grupo. Assim, poderíamos apontar que as mudanças oriundas dos avanços sociais ficam determinadas pelo legado geracional de cada indivíduo, na medida em que cada um se coloca como agente transformador ou mero repetidor da herança recebida (Trachtenberg, 2005).

Ainda sob a perspectiva da pretensa igualdade de gêneros e da valorização da individualidade, foi sendo desencadeada a perda das certezas e dos valores que permeavam o modelo patriarcal tradicional. Instituir relações mais democráticas no interior do grupo familiar parece ser o ideal contemporâneo, contudo, essa tarefa muitas vezes vem carregada de conflitos que atingem o exercício conjugal e parental. Em muitas situações, envolvendo o cotidiano familiar, observa-se uma discrepância entre o discurso atual, carregado dos valores mencionados, e a experiência vivida, principalmente quando os casais se tornam pais (Santos, Campana & Gomes, 2019).

Nosso objetivo neste capítulo é refletir acerca dos conflitos e/ou demandas que surgem na clínica de casais enfatizando o paradoxo que se instala entre o discurso contemporâneo manifesto e a experiência objetivamente vivida, pensada aqui como material latente. Por meio de vinhetas clínicas, analisaremos a motivação inconsciente para a escolha dos pares, a influência da herança geracional em seus aspectos inter e transgeracionais e o trabalho psicanalítico na vertente da alteridade como possibilidade para a superação de conflitos e sofrimentos vinculares, sejam eles relacionados à conjugalidade, à parentalidade ou à interface de ambos.

Para tanto, e enfatizando uma escrita mais didática visando aos iniciantes nessa prática, vamos discutir o material clínico a partir de dois vértices, ainda presentes em muitos casais da atualidade:

1. Apesar de toda a discussão envolvendo a igualdade de gênero, que, como mencionado, possibilitou uma nova organização conjugal e familiar, observamos em muitos casais um apego à tradição que se expressa em várias situações de crise conjugal, em que ainda encontramos mulheres frustradas em seus relacionamentos amorosos por não encontrarem parceiros que preencham o modelo "homem-ativo-fálico/ mulher-passiva-castrada".

2. A formação de alguns vínculos amorosos ligados a questões e/ou modelos edípicos, em que a escolha de parceiros fica determinada por motivações inconscientes da ordem do recalcado em ambos, dificulta a construção de novas formas de se relacionar no interior do grupo familiar e a alteridade "um e outro" fica comprometida. Aqui, as idealizações imperam e a chegada de um terceiro provoca uma instabilidade ou crise.

28   AS MUDANÇAS PSICOSSOCIAIS NA FAMÍLIA E SEU IMPACTO...

Embora tenhamos feito essa distinção apenas para trazer clareza às nossas discussões, vale a ressalva de que a vida e os conflitos conjugais e familiares são atravessados por uma complexidade de fatores que, muitas vezes, não ficam abarcados em um dos itens propostos.

Relatos clínicos

Caso 1

Bruno e Beatriz[1] formam uma família reconstituída. Eles chegam à terapia de casal de forma indireta, já que vêm em busca de avaliação psicológica para o filho caçula, de 8 anos, por indicação da escola. Segundo a mãe, o menino era muito ansioso e medroso, o que prejudicava consideravelmente seu desempenho escolar. Nas entrevistas iniciais com o casal, fica patente o quanto a dinâmica conjugal conflitiva interferia nos sintomas da criança.

O casal tem dois filhos adotivos, o paciente e uma menina de 14 anos. A ideia da adoção foi consequência da impossibilidade de o marido ter mais filhos, visto que havia realizado vasectomia anteriormente. Bruno tinha uma filha de 25 anos de seu primeiro casamento, e o desejo de ter filhos surge por parte de Beatriz, sua segunda esposa, solteira até então. Quando a filha tinha 5 anos, pediu um irmãozinho para os pais, os quais no começo resistiram à ideia de adotar mais uma criança, mas depois cederam ao desejo da menina: é assim que relatam como decidiram ter outro filho. Beatriz tinha muito medo de não conseguir manter a estabilidade financeira da família com mais uma criança, já que o salário maior era dela, pois trabalhava como professora em duas escolas. Dentre os medos que rodeavam a família,

---

1   Todos os cuidados éticos foram tomados para garantir o sigilo e o anonimato dos sujeitos envolvidos. Tanto a escrita dos casos quanto a escolha dos nomes se basearam num estilo ficcional.

ela cita dois fatos: o de o menino não ficar sozinho no próprio quarto e, às vezes, ir para a cama dos pais, e o de não querer mais andar de carro após o anoitecer depois de ter presenciado, certa noite, o pai cair no chão ao descer do carro.

Beatriz continua seu relato dizendo que, no início, era muito difícil lidar com os medos e as ansiedades do filho porque o clima da casa era muito ruim em função da bebida e da ausência do marido. Ela fala que o casal brigava muito porque o esposo chegava tarde e alcoolizado e que as discussões eram perceptíveis aos filhos. Bruno confirma beber com certa regularidade, mas não vê nisso um problema e associa estar mais ausente das questões familiares, na época, ao abalo pela perda de um bom emprego. A esposa também se queixa de o marido não exercer autoridade sobre os filhos, mimando-os diariamente com agrados que traz da rua (doces, balas etc.). Sente-se sobrecarregada, já que cabe a ela impor as regras.

Inquiridos sobre as famílias de origem, Bruno não fala muito. Diz apenas que foi criado na roça e que o pai bebia, era duro e distante, nem falava com os filhos. Estudou até o 4º ano, tendo precisado trabalhar cedo para ajudar no sustento dos irmãos mais novos. Conta que a mãe era muito trabalhadora, mas morreu jovem, no parto do último filho. Mostra-se carente e parece ter medo de reviver com Beatriz o abandono da esposa anterior. Não se reconhece como alcoólatra.

Beatriz vem de uma família de classe média do interior. É a caçula e diz que seus pais sempre realizaram seus desejos. Formou-se em Pedagogia e veio para São Paulo por motivos profissionais, tornando-se a única da extensa família a ter diploma e carreira. Vale ressaltar que Beatriz era uma profissional dedicada e realizada. A família não aceitou o casamento com Bruno, mas adora seus filhos. Seu pai também bebia, embora isso não afetasse o sustento de sua família, segundo ela.

A terapia com o casal, encaminhamento proposto para o caso na medida em que os sintomas do menino eram decorrentes dos conflitos conjugais e familiares, transcorreu ao longo de dois anos, destacando-se a necessidade de separar as questões parentais das conjugais. O casal estabelecia um vínculo de complementaridade patológica, sendo o marido inicialmente colocado como depositário do não controle e da impulsividade em relação à bebida e responsabilizado por todos os males da família. Com o passar do tempo, Beatriz revela sua compulsão por gastar dinheiro, apresentando descontrole financeiro, endividando--se para oferecer aos filhos ou à família o que poderia ser dispensável.

O processo psicoterapêutico de casal ou familiar caminha sempre no sentido de desconstruir o lugar do depositário da doença familiar ou do paciente identificado. Incialmente, esse lugar foi ocupado pelo filho, que, de modo indireto, trouxe à tona o conflito conjugal. Quando o casal assume a terapia de casal, a esposa coloca toda a carga negativa e de sofrimento do grupo na figura do marido, ou melhor, em sua compulsão pela bebida. Seguindo a metáfora dos vários véus que cobrem os rostos de cada um dos membros do grupo familiar, no sentido de evitar o que está em estado latente, o véu dela é o último e mais difícil a cair. Beatriz custava a entender o quanto seu descontrole também causava danos concretos ao casal e à família. Ela insistia em demasia que as brigas e os desentendimentos conjugais se associavam ao fato de o marido estar há muito tempo sem sustentar a casa. Chegava a deixar subentendido que, se ele trouxesse dinheiro, beber seria aceitável. Algumas vezes o comparava com seu pai, que também bebera muito no passado, mas nunca havia deixado faltar nada para ela e os irmãos.

Bruno, por sua vez, não assumia o vício e se sentia muito fragilizado diante das acusações de não ser um homem/pai provedor. Beatriz pedia a separação quando deparava com partes conscientes de si e do marido; depois retrocedia, iludida pela possibilidade de mudança do parceiro, que nunca ocorria. Por que ela, uma profissional bem-sucedida na sua área de atuação, não possuía suficiente segurança emocional para decidir sobre os rumos da vida dela e dos filhos de forma autônoma?

Temos em Beatriz a transmissão geracional de uma feminilidade presa ao modelo tradicional (ela conta que só se sentiu realizada como mulher depois que se casou e se tornou mãe, não importando o fato da adoção) e uma escolha de parceiro à semelhança do pai, que só se torna conflituosa na medida em que o marido não cumpre o esperado não apenas por ela, mas por todas as mulheres do passado. Presos a um pacto denegativo (Kaës, 2011), no qual o vínculo que os unia representava uma aliança defensiva, ambos necessitavam manter recalcados conteúdos da ordem do não significável, dificultando o processo elaborativo e as consequentes transformações no relacionamento, ou a possibilidade real de separação.

Caso 2

Marcia procura a terapia de casal como o último recurso diante das constantes brigas que tinha com Marcos, seu atual marido. Embora houvesse uma demanda direta para terapia de casal, fica evidente que o desejo maior era dela. O marido se mostra muito resistente no início, falta na primeira sessão e desmarca diversas outras alegando problemas em seu emprego. Por fim, adere ao tratamento, passando a se envolver cada vez mais quando observa possibilidades de mudança na relação e individualmente. Passemos à história de cada um em suas famílias de origem.

Marcos é natural do Nordeste, o mais velho de 12 irmãos, e, após o abandono do pai, vai trabalhar juntamente com o irmão, ainda bem novo, para ajudar a mãe no sustento da família. Teve um casal de filhos com duas mulheres distintas, cada uma vivendo em um estado diferente, e, quando vem morar em São Paulo, junta-se com uma terceira esposa e vive com ela durante cinco anos antes de conhecer Marcia, abandonando todas, sem conseguir se vincular afetivamente a ninguém. Conta que, com o passar do tempo, as mulheres só sabem cobrar e prefere ir embora e viver sozinho.

32   AS MUDANÇAS PSICOSSOCIAIS NA FAMÍLIA E SEU IMPACTO...

Sua atual esposa, Marcia, foi adotada na infância e tanto seu pai adotivo quanto seus irmãos abusavam sexualmente dela; era ela quem cuidava de sua mãe adotiva. Quando adulta, casa-se com um desses irmãos, aquele que a protegia mais. Relata que gostava de seu marido como amigo e sempre dava um jeito para mantê-lo sexualmente distante dela. Tiveram três filhos e, quando estes se tornam adultos, resolve se separar. Desde sua infância, Marcia parece associar família a um lugar de subjugação e opressão. Aguenta tudo até seus filhos já terem independência suficiente para viver algo muito diferente dela. Dessa maneira, ganha a coragem para romper não só com o casamento, mas com a família que a acolhia desde que fosse subserviente a eles, num processo de alienação de si. Entretanto, quando opta por sua individualidade e, quem sabe, por se permitir querer viver uma sexualidade genital, é novamente vítima da fúria familiar: seu marido não permite que Marcia leve as próprias roupas, alegando que fora ele quem as havia comprado.

O novo casal se conhece na época em que Marcia trabalhava no restaurante de uma amiga. Após pouco tempo de convívio, resolvem morar juntos, apesar do ciúme de Marcos quanto ao fato de Marcia frequentar um ambiente com várias pessoas, inclusive homens. Embora houvesse carinho recíproco, relatam que, ao longo da vivência conjunta de pouco mais de dois anos, muitas brigas, desconfianças infundadas, falta de respeito e agressões verbais de ambas as partes ocorriam. Quanto à composição familiar, Marcos (53 anos) praticamente não tem contato com os filhos em virtude de morarem distante, e os filhos de Marcia (49 anos) já são casados, e ela os visita raramente.

Como as brigas por causa do emprego de Marcia eram constantes, ela decide exercer a função de cuidadora de uma senhora idosa, morando na casa desta ao longo da semana e vindo passar os finais de semana e uma noite no meio da semana em casa com o marido. Dizem que esse pouco tempo de contato já era suficiente para gerar conflito e desavenças.

Nas primeiras sessões, a esposa concentra suas queixas no ciúme do marido como fonte dos conflitos conjugais. Marcos, nessas sessões, se mantém quieto, alheio, como se não fosse com ele, numa atitude defensiva e, ao mesmo tempo, mostrando-se embrutecido. Devagar, com o passar do tempo e o acolhimento subsequente da terapeuta, sente-se seguro em expor suas insatisfações perante a esposa sem desistir do vínculo, como havia feito nos relacionamentos anteriores.

Inicialmente, é difícil criar um espaço de escuta para ambos, sem as acusações mútuas e a busca pelo culpado. Marcia demonstra como ainda não podia ter liberdade e prazer sexuais, vividos no passado de forma tão traumática. Quer basicamente o pai/provedor que não teve. Marcos, por sua vez, sente-se impotente e rejeitado como homem, por não conseguir preencher o que imagina que Marcia necessita. Entretanto, diferentemente dos desencontros vividos nos relacionamentos anteriores, mesmo frustrado, permanece ao seu lado.

Ambos buscam no casamento o preenchimento de vazios afetivos primitivos, portanto, era difícil se descolarem da projeção e da idealização que depositavam sobre o outro e o relacionamento. Aos poucos, o processo de diferenciação eu/outro vai se instalando e vão conseguindo exprimir o que desejavam e esperavam um do outro, de forma mais madura.

Marcos, dos dois cônjuges, foi o que inicialmente se colocou mais descrente diante das possibilidades de mudança e de resolução dos conflitos conjugais que a terapia poderia oferecer. Entretanto, ao longo do processo, foi o que mais se envolveu. A terapia teve a duração de um ano e meio e, ao término desse período, o casal reconheceu que tinham atingido os objetivos que esperavam, ou seja, as brigas diminuíram sensivelmente; construíram confiança no jeito de ser de cada um; avistavam possibilidades futuras de Marcia arranjar outro emprego no qual pudesse voltar para casa todos os dias e estar mais perto do marido; começaram a se relacionar sexualmente de modo mais satisfatório para

34 AS MUDANÇAS PSICOSSOCIAIS NA FAMÍLIA E SEU IMPACTO...

ambos, embora Marcos tivesse de lidar com os limites da esposa nesse campo. Ela pôde assumir sua carência por atenção, afeto e cuidados como algo mais importante que a própria satisfação do desejo sexual, sabendo que precisaria adequar isso aos desejos do marido, mas num processo em que o respeito pela alteridade de cada um se instalou.

Pensamos que, por ter sido adotada por uma família com falhas na interdição edípica, teve reforçada sua identidade feminina passiva, de dependência, de necessidade de amor e de continência. Marcia encontra isso no primeiro marido, que, mobilizado por sua situação de subjugação, casa-se com ela para protegê-la dos irmãos e do pai abusador; em contrapartida, ela o mantém no lugar "imaginário" de irmão. Consequentemente, Marcia só aceita se relacionar sexualmente com esse homem para constituir uma família, não existindo conjugalidade. Com os filhos crescidos, pressentindo a retomada do casal, pede a separação. Concluindo, Marcia e Marcos só conseguem efetivamente construir o "nós" ao se acolherem e respeitarem suas individualidades e experiências passadas. Embora regidos por um casamento tradicional, buscam a complementaridade possível.

Caso 3

Carla (34 anos) e Clovis (32 anos) são um casal de dupla carreira. Conhecem-se na faculdade, casam-se após a graduação e buscam estabilidade financeira e melhores posições profissionais para, então, planejar os filhos. Chegam na terapia de casal com Carla grávida da segunda filha, a primogênita estava com quase 3 anos. Ambos já tinham feito terapia individual e optaram pela de casal pois estavam numa profunda crise desde o nascimento da filha mais velha.

Clovis é o mais queixoso acerca do relacionamento e Carla, a que possui reações mais agressivas diante das falas do marido. Clovis e

Carla são profissionais bem-sucedidos em suas carreiras, inteligentes e cultos. Entretanto, o lar havia se transformado num espaço de disputa entre eles. Brigam por tudo: pelo cuidado e pela educação da filha, pelos afazeres domésticos, e até pela escolha das atividades de lazer. Carla diz que tudo é culpa do modo impositivo com que Clovis a trata, e este alega que Carla não aceita o seu jeito de fazer e conduzir as tarefas de casa. "A Carla dá ordens o dia todo, ela me coloca como os subalternos dela" (fala do marido). "O Clovis só se dirige a mim de forma grosseira. Eu não sou a mãe dele que tolerava isso do pai dele" (fala da esposa).

Sobre as famílias de origem, Clovis é o mais velho de dois irmãos. Os pais eram um casal bem-sucedido, entretanto, seu pai sempre havia ocupado o papel de principal provedor da família. Sua mãe havia sido importante pesquisadora da área acadêmica e seu pai, empresário de sucesso. Para ele, seus pais haviam sido felizes até a morte prematura da mãe, vítima de câncer, logo após o casamento de Clovis.

Carla é a mais velha de duas irmãs e seus pais também tinham boa condição social. Sua mãe era formada, mas nunca havia exercido a profissão escolhida, e seu pai era o único provedor. Ela conta de uma família muito afetiva e que tinha uma relação muito próxima com a mãe. Esta dava um suporte importante no cuidado da única neta, principalmente quando Carla viajava a serviço ou ficava em reuniões com clientes até tarde. Clovis diz que Carla era muito mimada pelos pais e mandava neles. Carla aponta que a mãe de Clovis, embora fosse extremamente inteligente e muito competente, se deixava anular pelo marido, e emenda uma ameaça no sentido de frisar que não deixaria Clovis fazer o mesmo com ela.

Tanto Carla quanto Clovis vêm de famílias nas quais as mulheres, suas mães, haviam estudado e até desenvolvido carreiras, mas a ênfase no cuidado da casa e dos filhos era ainda muito grande. A mãe de Carla abandona a carreira para cuidar das filhas e depois das netas, *e a sogra, ao se dedicar intensamente a um ideal profissional não associado à preocupação de provimento familiar, delega essa função ao marido, de quem se via dependente. Sob esse aspecto, parece que Carla tem mais a temer ou de que se defender que o marido.*

No início do processo psicoterápico, o casal repete na transferência com a analista a dinâmica relacional vivida, ou seja, colocam a analista como juíza das disputas travadas na sessão e fora dela. Como ambos são bem articulados, cada um contra-argumenta o outro como se estivessem defendendo a verdade única. Carla sempre é mais incisiva, deixando nas entrelinhas o medo que tem da submissão. Clovis às vezes se mostra perdido, sem entender o temor da esposa e seus motivos para discutir por tão pouco, segundo ele.

Após um tempo, a terapia é interrompida em função do nascimento da segunda filha. Um mês após o parto, Carla liga desesperada para a analista dizendo que, na noite anterior, Clovis havia saído de casa e ido para a casa do pai. Após ser acalmada por telefone, é marcado o retorno do casal às sessões. Clovis conta que foi para a casa do pai como um modo drástico, ele reconhece isso, para Carla pensar nas suas atitudes e mudar. Carla rebate falando que deixá-la sozinha com as duas meninas, sendo uma recém-nascida, demonstrava sua total insensibilidade em relação a ela e à família deles. Clovis é mais racional e diz que foi o único modo encontrado por ele para finalizar uma discussão que não acabaria bem. Nesse momento, chega a levantar a hipótese de que, talvez, ela precisasse de medicação psiquiátrica para se acalmar. Novamente, Carla se sente atacada e, indignada, diz que não há salvação para eles.

O grande entrave no trabalho psicoterapêutico com esse casal foi o fato de não conseguirem sair da perspectiva individual e construir um entendimento conjunto a partir de concessões diante do diferente que é o outro. Seguiram a terapia por mais algum tempo, na qual foi colocada ênfase na alteridade pela analista. Entretanto, não foi possível atingir esse intento e, como consequência, o casal acabou desistindo do processo.

Algumas reflexões

Nos três casos apresentados, destacamos, para além da exemplificação do paradoxo sobre o que muda e o que não muda na dinâmica relacional dos casais contemporâneos, a influência dos modelos advindos das famílias de origem e a questão da demanda direta e indireta pela terapia de casal. É evidente que, se o casal ou família vem buscar ajuda para o paciente identificado, temos uma complexidade maior e algumas etapas a serem atingidas no sentido de mobilizar o casal, seja ele conjugal ou parental, para efetivamente entrarem em análise (Gomes, 2011).

Em um texto bem anterior, discuti as bases teóricas e técnicas para o manejo clínico desses casos (Gomes, 2007), em que é essencial o oferecimento de um espaço de escuta genuíno para o casal se permitir navegar em águas turbulentas. Estas dizem respeito à escolha inconsciente do par, à história das famílias de origem de cada um e, com isso, ao desvendamento ou não da trama inconsciente que os uniu e os faz dependentes de um destino já traçado anteriormente por seus ancestrais. Entretanto, é importante frisar que essa estratégia de valorizar a compreensão do legado geracional de cada elemento do par é importante e necessária também nos casos de demanda direta, como apresentado nos relatos 2 e 3.

Outro tópico importante a ser mencionado diz respeito aos mecanismos de defesa mais frequentemente encontrados nas dinâmicas conjugais, nas quais a idealização e a negação imperam. Reconhecer o outro como diferente de mim e daquilo que eu esperava que ele fosse é uma das tarefas mais árduas do trabalho analítico com alguns casais. Tomando-se como referência o caso 1, observamos o sofrimento,

38 AS MUDANÇAS PSICOSSOCIAIS NA FAMÍLIA E SEU IMPACTO...

mais expresso por Beatriz, decorrente do reconhecimento de suas próprias características e das de Bruno. Quando chegam diante desse fato, a terapia desse casal assume um movimento pendular, ou seja, davam um passo no sentido de assumir suas verdadeiras escolhas (a separação) para, em seguida, retrocederem em função da não aceitação do real por parte de Beatriz e pela apatia doentia e repetitiva de Bruno. Cabe ao analista, por meio da transferência, apontar essa movimentação, interpretar o significado inconsciente desse tipo de vínculo e, por fim, caso nada tenha efeito, colocar um limite para não se tornar mero espectador ou partícipe do conluio conjugal.

Assim, podemos observar que entrar na perspectiva da alteridade exige a elaboração da idealização associada à escolha conjugal, que remete ao preenchimento de necessidades afetivas primitivas, na vida de um ou de outro. Portanto, a genitalidade desse vínculo regride a etapas bastante precoces do desenvolvimento emocional, muitas vezes gerando mal-estar vincular na medida em que um não entende o pedido do outro, e vice-versa.

Embora o casal 3 estivesse alinhado aos ideais da cultura contemporânea, ou seja, ambos com carreiras de sucesso e dividindo as funções de provimento e cuidado da casa e das filhas, isso não foi suficiente para livrá-los dos conflitos. A realização do desejo de se tornarem pais foi o estopim de uma disputa que, se já havia, não era perceptível. A tão almejada igualdade de gêneros, para eles, significava a liberdade de desenvolver suas carreiras e ter suas individualidades asseguradas. Carla fazia balé desde a infância, algo que a relaxava e permitia sua expressão narcísica, já que era a melhor aluna da academia que frequentava. Clovis, mais introspectivo e criado sempre com empregados à volta, adorava chegar em casa e ficar horas ouvindo música em seu fone ou jogando no computador, também para relaxar do estresse laboral diário. Enquanto eram só um casal, todas essas necessidades eram preenchidas e ainda encontravam espaço para o nós. Adoravam sair e viajar com familiares, amigos ou apenas os dois e valorizavam muito a independência de ir e vir.

Como o projeto de constituir uma família foi bastante planejado, imaginavam que os filhos entrariam na ordem do estabelecido e controlado, como tudo que havia ocorrido em suas vidas até então. A rotina da casa, até a chegada das filhas, seguia um modo de gerenciamento semelhante ao que existe numa empresa ou negócio, sendo para ambos uma zona de conforto. Tinham uma empregada que cuidava da limpeza da casa e das roupas; se tinham fome, solicitavam comida de algum restaurante; nos finais de semana, saíam para tomar o café da manhã e então iam de compromisso em compromisso, segundo suas vontades ou alguma combinação com amigos e/ou familiares.

A única agenda imutável era a do trabalho de cada um. Entretanto, tudo isso cai por terra quando chega a primeira filha, e depois a segunda. Para ambos, foi um sofrimento entrar num mundo desconhecido em que sempre precisavam alterar as rotas. Mas foi Carla quem se sentiu mais atingida e, consequentemente, ficou mais ressentida, seja porque se debatia de modo ambivalente com as identidades maternas conhecidas (mãe e sogra), seja por se achar, pela primeira vez, em desvantagem em relação ao marido.

O mal-estar vincular, a partir do exercício parental, foi se intensificando, o que gerou um distanciamento carregado de frustrações entre os dois. Clovis não entendia por que Carla estava sempre tão impaciente, brava e brigando por tudo. Carla simplesmente não aceitava o fato de Clovis não ter iniciativa no que dizia respeito ao cuidado das filhas, mesmo seguindo rigorosamente o que a esposa propunha. A postura de Clovis não se encaixava na igualdade tão buscada por Carla, e ainda o deixava sem parâmetros diante do que conhecia do universo feminino, a partir do seu modelo materno. Portanto, a parentalidade, exercida com crianças bem pequenas e totalmente dependentes de

40   AS MUDANÇAS PSICOSSOCIAIS NA FAMÍLIA E SEU IMPACTO...

seus cuidadores, tornou-se um grande desafio que os colocou em trincheiras opostas, somado aos fantasmas que cada um carregava.

O trabalho psicoterapêutico com esse casal – fiéis representantes da sociedade atual, que valoriza de forma excessiva a individualidade –, embora advindo de uma demanda direta por atendimento, não avançou em função da incapacidade de ambos de perceber a alteridade do outro. Deixaram na analista a sensação de que era menos custoso decretar a falência da relação que caminhar juntos rumo à elaboração, ultrapassando a fase da repetição transferencial. Para isso, precisariam se despojar de seus narcisismos, de suas expectativas perante uma vida de altas performances e pouca capacidade para lidar com frustrações, e adentrar o novo, o desconhecido, que vem sempre carregado de dúvidas e inseguranças. Eles, como muitos casais atuais, pareciam construir um projeto familiar à semelhança de suas trajetórias profissionais, com tudo definido *a priori* justamente para evitar a surpresa angustiante do novo incontrolável que vem do outro, no caso, o bebê, mas que também remete a que cada cônjuge seja visto por si, e não carregado das projeções geracionais.

Concluindo

Nossa intenção com este texto foi levantar a discussão acerca dos novos modos de ser casal e família na contemporaneidade *versus* o imperativo do modelo tradicional, e como isso resulta em conflitos conjugais e/ou familiares. Apontamos ainda a diferença, pensando no processo analítico com casais, quando esse tipo de atendimento é buscado por meio de uma demanda direta ou indireta. Entretanto, a demanda direta pela terapia de casal não é garantia, por si só, de que o processo será efetivo no sentido de permitir a reflexão aprofundada acerca da escolha inconsciente dos cônjuges e da possibilidade de transformarem a herança geracional recebida.

Esse legado inter- e transgeracional transmitido psiquicamente é responsável pelo paradoxo surgido na intersecção entre a psicanálise de casal e família e os estudos psicossociais, o que tentamos exemplificar por meio dos relatos clínicos. Para finalizar, apesar da maior complexidade ao trabalhar a transferência e os mecanismos de defesa quando o paciente é o casal, os sucessos e os entraves nesses processos analíticos nos mostram que vale a pena o desafio. Favorecer que os casais se tornem atores de suas vidas, encenando roteiros originais e privilegiando a alteridade, é a função primordial dos psicanalistas que optam por trabalhar com essa clínica.

Referências

Berenstein, I. (2007). *Del ser al hacer: curso sobre vincularidad.* Buenos Aires: Paidós.

Berenstein, I., & Puget, J. (1993). *Psicanálise do casal.* Porto Alegre: Artes Médicas.

Gomes, I. C. (2007). *Uma clínica específica com casais: contribuições teóricas e técnicas.* São Paulo: Escuta/Fapesp.

Gomes, I. C. (2011). *O sintoma da criança e a dinâmica do casal.* 2ª ed. São Paulo: Zagodoni.

Gomes, I. C. (2016). Novas formas de filiação na contemporaneidade: a reprodução assistida e a clínica psicanalítica. In M. Ramos (Org.), *Novas fronteiras da clínica psicanalítica de casal e família* (pp. 159-169). São Paulo: Escuta.

Kaës, R. (Org.). (2001). *Transmissão da vida psíquica entre gerações.* São Paulo: Casa do Psicólogo.

Kaës, R. (2011). *Um singular plural: a psicanálise à prova do grupo.* São Paulo: Loyola.

Santos, C. V. M., Campana, N. T. C., & Gomes, I. C. (2019). Cuidado parental igualitário: revisão de literatura e construção conceitual. *Psicologia: Teoria e Pesquisa, 35.*

Trachtenberg, A. R. C. (Org.). (2005). *Transgeracionalidade. De escravo a herdeiro: um destino entre gerações.* São Paulo: Casa do Psicólogo.

Winnicott, D. W. (1984). *Consultas terapêuticas em psiquiatria infantil.* Rio de Janeiro: Imago.

2. Reflexões sobre o início do atendimento a casais e famílias

Magdalena Ramos

Como surgiu meu interesse pelo trabalho com famílias

No início da minha trajetória profissional, fundei uma escola para crianças com deficiência intelectual e participava do desenvolvimento dos alunos. Nessa função, pude observar crianças com o mesmo coeficiente intelectual, mas que apresentavam desempenho escolar muito diferente. Como essa situação nos preocupava, chamamos as famílias para tentar encontrar alguma resposta.

Nessas entrevistas, pudemos comprovar que as crianças aceitas pela família e que brincavam com seus irmãos tinham desempenho melhor. As crianças que eram "escondidas" pela família se mostravam muito introvertidas e com baixo rendimento.

Com essa experiência, dei-me conta da enorme importância que a família tem para o desenvolvimento dos filhos, o que me motivou a seguir investigando, estudando e trabalhando com esse tema tão instigante.

A indicação

Uma das primeiras medidas a serem tomadas no início do tratamento é decidir qual é a forma mais benéfica e eficiente para tratar as pessoas que nos procuram. É melhor indicar um tratamento familiar? De casal? Individual? Ou vale mais a pena optar por um atendimento combinado, de família e individual para alguns dos membros?

Com o objetivo de tomar uma decisão mais embasada, costumo propor três ou quatro entrevistas que permitam uma aproximação maior com o caso. Nessas consultas, faço algumas interferências por meio de perguntas, associações, comentários, e observo como eles ressoam nos pacientes. São rejeitados? Conseguem aceitá-los com tranquilidade? Provocam alguma reflexão?

Essas entrevistas iniciais também são necessárias para que os pacientes possam começar a ter contato comigo. Considero que o trabalho psicanalítico com casais e famílias só pode acontecer se houver uma sintonia entre pacientes e terapeuta: isso é importante para que se possa criar um vínculo de confiança e entrega.

Quando decido o tipo de tratamento a ser proposto, faço uma entrevista devolutiva para informar os motivos da minha decisão. Nesse momento, os pacientes têm espaço para pedir informações e esclarecimentos. Se todos estiverem de acordo, damos início ao processo de atendimento.

A seguir, relato um caso que representa bem esse olhar atento que devemos ter nas primeiras sessões e no momento da indicação.[1]

Recebi uma família encaminhada pela orientadora da escola do filho. A queixa era de que a conduta de Luís, de 9 anos, era insustentável

---

1 Todos os casos clínicos relatados neste capítulo, bem como os nomes dos pacientes, foram modificados para evitar a identificação e preservar o sigilo.

para o convívio social: agredia os colegas, gritava, não obedecia a professora... Assim, deveria ser tratado psicologicamente.

Nas primeiras entrevistas com os pais, observei que a relação do casal era totalmente disfuncional. Agrediam-se, gritavam um com o outro e não conseguiam ouvir as minhas intervenções.

Luís só reproduzia na escola o que vivia em casa diariamente. Portanto, a melhor opção era recomendar que, de início, o atendimento fosse do casal, e não da família nem individual do menino. Se o casal não fosse tratado, dificilmente Luís conseguiria ter um comportamento melhor na escola.

Na entrevista devolutiva, não foi fácil os pais reconhecerem que seu relacionamento interferia de alguma forma na conduta do filho. Porém, depois desse momento inicial de resistência, o tratamento do casal pôde seguir e teve consequências benéficas efetivas para Luís.

O casal: início do tratamento

Os casais procuram ajuda porque a relação provoca sofrimento. Em geral se gostam, desejam continuar juntos e querem conservar a família, então pedem a consulta para tentar melhorar o relacionamento.

Frequentemente, chegam ao tratamento um pela mão do outro. Não se incluem como componentes da dupla e, portanto, não se percebem como participantes do conflito. O lugar do paciente é evitado, ambos se apresentam como acompanhantes. Cada um também acredita que não teria dificuldades no relacionamento se estivesse com outro parceiro. Assim, o analista deve trabalhar no sentido de colocar cada membro do casal no lugar de responsável pelo conflito.

A primeira sessão de um casal que atendi, Roxana e Thiago, ilustra bem esse ponto.

46   REFLEXÕES SOBRE O INÍCIO DO ATENDIMENTO A CASAIS...

Roxana fazia terapia individual e sua terapeuta a orientou a fazer terapia de casal. No início da consulta, ficaram em silêncio, um olhando para o outro.

Roxana: *Por que estamos aqui?*

Thiago: *Eu não sei, só vim porque quero colaborar.*

Analista: *Roxana, em que momento e por qual razão a sua terapeuta te encaminhou?*

R: *Não quero falar da minha terapia individual aqui. Acho que a ideia foi para nos conhecermos melhor como casal.*

T: *Eu estou aqui porque quero te ajudar.*

Neste caso, o analista deve trabalhar no sentido de criar a demanda, mostrar ao casal que algo acontece sem que eles tenham se dado conta. Ou seja, por alguma razão, ambos aceitaram o encaminhamento da terapeuta de Roxana, havia um *feeling* de que algo não ia bem, mas foi preciso a ajuda da analista para saber exatamente o que era esse "algo".

Às vezes, existe um motivo específico que provoca maior desajuste no casal. Um exemplo é a infidelidade, que causa grande desequilíbrio e muito sofrimento.

A infidelidade é tão antiga como o próprio relacionamento: hoje o casal se escolhe por amor, mas antigamente os casamentos eram arranjados por conveniências familiares, econômicas ou políticas, e nessas uniões já se praticava a infidelidade.

Antes era mais comum a infidelidade do homem, porém, há alguns anos também tem sido frequente entre as mulheres. O avanço da tecnologia talvez tenha contribuído para isso, pois é possível encontrar mais facilmente, nos aplicativos de relacionamento, uma pessoa que foi significativa no passado, um antigo namorado, um colega de trabalho ou mesmo desconhecidos.

No contato virtual há muito de sedução, fazendo relembrar a etapa do namoro, na qual cada parceiro "inventa" o outro achando que ele tem todas as qualidades desejadas para um futuro companheiro. Embora esse relacionamento virtual seja muito estimulante, chega um momento em que os amantes podem querer um vínculo mais profundo e até colocar em risco a relação oficial.

Outra causa frequente de consulta são as brigas.

Atendi um casal que estava junto há 14 anos. Eles me relataram que brigavam muito, pois José sempre falava de forma pessoal: "meu carro", "meu quarto", "meu apartamento". Ana se queixava de que José não tinha aprendido a usar "nós".

Certa noite, em uma reunião entre amigos, José falou que Ana era sua acompanhante. Esta palavra a ofendeu muito, porque ela entende que as acompanhantes são remuneradas. José pediu desculpas, dizendo que não fora aquele o sentido que quis dar à palavra, e também reconheceu que era individualista. Por outro lado, José também se queixava de que Ana transformava tudo em problema.

Percebi que o casal se sentiu aliviado quando esclareci que é preciso cuidar das diferenças e entender quais incomodam a cada um.

Como os casais lidam mal com as atitudes e os comportamentos diferentes do companheiro, o papel do analista é mostrar que surgem dificuldades quando as diferenças são consideradas defeitos ou erros. O casal briga para demonstrar quem está certo e quem está errado, cada um quer impor ao outro o comportamento "correto". Cada parceiro quer mudar o outro, e aí reside o conflito.

As brigas também podem ocorrer por problemas de alcoolismo, excesso de trabalho, diferenças sobre a educação dos filhos ou conflitos com a família de origem.

48   REFLEXÕES SOBRE O INÍCIO DO ATENDIMENTO A CASAIS...

Cada parceiro traz sua história pessoal e os modelos aprendidos com a família da qual descende para o relacionamento, e tenta impor seu modelo ao companheiro por considerá-lo melhor. Com frequência, os casais têm dificuldades de criar seu próprio modelo, uma nova forma de atuar, na qual os dois modelos estejam representados. Citarei como exemplo o atendimento de um casal, David e Raquel.

David era muito intenso: comia muito, bebia muito e necessitava "ganhar" o afeto das pessoas, por isso pagava jantares para o grupo de amigos, emprestava dinheiro e fazia festas, nas quais desempenhava papel de animador. Para repor o dinheiro de certa forma desperdiçado, fazia "rolos" no seu escritório de contabilidade. Esses "jeitinhos" muitas vezes transgrediam a lei, o que o deixava muito angustiado.

Raquel vivia aflita e pedia para ele mudar seu comportamento, propondo que vivessem de forma mais simples, sem gastar tanto. Ela teve um pai aventureiro, que às vezes oferecia à família uma vida de abundância, mas, em outros momentos, eram obrigados a viver quase na penúria.

A mãe de David era psicótica, precisando ser internada muitas vezes, fazendo-o viver muitas situações de desamparo em que foi praticamente criado por vizinhos.

A interação vincular de Raquel e David mostrava as marcas do sofrimento da infância tingindo o relacionamento. Tanto Raquel como David ficaram colados a essas experiências dolorosas. Poderíamos nos perguntar: de que modo o analista pode ajudar a interromper estes circuitos repetitivos?

Analista: Parece que vocês têm muito medo de que as experiências do passado se repitam. Tanto as de desamparo como as de miséria.

Raquel: É verdade, esse é um pensamento que me tortura. Nestes dias, estou muito chateada porque o David não conseguiu pagar o crédito do banco e perdemos uma casa em Itu de que eu gostava muito.

A: *Estes fantasmas do passado formam como uma parede, que dificulta um verdadeiro encontro entre vocês dois, impede de poder pensar um formato distinto para o futuro, conseguir criar algo novo.*

David: *Sim, cada um quer uma coisa diferente.*

A: *Aqui temos um problema, que é: como escolher um tipo de vida na qual os dois se sintam representados, como pensar "entre" para chegar a um acordo.*

Em uma sessão, David falou por longos minutos, contando da última festa que organizou: deu detalhes da comida e das bebidas oferecidas aos convidados, da briga entre dois amigos bêbados, ressaltou como as pessoas se divertiram...

A: *David, você está falando tanto, será que é para eu prestar atenção só em você? Acho que está ocupando todo o espaço da sessão e a Raquel não conseguiu abrir a boca até agora.*

R: *É sempre assim, ele ocupa todos os espaços e toma todas as decisões. Tudo é ele quem decide: como vivemos, o que comemos, onde saímos... Ele vai ao supermercado e compra tudo o que os amigos gostam, nunca lembra de trazer o que eu gosto.*

A: *Ele tem esse comportamento porque você não ocupa uma posição em que consiga se defender para ser respeitada. Parece que, no relacionamento, vocês repetem os conflitos sofridos no passado. O David sempre se sentiu fora dos vínculos afetivos e agora deixa a Raquel de fora. Por sua vez, a Raquel sofreu com a pobreza, mas não consegue fazer nada para que David não repita o comportamento de seu pai. Essa dinâmica disfuncional ocasiona o desconforto no vínculo.*

Um casal também pode vir ao consultório por perceber que há falta de comunicação, com os parceiros se sentindo muito distantes. Por quererem evitar discussões, não esclarecem o que está incomodando e acabam acumulando irritações ou ressentimentos, provocando um distanciamento cada vez maior.

Outro motivo bastante comum para buscar ajuda é a ausência de relações sexuais ou o fato de serem insatisfatórias. Nesses casos, é necessário avaliar se existe alguma disfunção orgânica ou se há efetivamente um problema psicológico.

Também há casais que consultam por terem perdido a chama da paixão, não sentirem mais atração ou perceberem diminuição considerável no interesse sexual. Sempre há o desejo de voltar ao início da relação. Na época do namoro, ambos se encantaram com a vida e o talento do parceiro. Também acreditaram que, de alguma forma, poderiam se "apropriar" das qualidades do outro.

Trarei o exemplo de Célia, atriz de teatro, e Fernando, advogado, para mostrar algo do que acompanho no consultório.

Fernando foi seduzido pela vida boêmia de Célia, pelo clima leve e descontraído no qual ela vivia, muito diferente do dia a dia dele, com um trabalho rigoroso e competitivo. Durante o namoro, Fernando participava com prazer dos ensaios de Célia e depois jantavam com os colegas dela, ocasiões em que ele se sentia muito bem e relaxado. Fernando pensava que deveria adotar um pouco dessa vida.

Célia, por sua vez, gostava muito da organização de Fernando, tinha certa inveja da facilidade dele para ganhar dinheiro e queria aprender a ter mais recursos, estava cansada da precariedade econômica na qual vivia.

Após um curto tempo de relacionamento, decidiram viver juntos. A desilusão foi enorme. Fernando não tolerava a desordem dentro da casa, além disso, estava ficando esgotado por dormir todos os dias à meia-noite e precisar acordar às seis e meia no dia seguinte. Célia se incomodava com a rigidez de Fernando, com sua ordem obsessiva e o controle com o dinheiro. Não conseguiam entender como brigavam tanto depois de terem se encantado um com o outro, queriam voltar à etapa do namoro.

Nesse tipo de caso, é função do analista esclarecer que o namoro não dura para sempre e que o segundo momento do relacionamento seria o da construção do amor, composto por sentimentos afetuosos, porém não arrebatadores como a paixão. Nesse segundo momento deve existir o companheirismo, a compreensão, a ajuda mútua e a criação de uma sexualidade satisfatória para ambos.

A família: início do tratamento

Em geral, a família é encaminhada pela orientadora da escola dos filhos que apresentam problemas de aprendizagem ou de conduta. Também podem ser orientados a buscar ajuda pelo pediatra ou pelo psicólogo que atende a um dos filhos.

Para ocorrer a busca espontânea de terapia de família, os pais precisariam lidar com a frustração de não conseguir se organizar e dar suporte aos seus membros de maneira que ninguém apresentasse sintomas. Por essa razão, a família dificilmente procura tratamento sem ter sido orientada por outro profissional.

Com frequência, um dos membros pede a consulta e, por telefone, já dá uma pincelada do que está acontecendo. Mostra-se muito colaborador, citando a resistência dos outros membros da família. Em geral, essa conduta pode esconder sua própria resistência ao tratamento.

A família sempre traz um "membro identificado" (a pessoa assinalada como centralizadora dos conflitos familiares), em geral um dos filhos, que apresenta sintomas. Os pais desejam ser orientados para tratar desse "filho problema" e, por intermédio dele, justificarão todas as dificuldades do grupo familiar.

Atendi uma família composta por Miguel, o pai de 50 anos, Júlia, a mãe de 48 anos, Jorge, de 16 anos, e Pedro, de 12 anos. Jorge era

52   REFLEXÕES SOBRE O INÍCIO DO ATENDIMENTO A CASAIS...

usuário de drogas e assinalado como o "membro doente". Os pais estavam muito aflitos e pediam orientações para tratar desse filho.

Jorge se sentia muito cobrado pela família e, em uma sessão, disse:

Jorge: Pedro, por que você não conta o que aconteceu esta semana?

[Pedro fica calado.]

J: Meus pais foram chamados na escola porque o Pedro não estuda e foi encontrado fumando maconha no banheiro.

Pedro: *Eu não autorizo você a falar de mim aqui.*

Analista: *Este espaço é da família, portanto, todos vocês estão envolvidos e precisam trazer tudo o que lhes acontece.*

Miguel *[ignorando a fala do analista]: Pedro tem razão, estamos na terapia para tratar de você, Jorge, só pelo seu problema.*

Do meu ponto de vista, essa família evita ampliar o quadro para compreender o que está acontecendo com eles. Mostram apenas uma fresta e quase obrigam o analista a olhar só por essa abertura. Sabemos que, quando um sintoma surge em um dos membros da família, a dinâmica familiar como um todo ficará alterada.

Concordo com o dr. Luiz Meyer e cito suas palavras "Nestas horas, a família parece estar perguntando ao terapeuta: O que se passa com você? Por que você não está tratando dele (do paciente identificado) se já explicamos o que queremos que você faça? Por que você não está nos ajudando a lidar com ele (que é algo que você deve saber como fazer, sendo um profissional)? Qual é o nosso problema enquanto família?" (Meyer, 1983, p. 153).

Neste caso, como em muitos outros, penso que existe uma disparidade entre o motivo de consulta expresso pela família, que seria a busca de orientações para tratar Jorge, e a proposta do analista, que convida todos os membros a refletir sobre o que lhes acontece a fim de encontrar o significado ainda desconhecido para os problemas que os estão perturbando. Assim, o analista precisa ampliar o quadro para poder entender a dinâmica da família e ajudar a modificá-la.

Em muitos casos, existe também um descompasso entre a urgência da família, a necessidade imperiosa de resolver o problema, e a proposta do analista de melhor elaboração do caso para conseguir ajudá-los.

Outra família que atendi mostra bem essa situação.

Composta por Marcela, a mãe, André, o pai, Laura, de 9 anos, com síndrome de Down, e Milena, de 7 anos, a família trouxe como queixa o fato de Milena não querer mais ir para a escola, situação que provocava muita aflição nos pais, já que, nos três primeiros meses do ano, ela conseguira frequentar as aulas sem problemas.

Quando os pais insistiam para Milena ir à escola, ela chorava muito angustiada, vomitava ou se queixava de dor de cabeça.

Começamos o tratamento e, após dois meses, nos quais os pais ameaçaram algumas vezes deixar o trabalho por falta de resultados, Milena fez um desenho. Observei que era uma imagem muito significativa e decidi começar a fazer, delicadamente, uma série de perguntas em relação à produção. Por meio dessa indagação, descobri que Milena tinha vergonha da irmã e não queria ir à escola porque, quando a mãe ia buscá-la com Laura, suas colegas riam e zombavam dela. Nesse momento, os pais esclareceram que nos três primeiros meses do ano Milena voltara de perua.

Com frequência, a família coloca o analista em função pedagógica, para ele dar conselhos e orientações, ou em posição de juiz, para ele apontar quem está certo e quem está errado, identificando assim "a realidade". O analista não deve ocupar nenhum desses lugares: sua função é ajudar a descobrir os elementos inconscientes

54 REFLEXÕES SOBRE O INÍCIO DO ATENDIMENTO A CASAIS...

que colaboram para a construção do relacionamento disfuncional gerador de sofrimento. O analista procura o que está oculto por trás dos fatos, os sentimentos que prevaleceram para que os membros da família se comportassem e se relacionassem de tal ou qual forma.

Frequentemente, a família insiste em comunicar fatos querendo que encontremos "a realidade", tarefa impossível, uma vez que cada membro da família viveu e descreve o fato de forma diferente. Nessa perspectiva, "a realidade" não existe. Portanto, concordo com a fala de Dardo Scavino (1999): "com que critério decidimos que algo está certo ou errado, já que não existe uma verdade válida para todos? Só uma ética da convivência tornará possível reconhecer o valor de distintas interpretações, de verdades situacionais: o respeito ao outro, ao diferente, ao que pensa e vive de forma distinta" (p. 17).

Reflexões sobre o tratamento de casal e família

A psicanálise criada por Freud a partir da descoberta do inconsciente possibilitou a abertura de um campo de trabalho antes inexistente. Ele elaborou tanto sua teoria como sua técnica para ser aplicadas em pacientes individuais. Esse tratamento era praticado dentro de determinado "enquadre". O "enquadre" engloba uma série de regras que o analista propõe a seu paciente para criar um espaço no qual o processo possa se desenvolver. Essas regras incluem a proposta da associação livre, o local destinado ao paciente (divã), o tempo de cada sessão, a frequência dos encontros, os horários, os honorários etc.

Nesse enquadre, anula-se o olhar, recupera-se a voz e suas entonações. O analista fica atrás do divã em que o paciente está deitado, de modo a poder ver seu corpo, mas não seu rosto. A finalidade dessa proposta é distanciar o paciente do mundo externo e facilitar seu contato com o mundo interno.

O enquadre não tem de ser seguido à risca, cada paciente tem liberdade de se organizar como puder dentro dele. O uso que o paciente faz do enquadre dará ao analista material para ser trabalhado. Junto a isso, existem conteúdos fundamentais como a história pessoal, os sonhos, as fantasias, os fantasmas ou as experiências vividas no dia a dia. O analista interpreta os conteúdos inconscientes das falas do paciente e, desse modo, vai construindo o processo analítico.

Este tipo de tratamento está centrado no sujeito e no seu mundo interno; o analista tem um lugar neutro, de abstinência, que permite escutar livremente o discurso do inconsciente.

Um século após o início da psicanálise, a sociedade se transformou muito. Hoje em dia, os casais e as famílias buscam tratamento, já não é mais apenas o paciente individual.

As famílias antes formadas por um casal de pais e filhos se transformaram. Atualmente, há vários outros tipos de famílias, como parceiros recasados que trazem ao novo casamento filhos de relações anteriores e casais homossexuais que adotam crianças ou que têm filhos de relacionamentos heterossexuais anteriores. Esses pacientes precisam ser ouvidos em todas as suas peculiaridades, respeitando-se especialmente seu sofrimento.

A queixa desses pacientes se manifesta no vínculo, seu sofrimento é provocado por uma relação disfuncional. Neste caso, o paciente a ser tratado não é a pessoa, o indivíduo, mas o vínculo, ou seja, o que eles constroem entre si e que provoca o mal-estar vincular.

Para nos aproximar desse tipo de trabalho, precisamos de uma técnica especial justamente por trabalharmos com pessoas que apresentam uma configuração distinta tanto de família como de casal. Nesta técnica, falamos de dispositivo, e não de enquadre. Waisbrot (2010) comenta que o dispositivo psicanalítico será esse conjunto de ferramentas de que dispomos para que apareçam as palavras que permitam simbolizar aquilo proveniente das distintas fontes do sofrimento (inconsciente?) para fazê-las mais audíveis e para permitir novas linhas de subjetivação.

Na consulta vincular, o analista tem um lugar de implicação no qual pode observar seus pacientes, mas também é olhado: "A noção de implicação pode utilizar-se no sentido colocado por Lourau (1991) como condição que afeta por igual ao paciente e ao analista ou como uma questão referida ao grau de envolvimento que pode alcançar o analista no vínculo terapêutico como efeito da sua presença e que o implica na sua intervenção" (Rojas, 2003). Assim, a diferença entre enquadre e dispositivo é que, no primeiro, o analista tem um lugar passivo, neutro, e, no segundo, tem um lugar implicado, mais ativo.

Ao trabalhar com o vínculo "como paciente", colocamos o foco na presença do casal ou da família, observamos o que acontece entre eles, a forma como falam uns com os outros, se a fala é agressiva, violenta, tranquila ou irônica. Prestamos atenção nos gestos, nos olhares, nas caras e caretas e até na eventual dramatização que as pessoas podem fazer para exemplificar determinado fato. Notamos onde e como escolhem se sentar no espaço do consultório e também registramos o que não é verbalizado, como os momentos de silêncio.

A presença é importante pois faz muita diferença falar do companheiro ou dos membros da família se estiverem presentes ou ausentes. Quando não há presença, o paciente fala de uma imagem, de algo que imagina sobre o(s) outro(s) ou sua visão particular de determinado fato. Neste caso, o parceiro ou os membros da família não têm a oportunidade de se contrapor nem de colocar outro ponto de vista.

No momento do tratamento em que o casal ou a família estão presentes, o analista deve ouvir todos os participantes e, especialmente, verificar se cada pessoa consegue ouvir a outra e se é modificada pelo comentário diferente que o parceiro ou membro da família apresenta.

Também é importante cuidar de cada encontro em particular, já que será único e diferente dos outros. Devemos observar o que os membros do casal ou da família podem produzir "entre" eles e se conseguem criar algo novo, bem como ajudá-los a sustentar essa mudança.

Precisamos cuidar para que cada parceiro ou membro da família possa olhar o outro como outro, reconhecendo sua diferença e sua alteridade: "Em uma relação significativa, a alteridade é todo o registro do outro que não conseguimos inscrever como próprio, no entanto, acreditamos que é possível, e insistimos até aceitar, nunca totalmente, essa impossibilidade" (Berenstein, 2004, p. 35).

Nossa principal ferramenta para o trabalho com casais e famílias é a interpretação, por meio da qual podemos acessar significados inconscientes que nos permitam desvendar o conflito.

O ato interpretativo desperta a curiosidade dirigida a conhecer o outro, aquele que se acredita conhecer, mas que não é mais que um eterno desconhecido. Também a interpretação abre um espaço para o autoconhecimento no que se refere à capacidade de travar uma relação com esse ou esses outros e conhecer-se através do olhar do outro ou outros. (Puget & Berenstein, 1988, p. 155)

A função da interpretação é permitir a reflexão e provocar uma certa "surpresa", além de facilitar a abertura para outras associações.

Às vezes, uma interpretação pode estar dirigida a um membro da família, mas será ouvida por todos e poderá ter uma ressonância diferente em cada um. A finalidade dessa interpretação dirigida é promover associações e comentários a respeito de como a atitude de um membro está dificultando a inter-relação da família.

Concluindo

Acredito que, ao discutirmos os momentos que compõem o atendimento vincular, mostrando alguns exemplos de casos clínicos e dando subsídios teóricos, torna-se possível perceber como é rico e amplo o campo de trabalho com casais e famílias.

Mas é importante ressaltar que todo esse conhecimento é bastante recente e vem sendo construído aos poucos. Há aproximadamente 50 anos, os profissionais que se arriscavam a trabalhar com casais e famílias eram apontados como "hereges". Isso porque a concepção vigente era que a psicanálise foi criada para o trabalho individual e deveria se ater a ele.

Nas próximas páginas, veremos como, por meio das instituições, em especial as de formação, foram sendo desenvolvidas, ao longo do tempo, uma teoria e uma técnica específicas para o tratamento de casais e famílias.

Esta linha do tempo não pretende ter rigor científico, portanto, é possível que algumas instituições não tenham sido consideradas por desconhecimento. Peço desculpas caso isso tenha acontecido. Sei também que vários grupos independentes se formaram durante todos esses anos e foram importantes para o desenvolvimento do tema, porém não foi possível incluí-los aqui.

Esclareço que todas as informações a seguir foram retiradas do *Dicionário de psicanálise de casal e família* (Blay Levisky, Dias & Levisky, 2021).

	1973/1974	1975	1977	1978
Instituições que colaboraram para o desenvolvimento do tema	1. Na PUC do Rio de Janeiro, na Graduação em Psicologia, surge um dos primeiros grupos sobre terapia vincular, que viria a ser o embrião para outras iniciativas que se seguiram. 2. Início do Núcleo de Terapia de Casal e Família na PUC-SP, inserido no curso de Graduação em Psicologia. 3. Criação das disciplinas Avaliação Familiar e Psicoterapia de Família no currículo do curso de graduação em psicologia na PUC-RJ.	Sociedade Psicanalítica de Grupo do Rio de Janeiro (SPAG-RJ) organiza a formação em Psicoterapia de Família.	Criação do curso de Especialização (Pós-Graduação *Lato Sensu*) em Terapia de Família no Instituto de Psiquiatria da Universidade Federal do Rio de Janeiro.	Início da especialização em Terapia de Família na psiquiatria do Hospital Pedro Ernesto da Universidade Estadual do Rio de Janeiro.
Quem participou	1. Teresinha Féres Carneiro e Lidia Levy. 2. Professores Lorival de Campos Novo, Mirel Granatovski e Evelise Marra. Em 1976, se uniram a esse grupo Magdalena Ramos, vinda da Argentina, e Almira Rossetti Lopes, vinda de Londres. 3. Terezinha Féres-Carneiro e Lucia Ripper.	Olga Ruiz Correa, Vera Márcia Ramos, Carlos Roberto Sabá, Galina Schneider, Jairo Coutinho, entre outros.	Luis Fernando Melo Campos e Ana Maria Hoette.	Maria do Carmo Cintra da Almeida Prado.

	1979	1980	1985	1987	1990
Instituições que colaboraram para o desenvolvimento do tema	Inicia-se uma cadeira de Terapia Familiar no curso de Psicologia da PUC-RS.	Fundação do grupo Laboratório de Estudos em Psicanálise e Psicologia Social (LAPSO) no Instituto de Psicologia da USP.	Começa em São Paulo o núcleo de casais e famílias do Núcleo de Estudos em Saúde Mental (NESME).	Criação do Instituto de Terapia Familiar (Rio de Janeiro).	1. Fundação da Associação Paulista de Terapia Familiar (APTF), em São Paulo. 2. Criação do Instituto Laços para dar formação e atendimento em Psicanálise de Casal e Família (São Paulo).
Quem participou	Nira Lopes Acquaviva (coordenadora).	Maria Inês Fernantdes (fundadora e coordenadora).	Ruth Blay Levisky (coordenadora), Marilda Goldfeder, Maria Cecilia Rocha de Silva e Ana Margarida T. R. da Cunha (colaboradoras).	Gladis Brun e Anna Maria Hoette.	1. Consuelo Suares Neto, Yeda Porchat, Rosa Macedo, Matilde Neder, Almira Rossetti Lopes, Magdalena Ramos, entre outros. 2. Maria Luiza Dias (criadora).

	1995	1996	1997	1998
Instituições que colaboraram para o desenvolvimento do tema	Criação do Núcleo de Psicanálise de Casal e Família na Sociedade de Psicanálise do Rio de Janeiro.	Criação do curso de formação Casal e Família à Luz da Psicanálise no Instituto Sedes Sapientiae (SP).	É criado o Instituto de Psicanálise e Transdisciplinaridade, com o objetivo de dar formação em Psicanálise Vincular.	Acontece o Grupo de Estudos de Transgeracionalidade na Sociedade Brasileira de Psicanálise de Porto Alegre.
Quem participou	Lídia Levy (coordenadora).	Magdalena Ramos (criadora), Carlos Alberto Gioielli e Samuel de Vasconcelos Titan (professores convidados).	Ângela Piva e Cesar Bastos.	Ana Rosa Trachtenberg.

	2000	2003	2005
Instituições que colaboraram para o desenvolvimento do tema	1. Criação do curso de formação em casal e família no Instituto Sedes Sapientiae – SP. 2. Começa o Núcleo de Vínculos pela Sociedade Psicanalítica de Porto Alegre.	Criação do Núcleo de Vínculos na Sociedade Brasileira de Psicanálise de Porto Alegre.	1. Organização do Laboratório de Casal e Família: Clínica e Estudos Psicossociais na USP. O Laboratório conseguiu convênios internacionais com a Associação Psicanalítica de Buenos Aires (APdeBA), que possibilitaram a troca de experiências e a dupla titulação dos pesquisadores. 2. A Sociedade Brasileira de Psicanálise de São Paulo (SBPSP) e a Associação Internacional de Psicanálise (IPA) reconhecem a legitimidade da psicanálise de casal e família. 3. É criado um curso de formação em Psicanálise de Casal e Família na Sociedade Brasileira de Psicanálise de São Paulo (SBPSP).
Quem participou	1. Yeda Porchat e Purificacion Barcia Gomes. 2. Ana Rosa C. Trachtenberg, Cynara Kopittke Pereira, Denise Zimpek, Vera M. Pereira de Mello e Vera Chem (fundadores do Núcleo).	Ana Rosa Trachtenberg, Cynara Kopittke, Denise Zimpek, Vera Chem, Vera Pereira de Mello (fundadoras).	1. Isabel Cristina Gomes (organizadora), Rodolfo Moguillansky e Alberto Eiguer (colaboradores). 2. As duas importantes instituições. 3. Lia Raquel Cypel (coordenadora).

	2007	2009	2015	2019	2021
Instituições que colaboraram para o desenvolvimento do tema	Cria-se o curso de Casal e Família na Sociedade Brasileira de Psicanálise de São Paulo (SBPSP).	Criação do curso de Psicoterapia Breve Psicanalítica de Casal e Família no Instituto Sedes Sapientiae (SP).	Formação do grupo de estudos de Psicanálise Vincular dentro da comissão de Crianças e Adolescentes do Instituto de Psicanálise Virginia Leone Bicudo, em Brasília.	Criação da Associação Brasileira de Psicanálise de Casal e Família (ABPCF) com o objetivo de propiciar espaços de troca entre os profissionais de todo o Brasil a partir de eventos, congressos, palestras e publicação de trabalhos e livros.	Publicação do primeiro dicionário conceitual de Casal e Família.
Quem participou	Maria Aparecida Nicoletti.	Mauro Hegenberg (fundador).	Silvia Valadares (diretora científica da Sociedade de Psicanálise de Brasília).	Ruth Blay Levisky, Magdalena Ramos, Isabel Cristina Gomes, Maria Inês Fernandes, Silvia Brasiliano e Maria Lucia Paiva (primeira diretoria).	Ruth Blay Lavisky, Maria Luiza Dias e David Levisky (organizadores).

64 REFLEXÕES SOBRE O INÍCIO DO ATENDIMENTO A CASAIS...

Referências

Berenstein, I. (Org.). (1991). *Familia y inconsciente*. Buenos Aires: Paidós.

Berenstein, I. (2004). *Devenir outro con outro(s): ajenidad, presencia, interferência*. Buenos Aires: Paidós.

Berenstein, I., & Puget, J. (1997). *Lo vincular: clínica y técnica psicoanalítica*. Buenos Aires: Paidós.

Blay Levisky, R., Dias, M. L., & Levisky, D. L. (2021). *Dicionário de psicanálise de casal e família*. São Paulo: Blucher.

Gaspari, R. (2000). *La familia: nudo problemático del psicoanálisis*. In I. Berenstein (Comp.), Clínica familiar psicoanalítica. Buenos Aires: Paidós.

Kaës, R. (1987). *Lugar, función y saber del psicoanalista en el grupo*. Revista de Psicología y Psicoterapia de Grupo, X.

Meyer, L. (1983). *Família: dinâmica e terapia*. São Paulo: Brasiliense.

Puget, J., & Berenstein, I. (1988). *Psicoanálisis de la pareja matrimonial*. Buenos Aires: Paidós.

Ramos, M. (Org.). (2016). *Novas fronteiras da clínica psicanalítica de casal e família*. São Paulo: Escuta.

Rojas, M. C. (2003). *Itinerario de un vínculo: transferencia y transformación*. In I. Berenstein (Comp.), Clínica familiar psicoanalítica. Buenos Aires: Paidós.

Scavino, D. (1999). *La filosofía actual: pensar sin certezas*. Buenos Aires: Paidós.

Spivacow, M. (2005). *Clínica psicoanalítica con parejas*. Buenos Aires: Lugar Editorial.

Spivacow, M. (2011). *La pareja en conflicto*. Buenos Aires: Paidós.

Waisbrot, D. (2010). *Más de otro*. Buenos Aires: Psicolibro Ediciones.

Weissmann, L. (2009). *Famílias monoparentais: um olhar nas configurações vinculares*. São Paulo: Casa do Psicólogo.

3. Quando o paciente é o vínculo

Lisette Weissmann

Em 1987, no congresso de Psiquiatria Infantil, no Uruguai, escutei pela primeira vez o dr. Isidoro Berenstein falar a respeito de análise de famílias e casais. Essa palestra despertou a minha curiosidade, abrindo novos caminhos a percorrer. A partir desse momento, começou minha formação em teoria das configurações vinculares, em Montevidéu, com os professores Janine Puget e Isidoro Berenstein, que vinham de Buenos Aires. No início de 2004, migrei com minha família para São Paulo, onde fiz mestrado e doutorado sobre a temática dos vínculos. Meu interesse acerca dos vínculos tem continuado sempre.

O trabalho terapêutico com casais e famílias é específico e difere de outros tipos de atendimento psicanalítico. A diferença fundamental reside tanto nos pacientes a serem escutados e interpretados, para aliviar a angústia e o sofrimento que os acomete, como no psicanalista, que precisa dispor de um dispositivo vincular específico para escutá-los e atendê-los.

A psicanálise tem percorrido um longo caminho desde sua criação por Sigmund Freud, que, a partir dos seus textos,

68   QUANDO O PACIENTE É O VÍNCULO

apresentou-nos as bases para pensar o sujeito psíquico, como os conceitos de inconsciente e sexualidade infantil, o valor dos sonhos como via de acesso aos conteúdos inconscientes, o significado psíquico das enfermidades mentais como a conversão histérica, a paranoia e a neurose obsessiva etc. Houve muita evolução a partir e depois dos textos freudianos, o que se deve ao fato de as patologias, bem como os modelos de atendimento, precisarem se adequar às diferentes épocas e contextos históricos, que foram modificando e alterando o leque de patologias e sofrimentos que hoje em dia procuram nossos consultórios.

No século XXI, assistimos a uma grande modificação do que sempre se convencionou como casal e família. Portanto, precisamos tentar cuidar dos novos pacientes e de seus sofrimentos, ou seja, das novas configurações familiares.

Atualmente, o social delimita muito menos o proibido e o permitido, liberando muito mais os casais e as famílias para se constituírem de acordo com suas necessidades e vontades. Por um lado, esse afrouxamento das leis da sociedade outorga muita mais liberdade aos sujeitos da contemporaneidade, mas, por outro, deixa de indicar um caminho e uma forma de construir os núcleos sociais dentro da própria cultura, abandonando os seres humanos à sua própria escolha pessoal.

Hoje, uma família pode estar formada por avós com netos cujos pais se separaram e voltaram a se casar, formando, por sua vez, outros núcleos familiares, ou um casal homossexual pode adotar crianças ou conviver com os filhos de casamentos anteriores de um deles. Jovens podem decidir viver em comunidade (uns por escolha amorosa, outros por escolha econômica), ou as crianças podem decidir com qual dos pais separados gostariam de viver, tendo de aceitar os novos parceiros dos pais, bem como suas famílias. Os casais podem adotar relacionamentos exclusivos ou podem se definir como abertos, aceitando outros parceiros de cada um dos membros do casal. Pessoas que na primeira escolha de parceiro optaram por uma relação heterossexual podem modificar essa escolha no segundo, terceiro ou quarto relacionamento. Poderíamos continuar fazendo uma longa lista de distintos tipos de vínculo com os quais as pessoas se sentem à vontade para conviver e compartilhar a vida.

Quando qualquer pessoa, casal ou família integrante dessas configurações bater à porta de nosso consultório, devemos poder criar o espaço terapêutico para escutar e trabalhar com eles, seja num atendimento individual, de casal ou de família. Não cabe ao profissional fazer uma escolha moralista na qual indique quem deve ser integrante do casal e ou da família. O sujeito contemporâneo tem livre-arbítrio para escolher com quem partilhará a consulta na qual exporá os conflitos e as dores ocasionados por seus relacionamentos.

Como os pacientes que nos consultam têm se modificado, a teoria e os psicanalistas que os atendem também devem se modificar. Não podemos mais atender uma mulher adulta acreditando ser possível mudar suas representações internas a respeito do seu parceiro de casamento e que isso modificará sua união. Tampouco podemos acreditar que, se explorarmos com uma criança as marcas inconscientes relativas ao momento em que seus pais estavam se separando, sem poder auxiliá-la afetivamente, isso construirá uma família com vínculos fortes. Não podemos pensar que, no trabalho com jovens, as marcas constituintes de sua sexualidade só podem ser pensadas a partir da história passada, sem levar em consideração as experiências atuais tanto com seus pares como com seu núcleo familiar e parental. Essas situações e muitas outras levaram os psicanalistas a tentar abranger um espectro mais amplo de pessoas em sofrimento e, assim, modificar os dispositivos terapêuticos, permitindo-lhes oferecer um atendimento que acolhesse e desse sentido aos conflitos atuais apresentados. Portanto, é necessário acolher as pessoas em

70 QUANDO O PACIENTE É O VÍNCULO

sofrimento tal como se apresentam e buscar recompor no trabalho com elas os vínculos geradores desse sofrimento.

Fazer o diagnóstico e a orientação de tratamento implica considerar todas as variáveis enunciadas para proporcionar um espaço de escuta e acolhimento. Se, por um lado, escutamos as pessoas em sofrimento, por outro, também devemos ajudá-las a identificar as angústias ocasionadas por seus relacionamentos para que, assim, possam ser ouvidas na relação vincular com os parceiros. Com a possiblidade de acolher os relacionamentos que fazem sofrer, conseguiremos proporcionar trocas e estruturar um espaço de compreensão na clínica e na teoria.

Diante das mudanças dos pacientes que nos consultam, começamos a refletir e criar novos conceitos que deem conta desses sofrimentos. Atender duas pessoas juntas e as escutar a partir de uma ótica individual, ainda que ao mesmo tempo e no mesmo ambiente, não é a mesma coisa que as escutar em seu sofrimento no vínculo e no relacionamento que constroem juntas e gera angústia. Não se trata dos mesmos pacientes. Ao diferenciá-los, também precisamos decidir que linha teórica nos auxiliará a melhor compreendê-los e atendê-los.

A psicanálise das configurações vinculares, criada por Janine Puget e Isidoro Berenstein, nos proporciona o olhar psicanalítico na atenção dos vínculos em sofrimento. Ainda que João ou Maria sofram também em outros vínculos, o que acarreta sofrimento é o relacionamento entre eles, apesar de estarem atravessados pelo desejo de compartilhar um espaço comum. Trata-se de uma situação que vai além deles e que aponta para um "fazer entre" os sujeitos, que os machuca e provoca angústia. Portanto, estamos nos defrontando com um novo paciente, já que nesse caso o paciente é o vínculo e o que os parceiros integrantes desse vínculo fazem entre si e lhes provoca sofrimento. Evidentemente, nesse paciente vincular estão incluídas as histórias individuais de cada um dos sujeitos dessa relação, as quais adicionam mais elementos ao conflito vincular.

O paciente vincular está formado pelo vínculo, o que inclui os sujeitos que o constituem e as marcas de suas histórias pessoais, as marcas das histórias vinculares anteriormente vividas e as marcas culturais e sociais dos lugares onde foram se constituindo.

Para construir essa teoria, a psicanálise foi buscar em outras ciências subsídios que pudessem iluminar o humano e seus conjuntos sociais, relacionais, históricos e antropológicos e que pudessem ser pensados dentro dos contextos no qual funcionam. Não estaremos falando do mesmo relacionamento se pensarmos em João e Maria como pessoas do Sudeste Asiático, onde os matrimônios são arranjados pelas respectivas famílias e a esposa tem de se mudar para a casa da família do marido, ou como um casal ocidental no qual cada um deles viaja a trabalho, comunicam-se majoritariamente por WhatsApp e se encontram entre uma viagem e outra, construindo um casal no qual a constante é a mudança e as inúmeras viagens. Não podemos considerar que o funcionamento de uma família residente numa grande cidade, na qual cada um tem seus afazeres individuais, assemelha-se ao de uma família que mora numa fazenda, na qual os filhos ajudam na lavoura da terra familiar.

Pensar cada um desses conjuntos é o grande desafio para conseguirmos acertar na hora de atendê-los e entender o sofrimento que os aflige.

Outras ciências vêm nos auxiliar a compreender o entorno e o contexto cultural, o meio social, o momento histórico, as leis que estruturam a sociedade, a cultura como um todo etc. A teoria das configurações vinculares tem ampliado o olhar sobre o sujeito dos tempos atuais, buscando apoio e sustento teórico na antropologia (Claude Lévi-Strauss), na sociologia, na psicologia social (Pichon-Rivière, José Bleger), na teoria da complexidade (Edgar Morin), na história (Ignacio Lewkowicz), na filosofia (Alain Badiou, Emmanuel Lévinas), entre outros campos. Muito provavelmente, a psicanálise,

72   QUANDO O PACIENTE É O VÍNCULO

tal como Freud a idealizou, não possa dar conta sozinha da complexidade dos tempos atuais e das configurações vinculares que foram se constituindo no século XXI.

Para atender casais e/ou famílias, temos de aprender a pensar além e aquém dos sujeitos individuais que os constituem, para poder pensar o vínculo como paciente. O sofrimento se instala no relacionamento, na experiência que dois ou mais sujeitos criam entre si e que gera desconforto e mal-estar. Na consulta, temos necessidade de modificar nossa avaliação do paciente, de um olhar para o espaço intrapsíquico para um olhar para o espaço intersubjetivo/vincular e trans-subjetivo/sociocultural. Em nossa abordagem, precisaremos analisar o relacionamento em sofrimento, que inclui duas ou mais pessoas com suas histórias individuais, bem como sua história vincular dentro de sua época e sua cultura.

Imaginemos a sessão de um casal[1] aparentemente muito aflito: Julia chora amargamente relatando como Pedro ficou alcoolizado e que não consegue deixar de pensar na quantidade de vezes que precisou carregá-lo para casa, levantá-lo do chão onde estava jogado bêbado e submeter-se a vê-lo sem controle, não conseguindo impedir que tudo isso ocorra. Pedro reage dizendo que está tentando beber menos e tem se esforçado para refrear a bebedeira sem limites, mas Julia não consegue enxergar esse progresso. As representações do vivido no relacionamento ainda persistem. Ainda que Pedro afirme estar controlando a bebida, as marcas vinculares atuais não conseguem se sobrepor ao já vivido, com o intuito de modificar as representações do sofrimento relacional anterior. Apenas se analisarmos a constituição intersubjetiva entre eles poderemos compreender como a situação ainda os remete à história vincular anterior. Precisarão

---

1   Caso ficcional a partir da clínica de casal da autora, tendo cuidado com o sigilo e a ética.

trabalhar muito, em conjunto, para conseguir modificar as marcas anteriores e deixar entrar novas vivências vinculares que permitam a modificação em função do presente, e não somente da repetição do passado. Estamos falando do "fazer entre" dos sujeitos que participam desse vínculo específico.

Podemos nos questionar e investigar em sua história pessoal o que significa para Julia ver bêbado alguém tão próximo, mas apenas isso não dá conta de explicar o sofrimento desse casal. Quando chegam na sessão, Pedro diz: "Hoje Julia vai me estraçalhar, eu me comportei de forma muito ruim, cheguei bêbado ontem e acordei ela, sei que não agi corretamente, mas eu queria tanto vê-la". Aqui observamos um comportamento que inclui os dois parceiros: ela não sai com ele pois não tolera vê-lo bêbado, já que isso a transporta à história anterior deles, e ele a procura pois sente saudades dela. Julia relata que, quando era criança, seu avô ficava bêbado e dançava descontrolado, o que a envergonhava, além de bater nela, e isso a angustiava muito, pois se sentia impotente sem poder controlá-lo. Por outro lado, Pedro conta que vem de uma família na qual os pais jamais conseguiram lhe dizer não, apresentando um mandato familiar no qual os filhos devem ser mimados e jamais frustrados em seus desejos. Constitui-se, assim, um vínculo com histórico de mágoa vincular que alimenta as marcas infantis de sofrimento de cada um deles.

Poderíamos nos perguntar: como desarmar esse funcionamento vincular? Como habilitar alguma modificação que lhes permita se ajudarem mutuamente: ela tolerando ver Pedro beber com controle, e ele usufruindo da presença dela para conseguir se controlar? A situação é difícil na medida em que os dois apresentam um "fazer entre" que os imobiliza e os impede de recriar um jeito novo de interagir. Só conseguiremos trabalhar com eles em atendimento psicanalítico de casal se dirigirmos nosso olhar para o vínculo, e não somente para cada um dos participantes do vínculo.

Interferir no campo analítico vincular

Na teoria das configurações vinculares, tomamos emprestado da filosofia o conceito de *acontecimento*, que descreve momentos de mudança nas situações vinculares vividas, só percebidos no *après-coup* da experiência. Os sujeitos que fazem parte do vínculo aparecem nele com sua presença, o que marca a grande diferença com a psicanálise individual tradicional. Apenas algo que acontece na presença dos participantes do casal poderá expor a situação vincular, passar a ter validade e modificar estruturas prévias. Não pensamos em um percurso marcado apenas pela história dos sujeitos e por seus vínculos, mas que algo do vivido rompe o determinismo inconsciente, gera e modifica o inconsciente vincular. Cada sujeito produz no vínculo uma imposição de presença: seria impossível não reconhecer nem considerar a mudança que o outro, no presente, gera nas marcas vinculares. Citar o acontecimento modifica o conceito freudiano de repetição do passado, pois aposta no presente e nas situações vinculares enquanto geradoras de novidade, além de tornar mais complexas as marcas vinculares.

Freud introduziu os conceitos de transferência e contratransferência na análise tradicional para pensar o paciente na cena analítica com seu analista, mas se referindo ao campo intrapsíquico e às representações inconscientes. Berenstein e Puget adicionam a esses conceitos pensados para a análise individual de imposição, que se baseia na apresentação que o analista impõe aos pacientes no consultório. Nesse caso, o analista não aparece como uma simples tela na qual o paciente projeta suas marcas passadas, mas faz parte e compartilha da cena vincular.

O pensar entre dois levou Berenstein e eu a propor a existência de um além do campo transferencial-contra-transferencial. A partir de lá, criamos o termo campo interferencial. . . . trata-se de considerar que o analista é também um outro que, com sua presença, freia a ativação do mundo interior, o das representações, e impõe um novo pensar. (Puget, 2015, p. 51, trad. nossa)

Pablo e Anna definem como se desenvolve seu relacionamento e como cada um deseja que ele seja. Pablo diz que prefere morar em casas separadas para ter maior independência e Anna diz que a convivência com seu parceiro é fundamental, já que o cotidiano gera o que ela considera a vida de casal. A analista percebe que eles falam de projetos vitais diferentes e o enuncia como interferência, o que gera impacto, na medida em que eles não tinham percebido isso. Anna afirma nunca ter percebido que eles desejam modelos diferentes de relacionamento e pela primeira vez se dá conta de que talvez não possam continuar seu relacionamento, já que almejam futuros muito diferentes. A imposição analítica somente cria a percepção dessa diferença diante de sua enunciação. Não estamos falando de modelos anteriores que o casal projeta na análise, mas de um lugar para o analista participar e interagir ativamente na cena. A enunciação da analista produz efeito de interferência no vínculo de casal, que precisará resolver a situação entre si.

O dois e o um

O filósofo francês Alain Badiou, no livro *Elogio ao amor*, define amor e sexo como o *Dois* e o *Um*. Ele tenta enfocar a diferença entre o Dois, que configura o amor entre dois sujeitos, e o Um, baseado no sexo e na identidade.

Para esse autor, o Um parte da individualidade, do narcisismo, do próprio corpo e do próprio gozo. A identidade sinaliza o Um e o sexo nesse estádio se refere só a si mesmo e ao seu próprio gozo.

Na conceituação do Dois como representante do amor, Badiou nos diz que "no amor está a experiência da possível passagem da pura singularidade da casualidade a um elemento que tem valor universal: o encontro... experimentar o mundo a partir da diferença e não somente da identidade" (Badiou & Truong, 2012, p. 24). Esse encontro no amor precisa passar por várias provas para se constituir como Dois: um encontro em formato de acontecimento que só será confirmado *après-coup*. Nesse encontro com o outro, os sujeitos aprendem a ter um ponto de vista descentrado, ou seja, cada um deixa de ser o centro de toda a cena e se constitui como sujeito do amor em diferença, de dois sujeitos que se reconhecem como diferentes, onde aparece o Dois. Estamos falando de uma construção conjunta desse Dois incluindo a diferença dos sujeitos que o formam. Esse autor descreve o amor como uma construção duradoura e uma passagem do acontecimento-encontro fortuito à construção da verdade como um lugar de destino.

Badiou declara que o amor é sequencial e que "cada vez é necessário voltar a interpretar a 'cena do Dois', achar os termos de uma nova declaração. Declarado ao início, o amor deve também ser 'redeclarado'" (Badiou & Truong, 2012, p. 53).

Vemos aqui a passagem da experiência de individualidade para a experiência de união no amor.

Do objeto interno ao outro

Tentaremos estabelecer um paralelismo entre o trabalho psicanalítico com o paciente individual e o atendimento psicanalítico com o paciente vincular, e de ambos com o processo de passagem do Um ao Dois no vínculo de amor.

Quando atendemos um paciente individual, estamos assinalando os objetos internos do psiquismo desse paciente e as marcas da relação de objeto que aparecem nas fantasias internas. Desse modo, se Julia se encontra em um atendimento individual, ao falar do fato de o namorado ficar bêbado todas as noites, ressaltaremos e aprofundaremos as marcas infantis que essa situação desperta nela. Assim, poderá trazer à consciência as situações de desamparo que vivia quando sua mãe a deixava aos cuidados do avô e como se sentia à mercê desse avô que bebia muito à noite e ficava agressivo com ela. Sendo criança, ela não tinha recursos para responder ou se defender diante da situação de exposição ao descontrole do avô. Essa experiência instituiu nela uma relação de objeto com um objeto que a deixa desamparada e à mercê das pulsões agressivas que o avô descarregava nela. Marcas da relação com um objeto que é violento, desampara e a deixa à própria sorte.

Na psicanálise tradicional:

> *Os atendimentos individuais visam a aproximar-se do sujeito em seu psiquismo, focando o trabalho em seu mundo interno e em suas relações de objeto (psicanálise em suas duas vertentes).*[2] *Aponta a olhar nas fantasias inconscientes que trazem o sofrimento psíquico e tenta realizar uma modificação da estrutura intrapsíquica, para diminuir as angústias, uma vez que consiga re-manejá-las. Aqui estaríamos abordando um trabalho no psiquismo individual, tanto centrado no ego quanto nas relações objetais com seus objetos internos, baseadas em representações das experiências infantis carregadas*

---

2 A psicanálise se desenvolveu segundo dois grandes eixos: o primeiro, centrado no mundo interno do sujeito, onde o Eu está no centro da análise, e o outro, centrado na relação de objeto, na qual o outro é tão importante quanto o próprio sujeito, já que dele depende. Dito de outro modo, uma linha teórica privilegia o conflito centrado no sujeito e a outra, o conflito centrado na relação de objeto.

78 QUANDO O PACIENTE É O VÍNCULO

pelas pulsões e pelos desejos. Porém a análise nessa linha teórica focaliza o conflito centrado no ego, com suas relações de objeto. (Weissmann, 2009, p. 43)

Assim, resumimos o trabalho ao sujeito e a seus objetos internos, com sua subjetividade e as marcas próprias que o constituem. Esse é o eixo do trabalho analítico idealizado por Freud e continuado por vários analistas pós-freudianos que tentaram conhecer e cuidar do mundo intrapsíquico e seus sofrimentos.

Por outro lado, nós, psicanalistas, defrontamo-nos na atualidade com outros pacientes, casais, famílias, grupos que precisam de nossa escuta e nosso acolhimento para compreendê-los e ajudá-los a destrinchar os meandros vinculares que ocasionam o mal-estar que os angustia e surge a partir dos vínculos. Neste caso, não podemos falar de sintomas, já que estamos descrevendo vários sujeitos em vínculos que geram dor psíquica entre eles, porém escolhemos chamar esse sucedâneo do sintoma no corpo e na conflitiva individual – neste caso, nas relações – de mal-estar vincular.

Procuraremos descrever como esse "fazer entre" esses sujeitos gera mal-estar e como a psicanálise tenta desconstruí-lo outorgando significação aos vínculos e à dor gerada entre eles. Na possibilidade de pôr em palavras o mal-estar vincular, bem como os mal-entendidos vinculares que circulam entre os sujeitos dos vínculos, conseguiremos elucidar os conteúdos inconscientes que circulam e torná-los conscientes ao colocá-los em palavras. Isso produz alívio, pois, ao se conscientizarem dos motivos do sofrimento, os sujeitos conseguem fazer uma livre escolha e se posicionar nos relacionamentos levando em consideração o outro e seus sofrimentos em conjunção com os próprios.

Descrevemos a psicanálise vincular da seguinte forma:

Os atendimentos vinculares colocam no foco da questão o vínculo entre um sujeito e outro(s) sujeito(s); assim, o paciente seria, nesse caso, o relacionamento entre os sujeitos que concorrem à consulta e conformam esse paciente vincular. A base do sofrimento, portanto, estaria situada nos vínculos e na impossibilidade de reestruturá-los, reformulá-los e enriquecê-los, fazendo-os crescer. Falamos assim de dois sujeitos unidos em vínculo definido como uma ligação, ou atadura estável, em uma estrutura de parentesco (casal ou família), na qual padecem. A análise objetiva, dessa forma, propicia uma ajuda que permita fazer uma reformulação dos vínculos estabelecidos entre esses indivíduos. (Weissmann, 2009, pp. 43-44)

A potência está no vínculo como operador de um "fazer entre" sujeitos, com produções surpreendentes que vão além de um fazer em solidão, já que a intersubjetividade produz criatividade como força para constituir experiências de novidade na relação.

Podemos citar a família Fernandes, composta por nove membros: os pais e sete filhos, dos quais quatro eram dois casais de gêmeos. O pai, olhando fixo para a analista, diz: "sabe qual é nossa força? Que somos os Fernandes e isso nos dá força, somos muitos para nos gerenciar e tomar conta de todos nós". Esse homem transmitia a força dos vínculos enquanto produtores de criatividade e também amparo e sustentação subjetiva.

Por outro lado, os vínculos trazem sofrimento, já que todo vínculo implica em confrontar-se com o outro e o outro traz sua opacidade, a faceta impossível de ser conhecida totalmente, apresentando o que Kaës (2005) nomeava como negatividade radical, o limite último

80 QUANDO O PACIENTE É O VÍNCULO

que jamais poderá ser ultrapassado. O outro em sua alteridade, como o *ajeno*,[3] surge como obstáculo à identificação projetiva, na medida em que o sujeito não pode resumir o outro a um objeto interno, nem a um objeto externo seu, pois o outro tem vida própria e se apresenta sempre com sua *ajenidad*. A presença do outro não tem inscrição prévia no psíquico, tampouco se permite ser representada, defrontando-nos com *o ajeno* do outro.

Antônio decide convidar a namorada para morar com ele, fato que gerava muita angústia. A partir dessa situação, pede para aumentar a frequência das sessões em sua análise individual. Ele necessitava poder tramitar internamente como fazer um espaço para albergar a alteridade da namorada em sua vida, pois isso produzia intensa angústia. Ele tenta sopesar seu desejo de morar com ela junto com o incômodo que isso poderia gerar em sua vida e em seu espaço físico, tanto geográfico quanto interno, e finalmente decide lhe pedir para compartilharem a moradia e a vida cotidiana. Na análise individual, ele menciona: "É difícil estar com ela, isso tem me alterado muito ultimamente, mas sinto que com ela sou uma pessoa melhor".

Retomando Badiou, na passagem do Um ao Dois se assinala um trânsito do ser si mesmo no encontro com o outro no amor, na construção do vínculo, em um processo lento e trabalhoso, desde um encontro inesperado, até este começar a cobrar sentido para, com o tempo, constituir-se em um vínculo de amor. Badiou diz que o amor é "uma potência subjetiva. Uma daquelas estranhas experiências em que, a partir do acaso inscrito num instante, propõe-se uma eternidade" (Badiou & Truong, 2012, p. 50).

Na análise individual, analisamos as relações de objeto do sujeito com suas marcas inconscientes intrapsíquicas, e na análise vincular,

---

3 Usarei o termo *ajeno*, em espanhol, pois não acho nenhum sinônimo na língua portuguesa que o traduza com seu sentido próprio.

as marcas vinculares no espaço intersubjetivo. As relações de objeto se referem ao eu e a seus objetos internos. Os vínculos delimitam uma relação de dois ou mais sujeitos, com suas presenças e com a ligação que criam entre eles, na intersubjetividade.

Tentemos pensar de que maneira o psicanalista produzirá a passagem da escuta do sujeito em seu mundo intrapsíquico, ou seja, focado nas fantasias inconscientes que habitam as relações de objeto do sujeito na análise, para a escuta do vínculo, além e aquém dos sujeitos que o constituem, observando um "fazer entre" sujeitos que só se institui na presença das pessoas que fazem parte desse vínculo. Estamos falando de outra escuta, nem melhor nem pior, apenas diferente. Essa diferença é fundamental na hora de pensar a análise do sujeito singular ou a análise do vínculo.

Gostaria de terminar com as palavras do escritor Cortázar no livro *O jogo da amarelinha*, com as quais o autor tenta expor a construção de um ato de amor:

> – *Fazíamos amor como dois músicos que se juntam para tocar sonatas...*
> – *Precioso, o que você diz.*
> – *Era assim mesmo, o piano ia por um lado e o violino ia pelo outro, e disso saía a sonata, mas, veja, no fundo, não nos encontrávamos...*
> – *Eu percebi imediatamente, Horácio, mas as sonatas eram tão bonitas. (Cortázar, 2008, p. 226)*

O amor aparece ilustrado aqui como a construção de uma sonata a dois, e, apesar de esses dois sujeitos perceberem que cada um ia por seu lado, um com o piano e outro com o violino, ainda assim construíam uma sonata muito bonita para eles. Visualizamos o amor

82   QUANDO O PACIENTE É O VÍNCULO

ou o Dois como uma construção a quatro mãos, apesar de sabermos que as diferenças existem por se tratar de dois sujeitos em vínculo, e estas são necessárias para a sobrevivência de todo relacionamento.

Referências

Badiou, A., & Truong, N. (2012). *Elogio del amor*. Buenos Aires: Paidós.

Cortázar, J. (2008). *O jogo da amarelinha*. Rio de Janeiro: Civilização Brasileira.

Kaës, R. (2005). *Os espaços psíquicos comuns e partilhados: transmissão e negatividade*. São Paulo: Casa do Psicólogo.

Puget, J. (2015). *Subjetivación discontinua y psicoanálisis: incertidumbre y certezas*. Buenos Aires: Editorial Lugar.

Weissmann, L. (2009). *Famílias monoparentais*. São Paulo: Casa do Psicólogo.

4. A psicossexualidade: da sexualidade infantil à vida amorosa adulta

Sonia Thorstensen

Como me tornei psicanalista de casal e família?

Fui criada numa família extensa, na casa de minha bisavó materna. Lá, convivi com seus doze filhos, cônjuges, netos e bisnetos. Desde sempre, tive à minha disposição um fértil campo de observação dos funcionamentos familiares e da transmissão psíquica que aí se processava, além de um grande interesse em desvendar suas nuances, particularidades, tensões. Aprendi, sem saber ainda, como a "ciranda pulsional" se desenrola. E também a acreditar na família. Ser psicóloga e trabalhar com casais e famílias foi uma decorrência natural. Todo meu trajeto profissional foi uma busca de compreensão do laço familiar, da criação das crianças e da relação de casais. Desde 1970 a eles me dedico.

Neste capítulo e no capítulo seguinte, procurarei expor, de forma simples e direta, temas que considero fundamentais para o psicanalista iniciante nessa fascinante e complexa aventura de trabalhar com os enredamentos familiares.

Partindo de Freud e das diferentes leituras da psicanálise, autores foram construindo a especificidade da psicanálise com casais e famílias. Pode-se afirmar que, de modo geral, de cada escola psicanalítica deriva um modelo de escuta para a família. Existem, portanto, diferentes orientações e estilos de analistas de família.

Em linhas gerais, sigo os enfoques da escola francesa, na atualidade representada por Eiguer e Kaës.

Ao abordar o tema da família na atualidade, uma grande questão se impõe: como pensar a família se ela se encontra em transformação vertiginosa? Como lugar privilegiado de criação das novas gerações, o que é necessário que se mantenha para a constituição subjetiva das crianças que nelas se desenvolvem? Ainda não temos respostas para essas perguntas, nem sei se as teremos! Mas a psicanálise nos oferece uma ética de escuta dos sofrimentos e dos sintomas individuais, bem como familiares, e, no caso a caso da clínica, pode nos apontar os caminhos da subjetivação de indivíduos, casais e famílias a nós confiados.

Como podemos começar a falar sobre família?

Meu caminho é a psicossexualidade freudiana. Comecemos com uma afirmação que perpassa os vários textos de Philipe Julien (1977): "A família é o lugar sexual por excelência, ou não é família". Como podemos entender essa afirmação?

Vejamos primeiro como Freud (1930) nos apresenta a característica de inibição quanto à meta dos primeiros amores. Assim se expressa:

> *O amor que funda a família continua a operar na civilização tanto na sua forma original, na qual não há*

renúncia à satisfação sexual direta, quanto na sua forma modificada, como afeição inibida quanto à meta. Em cada uma, ele continua tendo como função manter unido considerável número de pessoas, e o faz de um modo mais intenso do que poderia ser efetuado por meio do interesse do trabalho em comum. O modo descuidado como a linguagem usa a palavra "amor" tem sua justificação genética. As pessoas dão o nome de "amor" para o relacionamento entre um homem e uma mulher cujas necessidades genitais os levaram a fundar uma família; mas elas também dão o nome de "amor" aos sentimentos positivos entre pais e filhos, e entre irmãos e irmãs de uma família, embora sejamos obrigados a descrever isso como amor inibido quanto à meta, ou afeição. O amor inibido quanto à meta era, de fato, originalmente, amor plenamente sensual, e ainda é assim no inconsciente do homem. (pp. 102-103)

Dessa forma, espera-se da família que harmonize em seu interior uma profusão de impulsos intensos, todos pressionando para encontrar seu modo de se expressar, satisfazer-se, ou tendo de ser deslocados, sublimados, recalcados, numa verdadeira e contínua "ciranda" pulsional familiar.

Como isso acontece?

É o vínculo sexual entre dois jovens que dá início à família, na qual nascerão bebês, que serão sexualizados pelos cuidados maternos e que deverão aprender, aos poucos, a desviar essa sexualidade da mãe e postergá-la para o futuro, em virtude da interferência do pai interditador; este deverá ser capaz de ressexualizar a mulher após o nascimento do filho, já que ela estará completamente mergulhada na relação primitiva (e erotizadíssima) com seu bebê. Retomar a

86 A PSICOSSEXUALIDADE

mulher para si sem traumatizar excessivamente o bebê (para este não perder a erotização que recebeu da mãe, só aceitar adiá-la) e sem dividir excessivamente a própria mulher entre seus dois amores (ele e bebê), de modo que ela possa retomar sua conjugalidade sem perder a maternidade recém-adquirida.

E à mulher pede-se que viva a sexualidade adulta com o marido, a infantil com seu bebê e saiba harmonizar e satisfazer os amores de ambos. Estes funcionam em níveis diferentes e competem entre si (e devem competir, para o bem de todos). Espera-se que ela saia relativamente ilesa e saciada dessa disputa por seu amor, disputa que se perpetua na chegada de novos bebês, cada um, por sua vez, com idades e necessidades amorosas diferentes. Tudo isso sem esquecer que o grande vencedor nessa disputa, o pai, terá dificuldade para se perceber como pai de modo estável e, muitas vezes, se relacionará com ela no nível de impulsos infantis e ela fará o mesmo com ele.

Enfim, trata-se de encontrar a dose certa de expressão, sublimação e repressão dos impulsos amorosos e sexuais, numa estrutura dinâmica que nunca encontra seu equilíbrio, a não ser na morte, quando eles enfim cessam.

Julien (1997) também diz: "A sexualidade é traumática, ou não é" (p. 75).

Quais são as condições para haver conjugalidade? Segundo ele, "trata-se de encontrar uma ética que conjugue erótica do desejo e estética do bem dizer, na arte de endereçar-se ao outro sexo". E acrescenta: "só os artistas souberam, desde sempre, colocar em evidência aquilo que sustenta secretamente o discurso do amor" (p. 102).

Não sendo poetas, como podemos chegar a uma compreensão maior das vicissitudes da vida amorosa? Vejamos uma situação clínica.[1]

---

1 Todas as situações clínicas que seguem foram construídas ficcionalmente a partir de minhas vivências como analista.

João e Maria são um casal jovem, têm dois filhos pequenos e brigam muito. Buscam ajuda. Ela vem disposta a se separar. Não aguenta mais o desinteresse dele pelas crianças e por ela.

Maria: Ele é pesquisador universitário, nunca está em casa, ou está no departamento ou no centro esportivo da universidade treinando e confraternizando com seus orientandos. Eu não existo para ele.

João: Isso não é mais verdade. Já reduzi muito meu tempo na faculdade. Você não me diz o que tenho que fazer!

M: [Quase gritando.] Tá vendo? Dois filhos em casa e ele ainda não sabe como pode me ajudar! [Seu tom é bastante agressivo. Ele parece perdido, desamparado.]

Analista: Como ele pode te ajudar?

Ela vai listando uma série de tarefas com as crianças que ele poderia executar quando chegasse da faculdade.

A: E por você, o que ele poderia fazer?

M: [Começa a chorar.] Queria que ele mostrasse que me ama, ainda!

Ele se emociona e passa a mão em seu ombro.

E as sessões vão se desenrolando... Nelas, relatos do passado se misturam com os fatos do presente. A mãe dela faleceu há menos de um ano. Além da perda, não conta mais com sua ajuda com as crianças. Suas amigas estão iniciando um projeto empresarial e ela quer estar junto. Perder essa oportunidade causa muita angústia em Maria.

O relacionamento sexual está interrompido há quase um ano. Era muito bom no início da relação.

Temos aqui um enredamento conjugal bem frequente, mas não menos sofrido. O desalento com a relação ameaça se instalar. Ela, em suas falas agressivas, já não está medindo os efeitos no narcisismo dele. *Ele diz que não quer se separar, procura apaziguá-la, parece perdido.*

O tom de Maria é agressivo, peremptório, impositivo.

A [para ele]: Ela é sempre brava, assim?

J: [Ri.] Sempre brava! Já nem ligo!

A: Não acredito! Me conta, Maria, como é sua braveza? É assim na sua família de origem?

Maria é filha única e conta que, ao contrário, seus pais sempre foram solícitos e cordiais entre si, ajudavam-se no trato com ela e com os sobrinhos dos dois lados. Eram pais amorosos, cuidadores, viviam para a filha e para as grandes famílias extensas das quais provinham. Sua mãe optou por renunciar a uma carreira profissional. Mas ela conta, também, que seu ambiente familiar lhe parecia bastante caótico, com as famílias de origem "despencando sem avisar e dando palpite em tudo".

Maria, com sua "mandonice de filha única", era quem procurava pôr ordem na casa. Sua mãe, tipo mãezona, ajudou muito Maria com as crianças. Pegava as crianças na escola e ficava com elas até Maria vir buscar. Vivia para os netos, como vivera para a filha. Agora, ela não está mais! Maria precisa elaborar seu luto e, criativamente, reformular seu acordo com João. E ele, que usufruía do apoio da sogra, também precisará abrir mão, parcialmente, de sua forma de viver.

Pergunto a João como era em sua casa. Ele relata ter uma relação muito complicada e desgastante com seu pai, também professor e diretor no departamento em que João atua. Conta sobre pais muito rígidos e autoritários, pouco afetivos, originários da Europa Oriental. Ele diz: "Uma outra educação!". Seu pai e superior acadêmico nunca o elogia. No passado, João fugia das cobranças da mãe, ela também muito agressiva, sendo bom na escola e apaziguador com ela.

Ele parece estar habituado a ser cobrado com agressividade e se defende passando muitas horas fora de casa, o que só confirma o aparente desinteresse por Maria.

Esta diz detestar ser assim agressiva e cobradora com ele. Por outro lado, diferente de sua mãe, queria ter uma vida profissional e lutava por ela.

Ambos sofrem! Nenhum dos dois, quer, de fato, separar-se. Estão apenas enredados em suas histórias originárias, nos acontecimentos inerentes à fase de suas vidas, nas consequências da perda da sogra...

Neste momento, a vida sexual deste casal está sufocada pelos ressentimentos recíprocos. Ela se pergunta: "Será que não acabou de vez? Não nos amamos mais?". As expectativas e os sonhos infantis não estão encontrando guarida no presente. O ressentimento atual desfigura a ilusão do encontro com o objeto do desejo primordial que sustentou a fase de enamoramento.

Como lidar com esse sofrimento?

A psicossexualidade e o paradoxo fundante da conjugalidade

Partindo da clínica, Freud nos concebeu como seres sexuais desde o início da vida. Ele descreveu como, apoiado sobre a satisfação de nossas primeiras necessidades, emerge um prazer, proveniente da própria sensação de satisfação. Um prazer que passa, em seguida, a ser procurado mesmo na ausência da necessidade. Ele designou como sexual o desejo que o impulsiona. Já não se trata mais de uma necessidade, mas de um desejo que busca o prazer. Mais tarde, chamou esse impulso de impulso de vida.

As experiências de prazer primordiais na relação com a mãe (dizemos que os cuidados maternos erogenizam o corpo do bebê), a entrada do pai como terceiro, as vivências de identificação e competição fraternas, as experiências sensoriais com o entorno familiar, todas essas situações propiciam as marcações eróticas inconscientes que nos constituem como humanos e que passarão a organizar nosso desejo daí para a frente, aliadas a experiências posteriores, que certamente também darão origem a marcações importantes e passarão a constituir formações inconscientes de atração e rejeição.

Esses fenômenos primitivos são regidos pelos processos primários ou princípio do prazer; nele, o impulso passa sem barreiras em busca de vivências de satisfação do desejo primitivo: "tudo aqui, já e mais...". O princípio de realidade vai se instalar aos poucos, concomitante à instalação do "outro" como alteridade, como diferente de si mesmo.

Freud descreveu a constituição desse sujeito que é, por definição, sexual; apontou para a sexualidade infantil, para a sua repressão e, o que nos interessa aqui, para a sua importância na vida amorosa adulta.

Vale lembrar que a sexualidade adulta, constituindo-se sobre a infantil, carrega consigo as exigências próprias do processo primário. Ressentimentos encontram aí um campo fértil para se instalar. Entram em consideração questões sobre a constituição sexual de cada um, as marcações eróticas mais primitivas e como elas se entrelaçam num casal específico.

Estamos, de fato, diante do paradoxo fundante da conjugalidade: o infantil na vida amorosa adulta.

Partindo-se da ideia freudiana de que o humano se constitui e vive mergulhado num jogo de forças de impulsos contraditórios, a conjugalidade poderia ser apenas mais um espaço onde esse jogo de forças operaria, não fosse o caso de tratar-se de um espaço absolutamente único, no qual se dá de forma "concentrada" o encontro de tudo o que foi construído nas experiências primitivas da erotização infantil, em choque com o encontro com o outro real da escolha amorosa adulta.

Trata-se, afinal, do confronto dramático entre o infantil e o princípio de realidade, entre as expectativas de satisfação de impulsos intensamente regressivos, próprios dos processos primários, e a necessidade de renúncia a parte deles, além da elaboração das frustrações inevitáveis, o que requer penosos trabalhos de luto.

Por outro lado, e ao mesmo tempo, para sustentar a relação, há a necessidade de que parte das expectativas infantis possa ser preservada. Tanto as fantasias próprias da resolução edípica ("quando eu crescer como papai terei uma mulher como mamãe só para mim", ou "quando eu crescer como mamãe terei um homem como papai só para mim") quanto as impressões ainda mais primitivas do vínculo primordial com a mãe e com o pai. Ambas precisarão encontrar seu lugar no próprio seio da conjugalidade, pois constituem a base da atração que dá origem e estabilidade ao vínculo. Ou seja, há a necessidade da preservação de um espaço de ilusão em meio à relação adulta. A esses aspectos contraditórios da vida amorosa denominamos "o paradoxo fundante da conjugalidade".

O trabalho psíquico de luto desse objeto de desejo "para sempre perdido", necessário para a construção de uma possível conjugalidade com o outro real, constitui uma parte importante do esforço na atividade clínica com casais, sabendo-se, no entanto, que é a idealização do vínculo com o objeto de amor original, em relação ao qual se estabeleceu o erotismo primitivo, que impulsionará a busca, na vida adulta, da experiência de satisfação nas escolhas amorosas substitutas dos primeiros amores. Temos aqui, portanto, a necessidade de dar sustentação, no jogo de forças dos impulsos contraditórios, ao regressivo e "regressivante" em busca de seus primeiros prazeres, ao mesmo tempo que se sustenta o princípio de realidade no encontro com a alteridade do outro.

Convém assinalar que estamos nos referindo a processos predominantemente inconscientes chocando-se com o real que o outro apresenta. Na tentativa, também inconsciente, de adequar o outro à figura interna idealizada, o sujeito se comporta de forma que o outro mude na direção desejada. Como isso não acontece, nem o sujeito desiste, temos aí a repetição compulsiva instalada no vínculo, sendo esta também um dos focos centrais no processo terapêutico de casais.

Há na conjugalidade, portanto, um campo de ilusão a ser preservado, e é justamente nessa corda bamba que o analista deve se equilibrar. Nesse sentido, o analista estará lá não só para pensar os conflitos específicos trazidos pelo casal, mas também deve ter, como pano de fundo, a proposta de fazer Eros circular entre eles ou trabalhar para que circule mais e melhor.

O Édipo e a família

A escrita a respeito da psicanálise com casal e família, como não poderia deixar de ser, é sempre marcada pelas preferências teóricas de cada autor. Sendo, no entanto, a estruturação edípica o principal organizador da família, o Édipo sempre estará presente de modo implícito ou explícito na mente do analista quando se defronta com o grupo familiar. Ele instaura as diferenças sexual e geracional, pilares da constituição do sujeito.

Se assim não fosse, isso equivaleria a assumir que as falas dos membros da família sejam recebidas nas mesmas condições. O próprio senso comum nos faz perceber que as falas de um pai, de uma mãe ou de um filho não podem ser recebidas como iguais. Na família, cada membro fala a partir do lugar que ocupa e que lhe é designado na estrutura familiar, ou seja, cada fala da família expressa, antes de tudo, um lugar de onde se fala.

É muito importante enfatizar que por lugares de fala entendemos uma função a ser cumprida diante da criança. Dessa forma, por exemplo, a função materna pode ser cumprida pela mãe, pela avó, pelo pai, os pais podem ser dois homens ou duas mulheres, enfim, a função deve ser cumprida de alguma forma. Veremos como isso se dá no próximo capítulo.

Penso que uma das tarefas iniciais do analista de casal e família é identificar de qual lugar se fala; ou, dizendo de outro modo, tornar conscientes os discursos dos vários Outros que, no conjunto, constituem essa família.

Segundo Freud (1916-1917) e Lacan (1938), a família se organiza a partir do Édipo e de suas vicissitudes. Lacan diz que o complexo de Édipo define a forma específica da família humana e de todas as suas variações.

Para Eiguer (1983), "A família, diversamente dos grupos informais, tem como primeiro organizador o Édipo e suas transformações. Este fato constitui justamente o peculiar da organização familiar, sua razão de ser social" (p. 30). E acrescenta: "É o Édipo de cada parceiro que intervém no primeiro organizador da vida familiar inconsciente, a escolha de objeto (*escolha amorosa*), e são os objetos parentais interiorizados que constituem o núcleo do inconsciente familiar" (p. 20).

Essa frase implica que, ao atender um casal, não estou convivendo somente com o par de indivíduos à minha frente, mas com, no mínimo, mais quatro, ou, dependendo da situação, ainda outros mais: seus genitores, às vezes os genitores destes, ou outras figuras que desempenharam papel parental. O núcleo do inconsciente familiar, para usar o termo de Eiguer, é, portanto, formado pelo conjunto desses fantasmas ou dessa mitologia, que constitui o que estamos chamando de organizador edípico.

Sabemos que a forma como o indivíduo soluciona seu enigma edipiano marcará todos os seus desenvolvimentos posteriores, portanto, também – e especialmente – a escolha amorosa, a construção

94   A PSICOSSEXUALIDADE

da vida conjugal e a constituição do Édipo nos filhos. Trata-se, de fato, de uma transmissão transgeracional de posicionamentos na família via repressão, sublimação e identificação. Cada novo membro dela ocupará um lugar, uma posição que lhe é destinada, a partir da qual ele operará, a seu modo.

Estamos refletindo sobre como a família, ou o casal, lida com o complexo de Édipo (se o reprimem, eludem ou forcluem) e também, portanto, com as diferenças sexual e geracional, mesmo que a família seja monoparental em suas diversas formas (opção, abandono, "produção independente", morte). Nesses casos, pode não haver a figura real do pai, mas o seu vazio terá um significado e uma reação a ele.

Cabe lembrar aqui que o Édipo é uma função de interdição de gozo entre mãe e filho(a) a ser exercida por uma instância terceira, seja ela qual for. Veremos isso em mais detalhes no próximo capítulo.

Para Eiguer (1983), a família, como o indivíduo, organiza-se de modo neurótico, perverso ou psicótico, o que traz consequências tanto para o enquadre quanto para a escolha dos conceitos teóricos necessários para a compreensão daquele *pathos* familiar específico.

Voltemos a João e Maria. João se sente não desejado e rejeitado e, diante das cobranças dela, usa seu método longamente desenvolvido na relação com os pais: aliena-se. Ela não se sente compreendida em suas divisões existenciais (marido, filhos, profissão), das quais, aliás, ela mesma não tem muita consciência. Em desespero, ataca-o.

Esta é uma fase muito difícil da vida de casal. Nem todos conseguem se sair bem dessa situação conflitiva. A consequência mais comum é o afastamento amoroso. Desaparece a relação homem/ mulher e passa a dominar a função mãe/pai.

Entram aí as questões sobre a capacidade de elaboração de cada um dos lutos pelas perdas que as novas fases da vida vão apresentando. Esse casal tem uma consciência clara da perda da avó prestativa, e parece que foi essa perda que deu ensejo à busca por ajuda. Bem menos clara é a consciência da perda de ilusões amorosas que deram início à relação.

A vinda dos filhos, por mais desejada que seja, acarreta mudanças na economia libidinal do casal, como vimos no início deste capítulo. Aliados a elas, os conflitos entre maternidade e profissão da mulher exigem uma renegociação dos acordos conjugais que, na melhor das hipóteses, sempre deixa restos não resolvíveis.

A mãe prestativa de Maria auxiliou bastante a adaptação deste casal à chegada das crianças; sua ausência requer uma nova organização dos tempos e dos espaços físicos do casal, mas especialmente dos espaços amorosos.

João se aliena de Maria, afasta-se calado e ressentido, confunde-se. Aliás, parece não fazer ideia de como dividir as tarefas com ela, pois seus pais desempenharam os papéis tradicionais. Seu silêncio desespera Maria, que vai subindo o tom de sua agressividade, no esforço de sacudi-lo em seu mutismo.

Maria não percebe que João não é seu pai ou sua mãe, figuras protetoras que nunca se afastaram dela, apesar de sua atitude mais agressiva em relação a eles. João lhe escapa. Maria não está conseguindo diferenciar as funções de filha das amorosas. Em suas tentativas agressivas para atraí-lo, só o afasta mais. Muito provavelmente, Maria vinha compensando o afastamento de João no relacionamento muito próximo com seus pais, especialmente com a mãe.

Um círculo vicioso a ser reelaborado! Onde estará escondida a atração sexual que deu início a este casal?

Sabemos a resposta! Está escondida embaixo de várias camadas de ressentimentos acumulados ao logo dos anos de convívio. Só depois de um trabalho de elaboração se poderá saber a resposta à pergunta de Maria: "Será que não acabou de vez? Não nos amamos mais?".

Neste capítulo, vimos como a sexualidade infantil prepara o berço da vida amorosa adulta. Veremos a seguir a especificidade do que isso significa.

Referências

Eiguer, A. (1983). *Um divã para a família*. Porto Alegre: Artes Médicas.

Freud, S. (1916-1917). Introductory lectures on psycho-analysis. In S. Freud, *The Standard Edition of the Complete Psychological Works of Sigmund Freud* (Vol. XVI). London: Hogarth Press, 1955.

Freud, S. (1930). Civilization and its discontents. In S. Freud, *The Standard Edition of the Complete Psychological Works of Sigmund Freud* (Vol. XXI). London: Hogarth Press, 1955.

Julien, P. (1997). *A feminilidade velada: aliança conjugal e modernidade*. Rio de Janeiro: Companhia de Freud.

Lacan, J. (1938). *La familia*. Buenos Aires: Homo Sapiens, 1977.

5. Complexos familiares: as primeiras vivências em família e seus reflexos na relação de casal

Sonia Thorstensen

Como vimos no capítulo anterior, a sexualidade infantil é o berço da vida amorosa adulta. Vamos agora refletir sobre como a constituição do sujeito a partir das experiências estruturantes da primeira infância a influenciam, tanto no que se refere à escolha de parceiros quanto ao próprio desenrolar do relacionamento amoroso. Para isso, acompanharemos o texto "Os complexos familiares", de Lacan, e os aportes feitos a ele por Kaës, na tentativa de compreender os intrincados funcionamentos pulsionais familiares.

Kaës (2008) define complexo como: "um conjunto organizado de representações e investimentos inconscientes, constituído a partir de fantasmas e de relações intersubjetivas nas quais a pessoa toma seu lugar de sujeito desejante em relação a outros sujeitos desejantes" (p. 5). E completa:

> *A concepção estrutural do complexo o inscreve em uma organização intrapsíquica triangular, em que cada elemento se define pela relação privilegiada que mantém com cada um dos outros elementos e por aquela da qual*

98 COMPLEXOS FAMILIARES

está excluído. Esse último ponto destaca que é necessário levar em consideração o negativo, ou a não relação, como uma dimensão do complexo e a maneira como é representado no complexo. (Kaës, 2007, p. 134)

Segundo Freud (1916-1917) e Lacan (1938), a família se organiza a partir do Édipo e de suas vicissitudes. Segundo Lacan, o complexo de Édipo define a forma específica da família humana e de todas as suas variações. Kaës (2008) ressalta a complementaridade entre os complexos e afirma que: "o complexo de Édipo pode representar-se como o eixo vertical da estruturação da psique e o complexo fraterno, como eixo horizontal dessa estruturação" (p. 217).

Cabe lembrar aqui que por Édipo estamos entendendo uma função paterna, isto é, uma função de interdição do gozo entre mãe e filho(a) a ser exercida por uma instância terceira, seja quem for que a desempenhe.

Para os autores mencionados, embora o Édipo seja o organizador principal da família, outros organizadores também estão implicados. Em seu trabalho de 1938, Lacan fala em três complexos familiares: o materno, o fraterno e o edípico, que funcionam inter-relacionados na constituição tanto do indivíduo como da família e terão grande influência na vida amorosa subsequente.

As afirmações de que o Édipo é o principal organizador da família têm sido contestadas na atualidade. No entanto, não podemos deixar de pensar que, diante de uma família, não há como receber a comunicação do pai, da mãe ou do filho como se fossem todas iguais, pois cada um fala a partir da função que desempenha diante do outro e cada função deverá ser compreendida mais profundamente para se ter uma ideia do sentido da comunicação, das ansiedades e dos conflitos envolvidos.

Estamos, portanto, falando de funções estruturantes do psiquismo, imprescindíveis para a constituição subjetiva da criança, independentemente do sexo e das demais características de quem as cumpra.

Sabemos que, no atendimento de famílias, os complexos familiares – assim denominados por Lacan – se apresentam totalmente imbricados uns nos outros, junto com outros fatores como as características das famílias de origem e as demais influências socioeconômicas, culturais e de época. Vejamos como Lacan (1938) apresentou os complexos familiares e, em seguida, acompanharemos os aportes de Kaës sobre esse tema. Por fim, abordaremos algumas questões levantadas pelas novas formas de fazer família.

O complexo materno e o desmame

O complexo materno, centralizado no processo do desmame, é o conjunto de marcas deixadas no psiquismo pela relação primordial com a mãe. É o mais primitivo na constituição do sujeito e vai se integrar aos complexos posteriores e, especialmente, à vida amorosa adulta. Estamos nos referindo à relação primitiva da mãe com seu bebê (que pode ou não incluir o aleitamento), com todo o contato físico-psíquico inicial, imprescindível para que o pequeno ser se humanize e se transforme em sujeito desejante.

O desmame pode ou não ser traumático, e sempre deixará no psiquismo o efeito permanente da interrupção da relação biológica com a mãe. É uma crise psíquica que pode ter duas saídas: o desmame é aceito ou recusado. Evidentemente, essa aceitação ou recusa não são escolhas, pois não existe ainda um *eu* que aceite ou rejeite.

Essas duas saídas são, de fato, polos coexistentes e contrários, e, embora um deles prevaleça, permanecem como ambivalência primordial, que ressurgirá em cada crise posterior. É o polo da recusa do desmame que estabelece o complexo materno.

Nessa fase, ainda não há a noção do próprio corpo e do que lhe é exterior. O bebê esporadicamente percebe alguns elementos da figura que cumpre a função materna. São os primeiros interesses afetivos. Ele percebe a aproximação e o afastamento das pessoas que cuidam dele.

Sabe-se que a criança apresenta uma reação especial de interesse diante do rosto humano. Essas reações eletivas permitem à criança conceber um conhecimento muito precoce da presença materna e do trauma que pode ocorrer na sua perda, abandono ou depressão da mãe. Esse conhecimento muito arcaico está presente na satisfação das necessidades da primeira infância e na ambivalência típica das reações mentais dessa fase (amor/ódio).

A satisfação de prazeres primordiais se expressa pelos sinais da maior plenitude que o desejo humano possa encontrar. É assim que a volta ao objeto de desejo para sempre perdido, a relação de plenitude (vivida ou fantasiada) na relação primitiva com a mãe, é uma aspiração humana sempre presente e será buscada especialmente na ilusão de completude amorosa.

O homem é um animal de nascimento prematuro: o bebê nasce com atraso no desenvolvimento da maior parte dos aparelhos e das funções, determinando na criança uma total impotência vital, um desamparo, que dura além dos dois primeiros anos. Por esse motivo o complexo do desmame é tão generalizado, independentemente dos acidentes da suspensão do aleitamento. O desmame, na realidade, é a repetição de uma experiência anterior, mais penosa e de maior amplitude vital: o nascimento, que separa a criança de sua matriz; uma separação prematura que nenhum cuidado materno pode compensar.

O complexo materno domina toda a vida humana. É importante perceber que tudo se passa numa relação: a relação mãe-bebê. Na amamentação, no abraço e na contemplação da criança, a mãe recebe e satisfaz ao mesmo tempo o desejo mais primitivo de ambos. A realização dessa função garante à mulher a satisfação psíquica privilegiada, que preservará a criança do abandono que lhe seria fatal.

Para Lacan, a relação primitiva com a mãe está conectada com as "profundezas" do psiquismo e sua elaboração pode ser especialmente difícil, como é o caso da criança "agarrada às saias da mãe", em que o vínculo tem uma duração anacrônica – lembrando sempre que, nesses casos, quem exerce o papel aprisionador é a mãe. Quando isso ocorre, dificultam-se o estabelecimento de novas relações da criança com o grupo social e também a integração dessas relações ao psiquismo. Se a relação primitiva com a mãe impede ou dificulta a abertura da criança para o social, ela se transforma de benéfica em mortífera. O termo mortífero aqui é forte e se refere à impossibilidade de o sujeito se constituir como ser desejante.

Segundo Lacan, mesmo elaborado, o complexo materno permanece desempenhando um papel psíquico importante. Assim, tudo o que constitui o ambiente doméstico da infância se converte em objeto de afeição especial. E o abandono desse espaço (a saída do lar materno) tem o valor de uma repetição do desmame; é somente aí que o complexo se desfaz de forma suficiente. E todo retorno, ainda que parcial, a esse espaço pode suscitar "ruínas" da experiência primitiva. Por outro lado, o desenvolvimento pleno da personalidade exige esse novo desmame. E cada nova etapa de desenvolvimento será sempre da ordem de mais um processo de desmame.

No atendimento de jovens casais, é frequente encontrarmos essa nostalgia do lar das origens: "Todo sábado almoçamos na casa dos pais dela e todo domingo na casa de meus pais!". Na regressão emocional que aí se apresenta, sobra pouco espaço para a erotização adulta do casal e a possibilidade de luto saudável das relações da infância.

Sempre lembrando que pensar a família é pensar a intersubjetividade, e esse tipo de aprisionamento na família de origem é construído,

102   COMPLEXOS FAMILIARES

primeiramente, pelos próprios pais, tornando mais difícil e dolorosa para os filhos a travessia na direção de sua própria autonomia.

Estamos falando aqui da relação primitiva com a figura materna e do "desmame psíquico" que é necessário que aconteça dos dois lados. Se não for assim, culpa e angústia se instalam no filho e conflitos com seu cônjuge se tornam inevitáveis. Quando esse quadro se apresenta para os dois membros do casal, estes podem entrar num processo de fraternização e desvitalização do vínculo enquanto erótico.

Função materna e sua influência na vida amorosa adulta

No texto de 1938, Lacan nos indica a íntima relação entre o vínculo primitivo com a mãe e a vida amorosa adulta. Ele assim descreve essa primeira relação:

> *Canibalismo, mas canibalismo fusional, inefável, simultaneamente ativo e passivo, que sobrevive sempre nos jogos e palavras simbólicos que ainda no amor mais evoluído recordam o desejo da larva; reconheceremos nestes termos a relação com a realidade sobre a qual repousa a imago materna. (p. 64)*

Leclaire (1979), por sua vez, aponta para a importância dos processos erotizantes na relação mãe-bebê. Segundo ele, as bases mais primitivas do fenômeno de psicossexualização da criança se formam nessa sustentação, dada pela mãe, à dupla constituição de ambos – mãe e bebê – enquanto seres ao mesmo tempo orgânicos e psíquicos, isto é, seres de necessidades e seres do prazer, do desejo erógeno, inscrito em seus corpos pelos cuidados maternos.

Também Laplanche (1988) apresentou a justaposição entre erotismo e função materna, apresentando-os como indissociáveis:

a mãe propondo ao bebê "significantes não verbais, tanto quanto verbais e até comportamentais, impregnados de significações sexuais inconscientes" (p. 119), e quanto ao seio, adverte ele, "não se pode negligenciar seu investimento sexual e inconsciente pela mãe, percebido ou suspeitado pelo bebê" (p. 119).

Freud (1905) já nos dera as linhas mestras desse posicionamento ao afirmar com toda a clareza que a mãe trata seu bebê como objeto sexual, bem como ela própria é o objeto sexual da criança. Vale repetir aqui seu raciocínio:

> O relacionamento de uma criança com quem seja responsável por seu cuidado lhe oferece uma fonte sem fim de excitação sexual e satisfação de suas zonas erógenas. . . . sua mãe o vê com sentimentos derivados de sua própria vida sexual: ela o acaricia, beija-o, embala-o e muito claramente o trata como um substituto de um objeto sexual completo. . . . todos os seus sinais de afeição despertam o instinto sexual de sua criança e a preparam para sua intensidade posterior. . . . A mãe está somente cumprindo sua tarefa de ensinar a criança a amar. (p. 223)

Experiências fusionais e sensações de plenitude caminham junto com necessidade de controle sobre o objeto amado, competição com concorrentes, amores e ódios intensos diante das frustrações causadas por ele. As vivências primitivas na relação com a mãe ressurgem posteriormente nos estados de apaixonamento, e ao longo da vida do casal reconheceremos as necessidades regressivas de presença do outro e controle sobre suas ausências.

Vejamos uma situação clínica.[1]

---

1 Todas as situações clínicas descritas neste texto são construções ficcionais a partir da experiência da analista.

104   COMPLEXOS FAMILIARES

Antonio: [Irritado.] Por que você demorou tanto? Estou aqui te esperando há um tempão!

Teresa: Fui pôr gasolina no carro. Tinha te avisado.

Conhecedora das carências do companheiro, Teresa o abraça carinhosamente. Antônio acalma e retribui o carinho. Sua mãe, uma profissional muito ocupada, não lhe dera muita atenção. Inúmeras vezes o esquecera na escola. Antônio se enfurece quando se sente esquecido por Teresa.

Falando especificamente sobre a mulher, Freud (1932), em seu texto sobre a feminilidade, indica-nos a importância dessa relação primeira na constituição da sexualidade feminina:

> *Sabíamos, naturalmente, que havia um estágio preliminar de ligação com a mãe, mas não sabíamos que ele poderia ser tão rico em conteúdo e tão duradouro e que poderia deixar para trás tantas oportunidades para fixações e disposições. ... quase tudo que encontramos mais tarde na relação [da menina] com seu pai já estava presente em sua ligação anterior e foi transferido subsequentemente para o pai. Resumindo, temos a impressão de que não podemos entender as mulheres a menos que consideremos essa fase de sua ligação pré-edipiana com sua mãe. (p. 119)*

Vejamos agora o que acontece com Carola.

Carola tem 14 anos, é bem desenvolvida para a idade e vem acompanhada da família: mãe, pai, irmão. A queixa é ampla: brigas violentas com a mãe, incluindo xingamentos de baixo calão, faltas à escola, saídas noturnas sem dar notícias, namoros em série. Carola, sem dúvida, está se envolvendo em situações de risco. Os pais são separados, mas não refizeram suas vidas; ambos comparecem à primeira sessão, juntamente com o irmão (18 anos), que estuda e também mora com a mãe e a irmã. O pai não voltou mais às sessões.

A primeira sessão é muito agitada, os filhos falam ao mesmo tempo, de modo agressivo.

Carola, atualmente, dorme na cama com a mãe, mas antes dormia na cama com o irmão; saiu de lá porque a nova namorada deste tinha "ciúmes" dela. A mãe lhe diz, na sessão: "De dia você me xinga assim, mas à noite vem para minha cama, né?". Vira-se para a analista e diz: "Só de noite ela deixa eu fazer carinho nela, dormimos agarradinhas. Mas, de dia, é só eu a contrariar que ela me agride desse jeito".

Constata-se na família de Carola uma indiferenciação entre os membros, seja na negação da diferença entre as gerações, seja na negação da diferença sexual. Carola, já com corpo de mulher adulta, dorme na cama com o irmão porque tem medo de dormir sozinha. Expulsa de lá pela namorada deste, passa para a cama da mãe, ocupando o lugar do pai que se foi. De noite dorme "agarradinha" à mãe, de dia a repele com violência, num terrível conflito entre crescer e não crescer. Carola, no embate pela autonomia, coloca-se permanentemente em situações de risco, o que só faz acirrar o protecionismo da mãe, formando um círculo vicioso de consequências imprevisíveis.

Em sua hostilidade à mãe, Carola luta tanto para se diferenciar "existencialmente" dela como para se diferenciar de seu "fracasso como mulher que não soube sustentar o desejo do marido por ela". Ao contrário da mãe, muito contida na forma de se apresentar, Carola exibe, sensual e exuberantemente, seu potencial já desenvolvido de mulher adulta. Sabe que atrai a atenção masculina, mas não sabe o que fazer com ela depois. Numa atitude defensiva, refere-se aos rapazes com a mesma hostilidade com que se refere à mãe.

A analista menciona a possibilidade de as dificuldades da família terem a ver com a necessidade de maior diferenciação entre eles, especialmente entre Carola e sua mãe, no que se refere tanto ao fato de dormirem juntas como à confusão entre as funções de mãe e filha. Diante dessa fala, pela primeira vez, Carola olhou com interesse para a analista.

Não mais voltaram às sessões.

Soube-se depois que Carola tinha ido parar no hospital em estado de intoxicação alcoólica.

Era evidente o intenso sofrimento de Carola e de toda a família. Ela, uma adolescente de 14 anos, relacionando-se com a mãe como uma menina pequena, e sem o pai para auxiliá-la na conquista progressiva de sua autonomia. Quem sabe se a "atuação" de Carola não tinha, também, a intenção de atraí-lo de volta ao lar?

A indiferenciação mãe-filha, em suas diversas formas e intensidades, frequenta com assiduidade nossa clínica. Na situação descrita, temos um clima de *incestualidade aprisionadora* (Thorstensen, 2012) entre mãe e filha que mantém ambas num circuito empobrecedor e mortífero.

Sabemos que a aliança originária, tanto para a menina como para o menino, é sempre com a mãe. Essa aliança organiza sucessivamente a composição pré-genital e o desenvolvimento genital da identidade sexual. A função paterna intervém nessa aliança, ao mesmo tempo que a enquadra de alguma forma no tempo lógico da separação e da estruturação edipiana. Ela se aplica às relações mãe-filha e mãe-filho, bem como às relações pai-filha e pai-filho. Essa é a própria essência da aliança estruturante, que se manifesta na dupla exigência da interdição e da separação e no conjunto de reconhecimentos cruzados e complementares: o da mãe e da mulher, o da paternidade e da masculinidade, o da feminilidade da filha e da masculinidade do filho. A função paterna, organizadora das alianças sobre as quais repousam a filiação e as identidades sexuadas, aplica-se a todos, inclusive ao pai.

Veremos mais adiante como se organiza o Édipo ou função paterna.

A intrusão fraterna

Para Lacan, a vivência fraterna constitui um alicerce essencial no processo de socialização do sujeito. O complexo da intrusão fraterna representa a experiência primitiva do sujeito quando vê um ou muitos de seus semelhantes participarem junto com ele da relação doméstica, ou seja, quando percebe que tem um irmão. Essa situação, portanto, é muito variável, em virtude das diferenças culturais, da extensão da família, da posição do indivíduo na ordem dos nascimentos (se ele vem como herdeiro ou como usurpador) etc.

A estrutura dos ciúmes infantis pode esclarecer seu papel na gênese da sociabilidade e do próprio conhecimento humano. O ponto crítico proposto por Lacan é que o ciúme, na sua base, não representa uma rivalidade vital, mas uma identificação. Trata-se de um processo constitutivo do sujeito.

O autor aponta que esse fato é facilmente comprovável colocando--se crianças de 6 meses a 2 anos em pares e na ausência de terceiros. Constata-se um tipo específico de reação, na qual as crianças apresentam uma certa adaptação alternada de provocações e respostas, uma criança funcionando como *duplo* da outra.

Por exemplo, num pátio de escola pode-se observar que uma criança cai e a outra, a seu lado, chora. Se uma começa a chorar, todas choram. Ocorre um paradoxo: cada criança confunde a parte do outro com a sua própria e se identifica com ele.

108 COMPLEXOS FAMILIARES

Para ocorrer essa adaptação entre as crianças, é necessário que a diferença de idade seja bastante limitada. A imagem do outro está ligada à estrutura do próprio corpo, sendo necessária, portanto, uma semelhança entre os dois. No semelhante se confundem duas relações afetivas: amor e identificação.

Lacan cita também esse exemplo ocorrendo em adultos. Diz ele que essa mesma ambiguidade pode ser observada no caso dos ciúmes amorosos, em que podemos captá-la em sua plenitude. Existe grande interesse do sujeito pelo rival, ainda que surja como ódio e se origine no suposto objeto de amor. Esse interesse muitas vezes domina o sentimento amoroso, a ponto de poder ser interpretado como motivo essencial da paixão. Nesse interesse estão confundidos amor e identificação. A agressividade máxima observada nas formas psicóticas de paixão ciumenta é constituída muito mais pela negação desse sentimento singular que pela rivalidade que parece justificá-la.

Ele segue afirmando que, especialmente na situação fraterna primitiva, a agressividade surge como secundária à identificação. Os ciúmes podem se manifestar em casos em que o sujeito, há muito desmamado, não está em situação de competição vital com o irmão. O fenômeno parece exigir, como condição prévia, certa identificação com o estágio em que o irmão se encontra.

O ciúme: o eu e o outro

Lacan ressalta que o *eu* se constitui, ao mesmo tempo que o outro se constitui para ele, no drama dos ciúmes. Isso implica a introdução de um terceiro objeto e a ocorrência de uma situação triangular. Desse modo, o sujeito introduzido aos ciúmes por identificação (simpatia ciumenta) chega a uma nova alternativa, na qual está em jogo o destino da realidade: retornar ao objeto materno e aferrar-se à recusa do real e à destruição do outro, ou receber o outro como objeto com quem se comunicar, pois a concorrência implica, ao mesmo tempo, rivalidade e acordo. Então, o ciúme se revela como o arquétipo dos sentimentos sociais e se distingue da rivalidade vital imediata.

O *eu* assim concebido só se constitui a partir dos 3 anos, quando também ocorre a possibilidade de maior objetividade no conhecimento.

O papel traumático do irmão é constituído por sua intrusão. A época de seu surgimento determina seu significado para o sujeito. Na família, em geral, origina-se com um nascimento e o mais velho sofre a intrusão.

Temos de pensar também nos filhos únicos. Como proporcionar para eles experiências precoces de socialização? As escolas cumprem essa função, embora sempre se dependa de que a mãe aceite esse afastamento emocional paulatino da criança.

A reação do paciente ao trauma da chegada de um irmão depende de seu desenvolvimento psíquico. Se for surpreendido pelo intruso na fase do desamparo do desmame, terá esse desamparo reativado constantemente, cada vez que o vê, dando origem a sintomas diversos, dependendo de como a mãe e a família lidam com a situação. Se, por outro lado, o intruso surge logo depois do Édipo, em geral, pode ser adotado no plano das identificações paternas. Já não constitui para o sujeito um obstáculo ou um reflexo, mas uma pessoa digna de amor ou de ódio. As pulsões agressivas são sublimadas em ternura ou severidade.

Lacan também destaca que o grupo familiar, reduzido à mãe e aos irmãos, pode dar lugar a uma situação psíquica na qual a realidade tende a ficar imaginária, ou mais ou menos abstrata. Algum tipo de função paterna se faz aí necessário, e esta pode perfeitamente ser exercida pela própria mãe, desde que a tenha estruturada dentro de si.

110   COMPLEXOS FAMILIARES

Complexo fraterno em Kaës

Kaës (2008) apresenta uma visão mais nuançada da relação fraterna.
Para ele, o que deve ser sustentado no conceito de complexo fraterno
é sua complexidade, pois a concentração das abordagens clássicas na
problemática da rivalidade, do ciúme e da inveja exclui suas outras
dimensões. Ele afirma:

> *O complexo fraterno não se reduz ao complexo de Édipo
> do qual seria o deslocamento; ele também não se limita
> ao complexo do intruso, que seria seu paradigma. Ele
> não se caracteriza somente pelo ódio, pela inveja e pelo
> ciúme; compreende essas dimensões, mas ainda outras,
> todas também importantes e articuláveis às precedentes:
> o amor, a ambivalência e as identificações com o outro
> semelhante e diferente. A especificidade do complexo
> fraterno está em sua organização e sua função. Sua
> estrutura é organizada conjuntamente pela rivalidade
> e pela curiosidade, pela atração e pela rejeição que um
> sujeito experimenta diante deste outro semelhante que
> em seu mundo interno ocupa o lugar de um irmão ou de
> uma irmã. Nesse sentido, a atração não é apenas uma
> reviravolta do ódio, nem a curiosidade um contrainves-
> timento da rejeição. (p. 1)*

Na identificação especular fraterna, o irmão funciona como o
duplo de si mesmo. Kaës aponta as várias possibilidades do funcionamento desse duplo fraterno:

•   **O duplo narcísico especular:** o irmão ou irmã é a forma per-
    feita de si mesmo, o ideal sublime e genial que reproduz em

espelho um irmão (ou irmã) para o outro. O duplo é a figura por excelência do narcisismo originário. As identificações especulares por inclusão recíproca têm como especificidade que o que acontece a um acontece também ao outro, como se eles tivessem, naquele momento, o mesmo espaço psíquico, o mesmo corpo para dois. O gêmeo imaginário seria como o paradigma da fraternidade perfeita. O gêmeo real é uma figura da especularidade narcísica encarnada.

- **O duplo e a homossexualidade fraterna:** a homossexualidade narcísica originária, presente em todos os sujeitos, mantém, na relação com o duplo fraterno, o sentimento da inquietante estranheza. Sobre o fundo do narcisismo especular, os principais processos engajados na relação com o irmão-duplo são as identificações com uma forma similar, a reunião de si consigo mesmo, a utilização do outro semelhante como delegado ou depositário de uma parte de si mesmo.

- **O duplo como figura da inquietante estranheza:** a figura do duplo está associada à experiência da inquietante estranheza, na medida em que este corresponde a uma identificação ainda instável entre o ego e o objeto. Ela sobrevive nas diferentes formas do superego, como duplo cruel ou duplo autocrítico.

- **O duplo obtido por incorporação de um outro em si mesmo ou por desligamento e clivagem de uma parte de si mesmo:** o duplo obtido por incorporação de um outro em si mesmo é a versão negativa, perseguidora, do duplo narcísico especular. Pode ser o resultado de luto não cumprido ou de ódio. O duplo formado por clivagem corresponde à salvaguarda de uma parte de si mesmo que poderia se deteriorar ou se perder, ou serve de objeto de deflexão das pulsões destruidoras que visam à mãe, para preservá-la.

112   COMPLEXOS FAMILIARES

- **O duplo como companheiro imaginário:** a existência do companheiro imaginário é, na maioria das vezes, secreta e invisível. É às vezes um irmão ou irmã inventado por ocasião da experiência do abandono ou da separação da mãe (nascimento de um bebê), ou ressuscita um filho morto que permaneceu inominado. Suas funções e estatutos podem ser, portanto, muito diversificados: duplo narcísico, duplo de objeto interno perdido, substituto da mãe, função defensiva contra a rivalidade, rivalidade com a mãe quando o companheiro imaginário é concebido como filho. Pode ocorrer que a invenção de um companheiro imaginário seja sustentada pelo desejo de ter um filho único, a fim de preservá-lo dos sofrimentos da inveja e da rivalidade que eles mesmos sofrem ou para concentrar seus sonhos de desejos irrealizados. Pode, também, cumprir as funções de consolador ou ser uma figura do ideal ou da perseguição.

- **O duplo como substituição do objeto perdido:** o filho de substituição. A forma geralmente tomada por essa variante do duplo por incorporação de um outro em si mesmo está associada à figura daquele que retorna em fantasia e suscita o sentimento da inquietante estranheza. A situação se reveste de um grau suplementar de complexidade quando o filho substituto é, para um dos pais, e às vezes para os dois, a substituição de um irmão ou de uma irmã mortos na infância deles. O filho de substituição pode, portanto, cumprir as funções de duplo narcísico, de representantes de partes enlutadas dos pais, ou de substitutos de filhos mortos cujo luto não pôde ser assimilado pelos pais.

Vejamos uma situação clínica.

Luís tinha um irmão um pouco mais velho que faleceu jovem num acidente de carro. Ambos eram solteiros e moravam com os pais. Esse irmão, muito empreendedor, foi preparado para tocar os negócios da família. Luís era do tipo sonhador e sensível e não havia pressão para que seguisse o caminho do irmão. Seu papel na família era mais o de apaziguador dos conflitos que apareciam entre o pai e o irmão na condução dos trabalhos na empresa. Os dois irmãos se davam muito bem e tinham vida social juntos.

Quando o irmão faleceu, o mundo de Luís desabou. Além da perda afetiva, toda a complementaridade que os irmãos tinham desenvolvido entre si precisou ser desmontada, além do fato de que o pai, já mais idoso e doente, necessitava de uma resposta rápida de Luís no sentido de substituir as funções do irmão na empresa.

Nesse momento, Luís procurou ajuda. Um longo caminho foi percorrido na elaboração da perda e de suas consequências na vida dele; um dos sintomas que o angustiava muito era uma sensação de irrealidade, de que a vida passava paralela a ele, e de que não sentia mais nada. Nessas horas sentia enjoo e muito medo de estar ficando louco. Por outro lado, surpreendia-se ao conseguir executar tarefas que antes eram cumpridas pelo irmão.

Entre ele e o irmão havia se desenvolvido uma função de duplo especular complementar, que aos poucos, e dolorosamente, precisou ser desconstruída.

Complexo fraterno e sua influência na vida amorosa adulta

Que rastros esses fenômenos da ambiguidade especular primitiva deixarão na vida amorosa adulta? Quanto do que se apresenta como atritos repetitivos no casal não terá seus fundamentos numa herança da relação fraterna para cada parceiro?

114 COMPLEXOS FAMILIARES

O fato é que o duplo fraterno, enquanto fenômeno de não diferenciação eu-outro, pode apresentar uma persistência em etapas posteriores da vida, perturbando funções parentais ou amorosas. Vejamos dois exemplos.

"Ela precisa entender que a pessoa que mais amo no mundo é meu irmão gêmeo!", diz um homem de meia-idade para sua mulher numa sessão de casal. Depois de uma separação entre os irmãos que durou décadas, eles voltaram a se relacionar. "Não importa que ele abuse da bebida, é com ele que eu tenho mais vontade de estar!"

Ele, que tem uma irmã 11 meses mais nova e sempre mais gordinha do que deveria, dirigindo-se à companheira: "Acho que você não se alimenta corretamente, por isso não emagrece!".

Ela, muito surpreendida: "Mas como, se eu estou com peso certo? Só que adoro esta mousse de chocolate, deixe-me curti-la em paz!". Irritada, levanta-se da mesa e vai comer sua mousse sozinha em frente à televisão.

Nele, a idealização e a identificação primitiva com a irmã, sua protegida desde sempre, entram em choque com o sobrepeso desta e, inconscientemente, ele confunde mulher e irmã, a partir do objeto mousse de chocolate. Como se pode constatar, trata-se, neste caso, de restos ainda indiferenciados da ambiguidade especular com a irmã, transferidos para a mulher, contra todas as evidências da situação presente.

Fenômenos como estes podem se repetir ao infinito na relação conjugal, na maioria das vezes de forma complexa e totalmente inconsciente, dificultando sua elucidação e contribuindo para o afastamento amoroso do par. Naturalmente, o que cada parceiro transferirá de seu "complexo fraterno" para a relação conjugal dependerá da importância que este teve em sua infância e sua adolescência e de suas características específicas.

Num outro movimento, sentimentos ternos e erotizados, vividos no passado com uma irmã ou irmão, podem ser transferidos para a situação amorosa adulta.

Os destinos das pulsões destrutivas fraternas

Kaës (2008) pergunta-se: como derivam, transformam-se e pacificam-se as pulsões destruidoras implicadas na violência e no ódio fraterno? Diversas possibilidades se abrem como saídas para esses movimentos.

Primeiramente, Kaës observa como, em Freud, o amor na fratria se apresenta como formação reativa aos impulsos hostis suscitados pelo nascimento de uma irmã ou irmão. Nota-se em suas postulações, diz Kaës, que não se trata de ternura mútua entre irmão e irmã, mas de um laço que insinua a suspeita do desejo do incesto e sua consumação.

Kaës passa, então, a descrever o fantasma de incesto, o fenômeno incestual e a consumação do incesto. Sobre esse último, ele sugere que, quando ocorre, está essencialmente fundado numa perturbação do laço fraterno. Importa, no entanto, diferenciar a fantasia de incesto, o incestual e, de outro lado, a consumação do incesto.

Os sonhos e as fantasias de incesto são universais, partes constituintes do complexo fraterno; o incestual corresponde a uma organização psíquica sob o primado da relação de sedução narcísica; o incesto consumado é um ato cujos sentido e valor de transgressão dependem de fatores estruturais que organizam o laço fraterno no seio da família.

Ele acrescenta que o desejo de incesto fraterno é um poderoso vetor das pulsões libidinais, da erótica e, em certos casos, do amor fraterno. Ele é universal e possui sua consistência própria.

Mais adiante, ele agrega que as fantasias do incesto fraterno se impõem como um componente desse complexo, fazendo surgir a questão da sexualidade em seu cerne especialmente na adolescência. Nesse sentido, podemos supor, como de fato a clínica evidencia, que as marcas eróticas oriundas das relações fraternas podem ser tão significativas quanto as marcas de rivalidade e ciúme, tanto na escolha amorosa quanto no desenrolar do vínculo.

Kaës (2008) propõe que o complexo de Édipo e o complexo fraterno são complementares, um não existe sem o outro, e as qualidades fundamentais de um complexo, em primeiro lugar sua estrutura triangular, desenvolvem-se em variações que provavelmente encontram correspondências e ressonâncias no outro complexo. Nesse sentido, é possível compreender a permanência e as variações constantes do amor sexual, do narcisismo e do ódio nos dois complexos. Diz ele: "podemos manter . . . que o complexo fraterno predomina em sua forma arcaica onde o complexo de Édipo tropeça em assegurar a superação das relações com o duplo narcísico e o acesso a uma identidade sexuada" (p. 217).

O autor aponta as diversas possibilidades que se abrem como destinos para as pulsões destruidoras implicadas na relação fraterna.

Por um lado, as experiências da constituição do eu e da alteridade são dois dos principais resultados da superação da inveja. Associados ao ciúme e à rivalidade, a curiosidade e o desejo de saber são também superações da inveja.

Por outro lado, o nascimento do outro fraterno obriga a tomar conhecimento da origem da vida e da atividade sexual dos pais, levando a criança a construir ou reelaborar suas primeiras teorias sexuais infantis.

Também a gratidão, enquanto a memória ativa das boas coisas recebidas e das pessoas de quem elas provêm, implica o reconhecimento de um outro. Ela não está reservada somente à mãe ou aos pais. Ainda que não seja expressa tão frequentemente, também é sentida em relação ao irmão ou irmã. A gratidão fraterna é a da camaradagem, que mantém irmãos e irmãs em suas explorações de si mesmos como semelhantes e diferentes.

E Kaës (2008) se posiciona:

> *Penso que o amor entre irmãos e irmãs não se reduz a uma formação reativa, a uma inversão do ódio e do ciúme, que ele não é somente a reversão do ódio em ternura homossexual. Podem-se opor a essa concepção, casualmente justa, todas as nuances do amor: não somente a ternura, mas também a confiança, a conivência, o apoio, a solidariedade, mais ainda a gratidão, a camaradagem, a atenção para com o outro e o dom de si; por outro lado, também, todos os excessos do amor: a paixão, o incesto, as perversões, a afinidade com a morte. O tempo desse amor pode ser precoce ou tardio, breve ou durável, pode ter sido precedido ou seguido de ódio, marcado pela ambivalência habitual, ou ter sido isento dele, ou quase. (p. 119)*

Nesse ponto, Kaës levanta uma questão relevante para a clínica com casais e famílias, que é o papel dos pais no encaminhamento das relações na fratria. Diz ele:

> *Há análises em que predominam não o ciúme e a rivalidade, mas os sentimentos amorosos pelo irmão ou a irmã, sem que esses sentimentos sejam formações reativas, mas antes o efeito de uma segurança suficiente do filho ou da filha diante da vinda do recém-nascido. Neste caso, o papel dos pais está longe de ser negligenciável (p. 119).*

Vale relembrar uma indicação de Lacan (2001) muitas vezes confirmada na clínica: "O sintoma da criança está no lugar de responder ao que há de sintomático na estrutura familiar" (p. 373).

Voltando a Kaës (2008), ele enfatiza a importância de se compreender, nas associações dos pacientes, o que eles apreenderam do que os pais disseram e comunicaram de seu desejo em relação a seus filhos, o apoio que trouxeram ao reconhecimento de suas diferenças e de sua singularidade, as identificações entre irmãos que eles sustentaram em seus filhos e o contrato narcísico no qual eles os inscreveram. Todas essas dimensões encaminham o complexo fraterno para uma direção em que a experiência do amor é possível. A solidariedade entre irmãos e irmãs se nutre disso, mesmo que seja exercida contra os pais, mesmo que instigue a rivalidade fraterna, ela também é uma manifestação do amor no complexo fraterno.

Vejamos agora outra situação clínica.

Alfredo e Joana passam boa parte de seu tempo em disputas verbais sobre temas desimportantes. Nos temas que realmente importam, tendem a concordar. "Alfredo tem o hábito, uma verdadeira compulsão de me corrigir em tudo o que faço. Ele é agressivo, me magoa muito, estou saturada." Ressentimentos vão se acumulando, promovendo um afastamento afetivo do casal. "Parece que não temos mais nada a ver um com o outro", diz Joana. A vida sexual está interrompida há muitos meses.

Ao ser perguntada quando esses problemas começaram, Joana conta que sempre foi assim, mas piorou com a saída dos filhos de casa.

No decorrer das sessões, foi surgindo o envolvimento das relações fraternas de ambos na relação atual. Alfredo tem um irmão mais novo, mas só ele estudou e trabalha com o pai na empresa da família. Sendo o preferido e o esteio dos pais, desde sempre aprendeu a se defender dos ataques ciumentos e invejosos de seu irmão menos talentoso.

E o faz de modo agressivo, atacando-o depreciativamente, numa luta constante para manter seu lugar na família. No início de sua relação com Joana, procurou ser mais terno, mas esse esforço durou pouco, segundo ela. Com as duas filhas do casal ele se apresenta como pai atento e amoroso.

Joana é a mais velha de três irmãs e cuidou delas enquanto a mãe trabalhava para sustentar a casa. Seu pai faleceu cedo. Essa situação deu a Joana um status de autoridade incontestável na família. Era difícil para ela sair dessa posição que a protegia de sensações de insegurança e desamparo. "Eu sei muito bem o que fazer, não preciso de ninguém me corrigindo o tempo todo", diz ela dirigindo-se ao marido.

Por outro lado, ela reconhecia que, muitas vezes, provocava Alfredo, diminuindo suas conquistas profissionais, o que dava origem a um círculo vicioso de ressentimentos mútuos crescentes. E ela conclui: "Sinto que nós dois puxamos, um no outro, o que temos de pior!".

Serão eles capazes de superar essas fixações nas experiências infantis e se posicionar como marido e mulher que se desejam?

Situações clínicas como esta tendem a ser de difícil modificação; mesmo depois de mais elaboradas, há aí uma forte compulsão à repetição dos mecanismos mais primitivos da socialização fraterna. Especialmente do lado de Alfredo, apresenta-se uma hostilidade defensiva difícil de controlar. Conseguirá ele desviar esses impulsos para fins mais construtivos para o casal?

O Édipo e a função paterna

Vejamos agora como a função paterna (do pai ou de quem a cumpre) interfere na dinâmica dos amores primitivos introduzindo a diferenciação e a noção de alteridade, bem como a abertura para as escolhas amorosas e para a vida em sociedade.

Lacan (1938), seguindo Freud, descreve como a criança apresenta impulsos sexuais, cujo auge se situa em torno de 4 anos, constituindo uma espécie de puberdade psicológica prematura. Os impulsos sexuais que fixam o menino à figura da mãe constituem a base do complexo e sua frustração é o seu nó. A frustração é relacionada pelo menino a um terceiro objeto, o pai, que desperta o interesse da mãe, o que o faz ser visto como rival. A frustração é acompanhada, em geral, de uma repressão educativa, cujo objetivo é impedir a culminação desses impulsos. Na fantasia do menino frustrado e raivoso, surge a possibilidade de um pai vingativo que atacaria justamente sua masculinidade nascente (fantasia de castração).

O menino já vem adquirindo uma intuição do que lhe é interditado, seja por meio de sinais discretos e difusos das relações sexuais dos pais, seja pelas ocorrências intempestivas que as desvelam. Por meio desse duplo processo, o pai lhe aparece, ao mesmo tempo, como o agente da proibição sexual e como exemplo de sua transgressão.

A tensão assim constituída se resolve, por um lado, por meio de repressão da sexualidade, que permanecerá latente a partir daí até a puberdade, o que favorecerá aquisições educativas. Por outro lado, a sublimação imposta pelo pai dará origem, na consciência, a um ideal representativo que pode oferecer um ideal de conduta, além de participar na constituição do sexo psíquico. Esse processo duplo permanecerá inscrito no psiquismo sob a forma de duas instâncias: a que reprime, o supereu, e a que sublima, o ideal do eu. Quando elas se estabelecem, diz-se que a crise edípica terminou.

Dessa forma, um supereu muito exigente (não necessariamente um pai muito exigente) pode ocasionar inibições da atividade criadora, bem como formas do ideal do eu dão origem a aspectos da imaginação sexual. Ou seja, desenvolvimentos muito importantes do ser humano, como o da repressão sexual e o do sexo psíquico, relacionam-se com as vicissitudes do drama edípico da família.

A constituição da identidade sexual tem sido objeto de amplos debates na atualidade por diferentes óticas; devemos assinalar que se trata de um fenômeno extremamente complexo e que inclui fatores biopsicoendócrinos, além de sociais e de época.

É importante destacar que a diferença sexual é tão importante para a constituição do psiquismo quanto a diferença entre as gerações. Voltaremos a estas questões no final deste capítulo.

Lacan aponta para a dissimetria entre as situações do menino e da menina em relação ao Édipo. O processo que vai desde o desejo edípico até sua repressão só ocorre dessa forma com o menino. No caso dele, a repressão revela traços que só parecem se justificar em sua forma típica se exercidos de pai para filho. É o que corresponde ao complexo de castração, que opera por meio de um duplo movimento afetivo do sujeito: a agressividade contra o pai, visto como rival, e o temor de uma agressão retaliatória.

Vejamos agora como Redler (1986), baseando-se em Freud e Lacan, descreve a evolução edípica da menina. Diz ela:

> *Na evolução do complexo de Édipo, a implicação para a menina de deixar de ser o falo (sentir-se completando o desejo da mãe) é passar a tê-lo (como pênis), o que conhecemos como a fase fálica do desenvolvimento infantil feminino. Se ela o possui, a mãe também. O desejo é, então, o de ter um filho da mãe. Continuando com a dissolução do complexo de Édipo, a menina compensa sua agora reconhecida carência anatômica e suas frustrações edípicas (entre elas a carência anatômica da mãe e a impossibilidade de ter filhos-falo com ela) com a ilusão de ser o desejo do pai e de acoplar-se com ele. Como as outras, essa ilusão também fracassa, o que dá lugar ao desejo de um bebê como presente paterno. Aqui*

122 COMPLEXOS FAMILIARES

> *opera a castração simbólica da mãe como fálica e do pai como objeto de acoplamento.... A instauração do simbolismo edípico constitui-se na separação da mãe, na repressão da endogamia materna em relação à filha e na subsequente repressão da endogamia paterna em relação a ela. Sendo o "lugar do Pai" o gatilho disparador dessas duas repressões endogâmicas parentais fundantes na progenitura. (p. 100)*

Para Lacan, como para Freud, o complexo de Édipo marca todos os níveis do psiquismo e preenche várias funções.

Ele contribui para a constituição da realidade, ao fazer canalizar para o pai um grande investimento de libido, desviando o investimento materno-narcísico; marca a culminação da sexualidade infantil e constitui a mola de repressão que reduz suas imagens ao estado de latência até a puberdade; e, além de representar uma abertura para a realidade, o faz por meio de sublimação.

A solução do drama edípico é a identificação. Se, por um lado, essa identificação se faz ainda por meio da assimilação do sujeito ao objeto (como na identificação com o semelhante), por outro, é um objeto visto com maior dose de realidade, contraposto a um eu mais bem constituído.

A figura do pai possui uma contradição inerente: por um lado, inibe a função sexual, por outro, serve de modelo para preservar essa função para seu retorno futuro (o que é representado, na consciência, pelo ideal do eu).

Lacan conclui afirmando que a análise psicológica do Édipo mostra que ele deve ser compreendido em função de seus antecedentes narcisistas, mas isso não quer dizer que ele se instaure fora da relatividade sociológica.

Édipo e vida amorosa

Jogando com as noções de endogamia e exogamia, Redler (1986) aponta:

> O desejo deverá organizar-se na direção centrífuga do núcleo do complexo de Édipo, dimensão exogâmica que se justapõe dialeticamente a uma dimensão regressiva, narcisista, endogâmica, ou seja, psiquicamente incestuosa de atualização da satisfação original perdida. Satisfação original que se acreditou ter-se vivido, ou tido, e na direção da qual o desejo vai tender tensional e permanentemente, sem poder alcançá-la nunca. Em outras palavras, todo desejo que sustenta uma nova relação objetal mantém-se, ainda que se reestruturando, no campo de uma repetição. É uma busca no adiante de algo que ficou para trás. Para poder amar é necessário ter sido amado e ter passado pelas vicissitudes da castração simbólica, pela queda da onipotência narcisista, pelo doloroso reconhecimento das frustrações e das ausências edípicas, pela carência originária do falo, carência originária como causa do desejo inconsciente. (p. 93)

Na progressão metonímica do desejo e na sua busca permanente das soluções de compromisso inerentes ao viver, podemos constatar os pontos de fixação das frustrações conjugais futuras. Para a menina, como para o menino, a passagem de uma fase para outra sempre implicará "acordos psíquicos", como postergar um prazer imediato na perspectiva de um prazer futuro mais livre de impedimentos.

Por outro lado, a descoberta da possibilidade da expressão amorosa, agora já livre dos impedimentos da infância, constitui um dos

124 COMPLEXOS FAMILIARES

elementos da euforia de libertação nos processos de apaixonamento, reativando as fantasias de fusão e de vivências do Um originárias.

Não é difícil imaginar como as frustrações no cumprimento das promessas edípicas levam à sensação de ser traída(o) pelo companheiro(a) e a um rancor difícil de ser elaborado, enquistado que está nas profundezas inconscientes do psiquismo (Thorstensen, 2017). Pode-se afirmar que boa parte do trabalho com casais circula em torno dessas questões.

Vejamos, num exemplo clínico, a nostalgia dos primeiros amores.

Ela (jovem, recém-casada e profissional, revoltada diante de um marido atônito): "Não está nada sendo do jeito que eu imaginava! Eu pensei que seria muito mais feliz quando casasse! Parece que casei com outra pessoa! Se pudesse, eu voltaria atrás!".

Podemos compreender também como as frustrações na relação conjugal ocasionam um doloroso lugar vazio com investimentos livres que buscam se ligar, sabendo-se desde Freud (1915) que a libido não suporta o vazio, isto é, não permanece sem objeto. Ele afirma que o objeto da libido é contingente, a pressão para expressar-se é contínua (pp. 119, 122).

Estivemos até aqui refletindo sobre a constituição do sujeito a partir das experiências estruturantes da primeira infância e como elas influenciam a escolha e a vida amorosa adulta. Deve ficar bem enfatizado que essas experiências precoces interagem continuamente com a realidade social, econômica, cultural e de época a que cada indivíduo está submetido.

Pensar a família a partir dos complexos familiares facilita duas compreensões fundamentais para a clínica:

- A compreensão dos encaminhamentos estruturantes constitutivos da subjetividade da criança em seus relacionamentos precoces: mãe, irmãos e a função interditadora e simbolizante paterna, fundamental para a aceitação da castração, isto é, de uma lei que ponha limites ao desejo.

- Aponta também para o entrechoque pulsional que ocorre entre todos os membros da família, com sua gama de impulsos amorosos e destrutivos que procuram se expressar ou devem ser reprimidos, sublimados, eventualmente elaborados, tornando possível e criativa a vida em família.

Retomemos agora a questão sobre a contemporaneidade e as novas formas de formar família.

Muito se tem discutido sobre as consequências das modificações nas famílias contemporâneas, nas sociedades em geral e no próprio arcabouço teórico da psicanálise. Este é um tema extremamente complexo, em que fica difícil separar questões ideológicas das questões pertinentes à própria psicanálise.

Primeiramente, deve-se levar em conta que a família nunca foi uma instituição fixa, imutável, nem ao longo da história, nem em cada caso específico. Mudanças na família sempre existiram, as atuais são só aparentemente mais rápidas.

Neste ponto, sempre é bom lembrar que cabe à psicanálise se dedicar, no caso a caso da clínica, ao alívio de sofrimentos e sintomas. Considerações mais amplas requerem a contribuição multidisciplinar das várias áreas do conhecimento.

O que muda na psicanálise diante das novas formas de formar família?

Vejamos as contribuições de Spivacow e Gomel sobre esse tema.

Spivacow (2016) faz alguns apontamentos nessa direção. Por exemplo, ele diz: "Atualmente, o masculino-feminino é apenas um

126 COMPLEXOS FAMILIARES

eixo entre outros no ordenamento dos casais amorosos e/ou parentais ... torna-se evidente, por exemplo, que já não se pode dizer que
o esperável para um sujeito é a identificação com o genitor do mesmo
sexo, porque pode ser que este genitor não exista". Da mesma forma,
"não se pode postular mais o Édipo, tal como Freud o concebeu,
como a matriz formativa do psiquismo são/neurótico, quando muitas
crianças já não são mais criadas por mãe e pai" (p. 194).

O fato é que, na clínica, aparecem tanto famílias "tradicionalmente" constituídas como também todas as variações a que elas
estão sujeitas na atualidade. De toda forma, cabe-nos acolher seus
conflitos, sofrimentos, angústias e sintomas e ajudá-las a encontrar
uma saída para eles.

A pergunta fundamental é: como vai ocorrer a criação das crianças? Aí, sim, a psicanálise pode ajudar. Spivacow (2016) faz essa
indicação: "No que se refere à criação da criança, aspecto central na
formação do ser humano, a psicanálise tem muito o que transmitir
à sociedade" (pp. 197-198).

E o que ela ensina? Ensina que a constituição do sujeito requer
uma figura que o deseje e que se ocupe de seus cuidados – para
Lacan (2001): "o irredutível da transmissão de um desejo que não
seja anônimo" –, ou seja, a função maternante, e uma outra função
que mostre a diferença com esse referente primeiro, algo que oriente
a criança para o mundo que está por fora desse amor fundante e a
célula narcísica que ele determina, ou seja, a função paterna. Essa
função pode ser exercida por qualquer sujeito, inclusive pela pessoa
que exerce a função materna. Essas duas funções são necessárias e, se
não forem assumidas, passam a predominar as patologias: narcisismo,
adicções, quadros psicóticos etc. (Spivacow, 2016).

Sauret (1998) completa: "não há necessidade de família para
fazer filhos, mas para fazer sujeitos, sim" (p. 87), e Teperman (2014)
acrescenta: "A família resiste reduzida ao que tem de irredutível, e

esta irredutibilidade remete à exigência de uma transmissão dos elementos necessários para que haja um sujeito" (p. 75).

Constata-se que a psicanálise contemporânea se encontra diante do desafio de pensar novos paradigmas para as novas situações familiares que os requeiram e, ao mesmo tempo, avaliar o que permanece dos conceitos já constituídos.

Segundo Spivacow (2016), "do complexo de Édipo permanece muita coisa de pé, especialmente a proibição do incesto, interdição que deve ser entendida como proibição aos adultos de dispor para seu gozo do corpo das crianças" (p. 199). Paralelamente à proibição do incesto, permanece a aceitação da castração: aceitação de uma lei que ponha limites ao desejo.

Ainda segundo ele, o que tampouco muda é o enamoramento como Freud o descreveu: o reencontro alucinatório com o objeto de amor do passado infantil. Diz Spivacow (2016): "É uma constatação que as pessoas seguem enamorando-se e que os casais que chamamos passionais são muito frequentes na clínica. O enamoramento seguirá dando origem a casais, somente eles serão menos pautados pela sociedade e muito mais montados de acordo com as singularidades dos sujeitos" (pp. 196-197).

Também continuará existindo o casal como projeto, porque

> *ele não é só um produto da cultura, mas engloba também características da vida emocional do ser humano, ou seja, o reencontro duradouro com as condições de satisfação libidinal.... As mudanças são tantas e tão grandes, tanto se potencializou a capacidade destrutiva do ser humano, que muitos temem pelo lugar do amor no mundo. Mas nada indica que o amor de casal vai desaparecer, ainda que suas características estejam mudando rapidamente em nossa época. (Spivacow, 2016, p. 197)*

128   COMPLEXOS FAMILIARES

A família também vai continuar a existir, modificada, mas mesmo assim família. Diz ele:

> *Coincidimos com Roudinesco que, apesar de todos os prognósticos, a família, como a ave Fênix, renasce de suas cinzas, metamorfoseada e transformada, porém, família mesmo assim. Homossexuais e heterossexuais, divorciados e casados, a grande maioria dos seres humanos coincide no desejo de ter filhos biológicos ou adotivos e organizar suas vidas em células familiares. . . o casal é algo assim como um invento, cujos códigos os parceiros armam à sua maneira . . . homo ou heterossexual, duradouro ou transitório, e parece não haver dúvidas sobre o direito dos sujeitos adultos de formar famílias como lhes apraz. Pelo contrário, o que permanece como pergunta para a sociedade é como se vai dar a criação dos filhos, uma vez que a família montada em torno do matrimônio deixa de estar encarregada desta tarefa.*
> *(Spivacow, 2016, p. 197)*

A meu ver, essa é a pergunta fundamental: como se vai dar a criação dos filhos?

Silvia Gomel (2020), referindo-se às novas formas de fazer família, apresenta um posicionamento mais radical em relação ao conceito do Édipo. Vejamos seu pensamento. Segundo ela, a perspectiva vincular supõe um enfoque do subjetivo em que se reúnem diversas correntes: o corporal, desde o orgânico até o corpo erógeno pulsional; a singularidade irreplicável dos modos como se vão tecendo as redes do psiquismo; os pertencimentos familiares; e a inclusão na trama sócio-histórica provedora de formas subjetivas próprias da cultura na qual os laços estão inseridos, como valores, estética, convicções religiosas, preconceitos, inserção social, que constituem condições de constituição da subjetividade junto com o processamento sempre inédito que cada um faz de sua circunstância.

Daí decorre um sujeito múltiplo. Segundo ela, é tão insustentável uma subjetividade vista como apoiada unicamente na interioridade como uma restrita ao familiar e aos discursos sociais, com total separação do si mesmo. Ou seja, habitamos ao mesmo tempo vários presentes, o que nos aproxima da ideia do humano como uma composição. Diz ela: "Atrevo-me a dizer que é possível considerar as legalidades simultâneas da corporalidade, a singularidade psíquica, os vínculos e a cultura como conceitos metapsicológicos, no horizonte de uma metapsicologia branda, não determinista e aberta ao acaso e ao devir e que possa balizar um pensamento nômade" (Gomel, 2020, p. 17).

E ela segue:

> *Os processos de subjetivação são plurais e os conteúdos do psiquismo são atravessados por uma multiplicidade de sistemas. Não existe nenhuma instância dominante de determinação – pulsional, econômica, histórica, de poder ou saber – que governe as demais como causalidade submetedora. Nem o inconsciente é o determinante único de nossa existência . . . Sempre haverá um interjogo entre as formações inconscientes e as formações sócio--históricas. (p. 18)*

Como propõe Kaës, somos um singular plural.

Sobre o conceito do Édipo, Gomel (2020) afirma que atualmente se faz imperativo colocá-lo a trabalhar em relação ao surgimento de novos paradigmas em um contexto sociotecnológico inédito. O problema, diz ela, é trancar o conceito num determinismo fixo, pois a clínica traz subjetivações e modos de enlace diferentes em diferentes épocas e culturas, os quais, por sua vez, também dão origem a modalidades de alianças, sofrimentos e conflito diversos. Ela sugere que devemos jogar esse conceito no caldeirão em que se cozinham muitos outros, liberando-o de sua centralidade, e pensá-lo a partir dos cenários das tramas desejantes, junto com o narcisismo, o corporal, os vínculos de paridade, sua relação com o proibido e o impossível dentro dos parâmetros da cultura, permanecendo, dessa forma, um conceito muito rico e produtivo.

Segundo ela, decentralizar o Édipo como fator único de subjetivação reposiciona o narcisismo como coprodutor da constituição subjetiva e vincular. A autora considera o narcisismo em seu caráter relacional, enredado nos temas das redes identificatórias, na dimensão da semelhança, nas questões do ideal e da autoestima, na função de reconhecimento e pertencimento.

As pessoas que habitam os lugares próprios do parentesco são enlaçadas simultaneamente por diferentes redes que constituem uma trama identificatória para o campo do narcisismo. Tal trama é definida como o resultado do interjogo entre as identificações imaginárias e simbólicas operantes no tecido intersubjetivo e um sistema de ideais, suporte privilegiado do sentimento de pertencimento.

Ela continua:

> Ao falar de identificações simbólicas me refiro ao lugar assinalado a partir da linha genealógica (lugar pai, mãe, filho) que supõe certezas básicas necessárias para a subjetivação. Este lugar nos posiciona de maneira inédita, podendo também haver remodelação de sua arquitetura... No mais íntimo da psique e dos corpos aninham-se histórias, impressões, traços e afetos demarcadores

de percursos familiares cuja origem somente pode ser rastreada a partir de pegadas imprecisas. Desse modo, o trabalho de identificação vai construindo as marcas libidinais, possibilitando o armado do psiquismo, e constitui a mostra mais antiga do laço afetivo com outra pessoa. Nesse sentido, leva a marca de uma relação, de um processo plural, um espelho vincular, espaço de enlace entre as regulações do parentesco, os ideais sociais e familiares e a imago corporal. Posteriormente, a crise edípica vai marcar seus tempos em torno da castração e de seu rebote identificatório. (Gomel, 2020, pp. 33-34)

A autora continua afirmando que existe um trajeto identificatório ao longo da vida que só cessa com a morte, porque os processos de subjetivação não se detêm na infância e cada novo enlace poderá ser motor de riqueza representacional ou ter uma potência des--subjetivante. Daí decorre que a identidade identificatória deve ser pensada fora de todo centralismo, unidade ou coerência, pois novos encontros imprimem marcas psíquicas diversas.

A configuração do psiquismo requer certos ancoramentos que nos permitam nos reconhecer como Um, a existência de pontos de referência nos conjuntos de sustentação do si mesmo. Ou seja: nas tramas intersubjetivas se oferecem (quando tudo vai bem) fluxos narcisistas, pulsionais e desejantes que confluem para a emergência de um sujeito uno, singular e irreplicável que porta, ao mesmo tempo, uma imagem unificante e uma qualidade única que excede a imagem. Aí se colocará em jogo a dimensão pulsional, tanto da cena fantasmática como da identificatória, que funda suas raízes na corporalidade. Existem caminhos pulsionais para cada laço, que vão sinalizando os itinerários do prazer e do gozo (Gomel, 2020).

A autora segue apontando para a questão do pertencimento, também ligado à construção do narcisismo. Pertencimento é o sentimento que se apoia na necessidade de estar incluído numa relação, sustentação identitária diante da vivência de desamparo. Pertencer a um vínculo é inerente à condição de ser, não pertencer é como estar fora do mundo e do si mesmo. Também as modalidades de circulação dos ideais e dos imaginários familiar, social e subjetivo oferecem pertencimento e identidade. Os laços localizam seus integrantes em alguma configuração, seja esta de família, casal ou coletiva, e o reconhecimento é a resposta do outro que, supõe-se, validará tal pertencimento. Essa validação é condição de existência e marca das fronteiras entre o dentro e o fora; pertencer é sentir-se sustentado e constitui um dos esteios do psiquismo. As alianças inconscientes selam a inclusão e podem gerar um temor de não ser reconhecido, não pertencer, ser excluído, deixado de lado, levando as pessoas a renúncias de todo tipo com o objetivo de fazer parte do conjunto, às vezes com enorme sofrimento psíquico.

As modalidades de pertencimento são múltiplas e ele deve ser pensado como algo fragmentado e incompleto, oposto à ideia de um único pertencimento monolítico. Gomel (2020) aponta que a diversidade das formas familiares atuais deu lugar a uma maior fluidez quanto aos modos de "sentir-se parte de": "Atualmente, não parece que a diferença sexual organiza com exclusividade o parentesco, nem as identidades, nem as identificações organizadas em função dos ideais de gênero culturais" (p. 49). A família atual se afastou do binarismo e surgem diversas formas, diversos graus e intensidades de pertencimento para um mesmo sujeito segundo quais sejam as características familiares, ampliando as fronteiras das famílias com laços ainda sem denominação.

Nesse sentido, as funções de reconhecimento, amparo e interdição, o sentimento de pertencer ao conjunto, os afetos em jogo produzem efeitos de subjetivação nos grupos que se autodenominam família, por fora dos cânones tradicionais. No entanto, sempre será necessária alguma conformação de laço social ao redor da criança, não necessariamente os tradicionais. No caso a caso da clínica, Gomel (2020) sugere, devemos promover acordos e regulações auto-organizativos. Cada grupo deverá definir o que entende por família e quais são os alcances do pertencimento.

Gomel também faz uma reflexão sobre a influência da tecnologia na formação do psiquismo. Ela constata como a influência familiar, que anteriormente coexistia com outras instituições sociais e com os meios de comunicação, agora coexiste também com a tela. As novidades digitais são consequência e motor de transformações na subjetividade e nos modos de relação com os outros e com o mundo. Os meios massivos de comunicação são os encarregados de informar sobre a realidade (incluindo aí as *fake news*). Esse fato gera características distintas no contato entre os sujeitos, nas modalidades desejantes, nas noções de intimidade e privacidade, no conceito de realidade.

Que tipo de subjetividade é gerado a partir da tecnologia digital permeando a vida cotidiana? A cultura digital funciona como um novo regime de escritura da subjetividade, da experiência dos corpos, dos laços e da sexualidade. As características cognitivas das gerações nativas digitais são *multitask*, isto é, apresentam uma capacidade de realizar várias tarefas ao mesmo tempo, passando de uma estrutura de informação para outra. A tecnologia instaurou uma nova relação entre a escrita e a linguagem, longe da linearidade da sucessão e próxima à simultaneidade da informação. O virtual enquanto tempos, espaços e corpos levantou fronteiras permeáveis entre esse mundo e o mundo real, convertendo o digital em matriz de subjetividade. A transformação do corpóreo em digital permite os *e-sports*, o sexo online e outras situações em que os corpos se ausentam e a categoria de presença precisa ser reformulada (Gomel, 2020).

Quanto ao cognitivo, encontramos duas modalidades de pensamento: o conectivo e o associativo. O associativo impõe aos objetos um sentido explícito, implícito ou suposto. A associação se escora no mundo representacional, assim, esse sentido estará sempre carregado de afetos, modos de ser e particularidades subjetivas. Já o conectivo supõe um elemento em conexão com o outro sem articular-se com representações próprias do psiquismo, dado que os sentidos não são próprios do sujeito, mas externos. Por exemplo, os caminhos de conexão nos jogos eletrônicos não pertencem ao sujeito e existem fora de quem os conecta.

Ambos os modos de pensamento funcionam simultaneamente: não estamos diante de um retrocesso no modo de adquirir conhecimento, mas a uma quebra de paradigma. A patologia surge quando o conectivo devora o associativo-representacional, banindo afetos, sensações e recordações. Diz Gomel (2020):

> *A tecnologia não somente fabrica ferramentas para estar no mundo; fabrica também um mundo a ser manejado com esta tecnologia, isto é, muda o enquadre simbólico de uma sociedade. A proliferação de informação junto com a impossibilidade objetiva de decodificá-la levam a um efeito de perda de singularidade e riscos de automatismo e queda da função crítica, verdadeiro caldo de cultivo dos totalitarismos. (p. 55)*

Para concluir, no território intersubjetivo, o outro não é só o desigual em relação ao si próprio, mas é também condição de subjetivação, porque a subjetividade se edifica a partir de um olhada-escuta privilegiada proveniente de um outro. Ser olhado-pensado-reconhecido funciona como uma das sustentações do psiquismo ao longo da vida (Gomel, 2020).

Falando da semelhança, da diferença e do alheio diante do outro, a autora aponta que são apresentações possíveis da alteridade e que a construção do vínculo necessita do entramado dessas três dimensões. Sem a ilusão da semelhança e sem o reconhecimento do outro como diferente e alheio, não seria possível construir vínculos.

A semelhança e a diferença são sensíveis ao trabalho da representação. A semelhança enquanto complementaridade narcísica forja um movimento imprescindível de aproximação entre duas pessoas. Esse reconhecimento do outro como alguém com uma mente igual, porém separada, funda a capacidade de forjar o nós, construção da ilusão necessária para velar o ponto impossível de todo laço. A diferença aponta para o reconhecimento do outro como sujeito, e não como objeto de nossa representação. O alheio no outro escapa ao trabalho representacional e produz opacidade, aquilo do semelhante inassimilável ao próprio corpo, por fora da identificação. Esse alheio do outro deve ser velado para a constituição do vínculo. O velamento se refere ao recobrimento narcisista do aspecto enigmático e incompatível do outro, para poder sustentar o mútuo, isto é, ter algo em comum aceitando as diferenças e as ilusões necessárias para possibilitar a atividade representacional e os jogos do desejo.

E Gomel (2020) conclui: "E assim vamos pelo mundo, um pouco à deriva, outro pouco intuindo um rumo, tratando de não sucumbir demasiado aos extravios da semelhança e da complementaridade, sustentando-nos em uma diferença trabalhosa e não sempre tentadora e mantendo um sentimento de estranheza diante do alheio do outro!" (p. 60).

A autora faz ainda uma observação importante para nossa contemporaneidade:

Os pacientes de hoje trazem mais a desesperança, o vazio, a falta de projetos. Por que então se enfatiza tanto o outro enquanto estranho e diferente em detrimento de sua posição de semelhante, como se a estranheza, o desajuste, a separação adquirissem preponderância sobre a ideia do encontro e reconhecimento, apontando, dessa forma, para a ideologia do individualismo? Muitas situações clínicas evidenciam uma carência na falta de ser reconhecido como semelhante, o que também requer um árduo trabalho na direção do reconhecimento do outro como próximo. (Gomel, 2020, p. 60)

Seguindo o pensamento de Kaës, acredito que o Édipo e suas transformações permanece sendo o principal organizador da família. No entanto, a tese de Gomel sobre a importância da constituição do narcisismo, do sentimento de pertencimento e a influência da tecnologia tem um papel fundamental na formação da família.

As transformações nas famílias que procuram a clínica buscando alívio para seus sofrimentos e conflitos muitas vezes nos deixam perplexos e desorientados. Em que pese o inestimável avanço social que possibilitou formas de expressão da individualidade antes proibidas, o fato é que muitas questões persistem. No esforço de não sermos preconceituosos, como não confundir a tendência a enxergar patologias no novo com deixar de enxergar uma patologia que, sim, possa existir no novo?

Por fim, muitas vezes nos perguntamos sobre as consequências para a constituição das crianças da criação nas novas e diversas configurações familiares. A verdade é que ainda é muito cedo para alcançarmos todo o seu significado e suas nuances. E, possivelmente, só conheceremos esses efeitos quando essas crianças de hoje exercerem, por sua vez, a parentalidade.

Referências

Freud, S. (1905). Three essays on the theory of sexuality. In S. Freud, *The Standard Edition of the Complete Psychological Works of Sigmund Freud* (Vol. VII). London: Hogarth Press, 1955.

Freud, S. (1915). Instincts and their vicissitudes. In S. Freud, *The Standard Edition of the Complete Psychological Works of Sigmund Freud* (Vol. XIV). London: Hogarth Press, 1957.

Freud, S. (1916-1917). Introductory lectures on psycho-analysis. In S. Freud, *The Standard Edition of the Complete Psychological Works of Sigmund Freud* (Vol. XVI). London: Hogarth Press, 1955.

Freud, S. (1932). Femininity. In S. Freud, *The Standard Edition of the Complete Psychological Works of Sigmund Freud* (Vol. XXII). London: Hogarth Press, 1964.

Gomel, S. (2020). *Famílias, parejas, analistas: la escena clínica.* Buenos Aires: Lugar Editorial.

Kaës, R. (2007). *Un singular plural: el psicoanálisis ante la prueba del grupo.* Buenos Aires: Amorrortu.

Kaës, R. (2008). *Le complexe fraternel.* Paris: Dunod.

Lacan, J. (1938). *La familia.* Buenos Aires: Homo Sapiens, 1977.

Lacan, J. (2001). Deux notes sur l'enfant. In J. Lacan, *Autres écrits.* Paris: Seuil.

Laplanche, J. (1988). *Teoria da sedução generalizada.* Porto Alegre: Artes Médicas.

Leclaire, S. (1979). *O corpo erógeno.* São Paulo: Escuta, 1992.

Redler, P. (1986). *Abuelidad: más allá de la paternidad.* Buenos Aires: Legasa.

Sauret, M. J. (1998). *O infantil e a estrutura*. São Paulo: Escola Brasileira de Psicanálise.

Spivacow, M. (2016). *La pareja em conflicto*. Buenos Aires: Paidós.

Teperman, D. (2014). *Família, parentalidade e época*. São Paulo: Escuta.

Thorstensen, S. (2012). *Incestualidade: um pathos familiar*. São Paulo: Casa do Psicólogo.

Thorstensen, S. (2017). *A indisponibilidade sexual da mulher como queixa conjugal*. São Paulo: Blucher.

6. Família: incidências formadoras e patológicas

Rosely Pennacchi

Meu percurso

Formei-me em 1973. Trabalhei inicialmente em escola, por três anos, dando aula e depois como coordenadora pedagógica, função na qual o contato com pais, alunos e professores era constante. Sem interromper esse trabalho, comecei a atender individualmente crianças, adolescentes e adultos em consultório particular.

Atendendo crianças e jovens, era inevitável o encontro com os pais e até mesmo com as famílias, trabalho que eu desempenhava muito bem. Mas só em 2000 comecei efetivamente a estudar a família e suas correlações com outras áreas de saber.

Meus estudos contínuos em psicanálise, com experiência em análise e estudos lacanianos, acompanhavam a proposta psicanalítica clássica do uso do dispositivo individual, no qual a intersubjetividade na dupla analítica era muito discutida e havia a certeza de que a verdade inconsciente do sujeito só advém individualmente.

Passar à reflexão sobre o atendimento com casais e famílias me impôs uma revisão dos conceitos fundamentais que a especificidade

140   FAMÍLIA: INCIDÊNCIAS FORMADORAS E PATOLÓGICAS

do dispositivo vincular exigia. Muitos debates internos surgiram, e resistências também. Se a verdade sobre o desejo do sujeito só advém individualmente, e o vínculo, por sua vez, só se constrói por meio de alianças e pactos inconscientes, como viver juntos mantendo a singularidade individual?

Minha experiência clínica com casais tem mostrado a eficácia do dispositivo vincular na medida em que a comunicação entre os pares melhora efetivamente e uma vida mais interessante pode se instalar. Trabalhado o circuito pulsional do casal, o desejo sexual de alguma forma se expande. Os que se separaram conseguiram fazê-lo de forma mais harmoniosa, com respeito mútuo e conscientes dos limites do laço conjugal.

Como pensar a família hoje?

A criança, mesmo antes de nascer, já é falada, já se comenta como ela vai ser, o que estudará; o berço psíquico já está sendo construído e é necessária essa construção para o recebimento do novo ser. Na sua chegada ao mundo, à criança é introduzida num espaço onde "outros" falam por ela, endereçam-lhe demandas, sugerem comportamentos e ações.

A história da criança é ancorada numa história familiar, numa verdadeira trama, e, de certo modo, é engolida por ela e precisará encontrar seu lugar, o que não é nada fácil. Claro, não se trata de uma tarefa solitária. Ela a desempenha em sintonia permanente com a mãe, o pai e os demais integrantes da família, como uma música composta a várias mãos.

A reflexão sobre a organização familiar transgeracional é instrumento precioso na prática analítica. Na medida em que se recorre ao estudo das origens, se aborda o descobrimento do ser. O que somos fica vinculado ao de onde viemos. Somos elo em uma cadeia anterior à nossa chegada, com a qual temos uma responsabilidade. Como se faz uma história e ao mesmo tempo se inscreve e se é escrito em uma genealogia? (Pennacchi, 2009)

Como pensar a família hoje? Como defini-la? O que é uma família? Quais são suas funções?

Toda família possui um modo de funcionar que, na maioria das vezes, não é claro, consciente e objetivo. Isso aparece no nome que damos aos filhos, nas crenças familiares, em como celebramos os acontecimentos importantes e como lidamos com os momentos de luto, morte e outras perdas. Esses núcleos de funcionamento organizam boa parte da vida emocional e fantasmática da família.

As transformações sociais na contemporaneidade produziram efeitos significativos na organização familiar. A perda de referências ocorrida em várias instituições produziu muitos conflitos e interrogações nas relações sociais e, consequentemente, na família, base da vida social.

Podemos estudar as incidências formadoras da família e suas funções de contenção, transmissão, filiação, transformação, ligação. Mas também entendemos que a família apresenta incidências tanto formadoras quanto patológicas. Não é unicamente espaço de reconforto e dádivas: é também presa de suas contradições e desigualdades.

As famílias atuais podem ser muito diferentes do modelo tradicional de pai, mãe, filhos, família alargada com parentes próximos, mas o que vai prevalecer e defini-la enquanto família é o vínculo que une essas pessoas. A família vive mudanças importantes em sua estrutura e em seus lugares internos; o momento é de aprender como viver num mundo ambíguo e em constante modificação.

142   FAMÍLIA: INCIDÊNCIAS FORMADORAS E PATOLÓGICAS

Funções da família

Boa ou má, todos aspiram a fazer parte de uma família. Os trabalhos sociais o comprovam. Fala-se: "faltou-lhe uma boa família".

A família é matriz de simbolizações, socialização, identificações; lugar onde aprendemos a refrear nossos instintos; é *holding*; é continente, mas também é a matriz, o berço, a infância do sintoma, a origem da neurose, incita a paranoia, o ciúme, e tem a tendência de ser homogênea, tenta eliminar as diferenças.

São suas funções:

a. **Funções de continência:** conter as angústias arcaicas do bebê; receber o novo elemento e integrá-lo.

b. **Funções de ligação:** ajudar o recém-nascido a organizar sua própria psique e estabelecer relações objetais no seio do grupo familiar e depois fora dele; articular as relações entre os membros e entre as gerações.

c. **Funções de transformação:** ajudar o recém-nascido a transformar indícios sensoriais em dados psíquicos progressivamente ligáveis entre si e representáveis no interior de um eu em diferenciação constante, isto é, nomear o que circunda o bebê e seus sentimentos, decodificar o que a criança sente.

d. **Funções de transmissão:** ensinar como decodificar as mensagens do mundo exterior, como organizá-las, mostrar o mundo. A família transmite as chaves de acesso ao mundo.

São duas as dimensões estruturais da família:

a. **Intragrupal (atual):** define-se pelo grupo pais/crianças (pai/mãe/filho, sincronia – eixo horizontal).

b. **Geracional (histórica):** remonta à sucessão de gerações e à transmissão psíquica entre elas (filho/pais/avós, diacronia – eixo vertical).[1]

Como se constrói a história do indivíduo?

O indivíduo não pode construir sozinho sua própria história. Ele se ancora na história familiar que o precede, que lhe colocará as fundações narcísicas, e caberá a ele achar nessa família seu lugar de sujeito.

Kaës (2001) afirma que toda família é fundada sobre relações de aliança que os indivíduos deverão levar em conta para construir sua própria identidade de sujeito individual e, posteriormente, de sujeito nos diferentes grupos que a vida vai apresentando. A criança carrega alianças inconscientes, fruto do encontro de seus pais e de suas descendências.

Como o psiquismo individual transforma o legado genealógico?

Respondendo rapidamente: por meio de sucessivos processos de ressignificação dessa herança genealógica.

Mais detalhadamente:

a. **Por meio da herança intergeracional:** fantasmas, imagos, identificações que organizam a história familiar, o rol

---

1 Sincronia e diacronia são termos que entraram na terminologia linguística desde Saussure. Um fenômeno de linguagem é dito sincrônico quando ocorre ao mesmo tempo (eixo horizontal) e diacrônico quando pertencem a estados de desenvolvimento diferentes, sucessivos (eixo vertical).

mítico no qual cada sujeito coloca os elementos necessários à constituição de seu romance familiar individual (na mesma geração).

b. **Por meio da herança transgeracional:** elementos brutos, não elaborados, não ditos, de lutos não realizados (de uma geração para outra).

Portanto, a família é um grupo específico, caracterizado por laços de aliança e filiação e por interdições que regem esses laços (interdições de incesto e de morte). Ela articula as relações entre seus diferentes membros e entre as diferentes gerações em função da história e dos mitos que lhe são próprios. Articula também o lugar de cada sujeito da família com seu lugar no ambiente social que o rodeia.

Como a herança psíquica se transmite para as gerações seguintes?

1. O que se transmite?

Transmitem-se afetos, mitos, modos de se proteger e de se defender, e também o superego. Freud (1932) afirma que o superego dos filhos não é edificado a partir do modelo dos pais, mas a partir do superego dos pais, e contempla o mesmo conteúdo, a mesma tradição e os mesmos valores.

Transmitem-se também os objetos marcados pelo negativo, isto é, doenças, vergonhas, o que não se "contém", o recalque, os lutos, os objetos perdidos.

2. Como se transmite?

Transmite-se por mediações verbais e não verbais, ditos e não ditos, mensagens conscientes, inconscientes e pré-conscientes. O ser é humano porque fala e é permeado pela ordem simbólica, desde antes de seu nascimento.

3. Como os profissionais que escutam a família "descobrem" os afetos e os desafetos?

Na transferência, na escuta da fala dos membros da família, dado que muitas vezes são postos em ato por meio da repetição de acontecimentos. As famílias, de modo inconsciente, organizam verdadeiros mitos, isto é, histórias para dar conta de situações que vão acontecendo com elas no decorrer da vida. Esses mitos nem sempre são claramente percebidos, porém atuam como verdadeiros comandos dentro das famílias. Toda família possui algo "não elaborável", "não pensado", "não trabalhado", que se repete na atualidade e que uma escuta cuidadosa pode trazer à tona.

Os profissionais que trabalham com crianças sabem a correlação enorme existente entre o sintoma apresentado por elas e suas famílias.

Pensemos, por exemplo, na trajetória do sintoma. Como escutar um sintoma nas diferentes gerações? O que é sintoma numa geração pode não ter sido visto como sintoma numa geração precedente. Não existe sintoma sem sobredeterminação, princípio claramente apontado por Freud. Assim, o sintoma em si pode ser considerado um indicador de transmissão, testemunha de um pacto inconsciente no qual o sujeito é inscrito mesmo antes de nascer.

A vida humana se move dirigida pelos fios do desejo, e o desejo não vem impresso nos genes: se constrói a partir de palavras. A psicanálise se ocupa do desejo, de suas vicissitudes, seus índices. Ler, ouvir o desejo nas palavras dos pais é um bom início: tentar entender as expectativas dos pais com relação ao desempenho de seus filhos por meio da linguagem que usam para se referir a eles é uma boa forma de iniciar a trajetória de identificações nem sempre

146   FAMÍLIA: INCIDÊNCIAS FORMADORAS E PATOLÓGICAS

tão explicitas. Pensando dessa forma, não é possível trabalhar com crianças sem ouvir os pais. A transferência no trabalho com crianças passa pelos pais.

Uma escuta cuidadosa dos pais pode trazer à tona segredos familiares e explicitar questões não verbalizadas pela família. A conversa pode, por exemplo, ajudar a refletir acerca do lugar que a criança ocupa na linha geracional dessa família e seus destinos.

O laço social atual baseado na horizontalidade deixa o sujeito sem referências, portanto, perdido e confuso. Na família existe lugar de pai, de mãe e de filhos. Esses lugares precisam ser ocupados e se fazer válidos e atuantes.

A relação do sujeito humano com a civilização se dá segundo uma relação ternária: pai, mãe e criança. Lacan demarca no complexo de Édipo o eixo da humanização, ou seja, a passagem do registro natural da vida ao registro da troca das relações, portanto, das leis, dos símbolos e da organização.

Coube a Lacan o mérito de destacar a importância primordial da função paterna na organização psíquica do sujeito. A função paterna é eficaz na dialética edípica, pois instaura uma instância simbólica, mediadora da relação mãe e filho. A passagem da natureza para a cultura é a introdução da lei do incesto. Nenhum pai é detentor ou fundador da função simbólica que representa, ele é o seu vetor, o seu portador.

O Édipo proíbe o incesto, mas permite que todas as outras escolhas não sejam incestuosas. Portanto, a estrutura edípica representa a gramática do desejo. A criança renuncia a suas pulsões incestuosas e parricidas, isto é, renuncia à onipotência do seu desejo, esse tudo querer. Perde coisas, mas ganha nome, filiação, lugar na estrutura do parentesco, acesso ao simbólico.

A lei da cultura é como um batismo, afirma Hélio Pellegrino em seu texto "Pacto edípico e pacto social" (1983). Batismo para entrar no circuito do intercâmbio social (no mundo adulto, o pacto social se estrutura em torno do trabalho).[2]

A lógica dos nomes próprios

O nome próprio dado aos filhos e as festas, as crenças e os mitos familiares são produções inconscientes das famílias, indícios significativos para quem se preocupa em percorrer a malha familiar. Escolho a questão dos nomes próprios para exemplificar e auxiliar no manejo dessas informações, começando por uma situação clínica.

"Enquanto namorávamos, pensando em casamento, falávamos que íamos ter duas meninas." Os nomes já eram ditos, os dois em homenagem às avós paternas.

Uma com nome de flor, e que quando pequena não gostava dele, pensando até em mudá-lo, aparece certo dia com uma tatuagem na perna. Segundo seu relato, tratava-se de desenho tribal. Visto de perto era uma ciranda com as flores do seu nome! Evidentemente, ela disse que foi por acaso.

Outro episódio: nasce a primeira filha. Recebe o nome da avó e um segundo nome, Pia, que em italiano quer dizer piedosa.

Espera-se uma segunda criança, numa época que não se podia saber o sexo com antecedência. Menino ou menina? A mais velha sugere nomes.

Antes de a criança nascer, a mãe sonha com duas "pias" de banheiro. O sonho para a psicanálise é premonitório? Não! O significante "pia" deslizou e anunciou a vinda de outra menina. "Inconsciente mostrando sua ação". Seria o desejo da mãe?

---

2 "A ruptura com o pacto social precipita, com uma frequência nefasta, a ruptura com a Lei da Cultura" (1983, p. 17).

148   FAMÍLIA: INCIDÊNCIAS FORMADORAS E PATOLÓGICAS

A dimensão da história de cada nome em relação à maneira como cada pessoa o elabora é importante de ser investigada do ponto de vista psicanalítico. Perguntar qual o sentido do nome de alguém soa como questão inquietante enviada em direção ao ato original de nomeação do sujeito, às questões identitárias e identificatórias.

O nome próprio privilegia questões fundamentais: a das origens, a da diferença de gerações, a da diferença dos sexos, a da identidade de cada um, a do destino e, em especial, a da dimensão edípica que atravessa cada um de nós.

Ao possibilitar a veiculação de desejos, o nome próprio mostra que muitas vezes os desejos dos mortos vivem nos vivos. É a potência transmissora dos desejos e dos modos de funcionamento de uma geração para a outra.

Em Freud

Freud sempre teve paixão por nomear, afirma Juan Eduardo Tesone (2009). Biógrafos o atestam e a correspondência com Fliess também.

Mesmo antes de 1909, ano em que escreveu "O Homem dos Ratos", Freud já estava atento ao deslizamento do significante. O discurso do sujeito já aparecia como centro de suas teorias.

Em "O esquecimento de nomes próprios", primeiro capítulo do livro *Psicopatologia da vida cotidiana* (1901), Freud comenta um lapso de memória, isto é, o esquecimento de um nome, e desenvolve conexões interessantes entre o nome esquecido e o nome substituto que ocupa o lugar do esquecido. Poderíamos também recorrer a *Totem e tabu* (1913), às *Conferências introdutórias sobre psicanálise* (1916/1917) e a "O Homem dos Lobos" (1914).

O próprio nome de Freud provocou muitas transferências em virtude da homonímia com a palavra alemã *freund* = satisfação (contentamento). O nome próprio do analista é a primeira palavra fornecida e, muitas vezes, é a palavra principal que o analisando tem da realidade concreta do analista, sendo, portanto, expressão da presença e do suporte do processo transferencial, tela onde são projetadas as fantasias dos analisandos.

Continuando a questão do nome próprio, dado que os seres humanos são simbólicos, este é mais que um signo ou significante, ele é um texto.

Lacan, no seminário 9, "Identificação" (1961-1962), diz que o nome próprio é um significante em estado puro. Sendo significante, faz parte tanto do metabolismo interno do imaginário do sujeito quanto da própria interlocução, circulando então também na realidade cotidiana. Ele permite ao sujeito ser identificado e se identificar em um movimento único.

Eu não escolho meu nome, outro me nomeia, me dá o nome. É pura evidência da especificidade do desejo humano: desejo do outro; é evidência viva dos desejos paternos. É sempre escolhido por alguém, portanto, significante a ser decifrado. O nome próprio é trama simbólica urdida em torno de cada sujeito. Não é destino, mas o carrega.

É suporte da representação psíquica primária, fruto do outro, passível de funcionar como fantasia inconsciente, produzindo sentido.

O nome próprio completo inscreve o sujeito numa cadeia simbólica. Na situação clínica apresentada anteriormente, "aquelas meninas" já estavam nomeadas antes de nascer. A conexão com as avós paternas já estava enunciada.

O nome próprio representa o nomeado, evoca-o, identifica-o. O nome fica ligado ao corpo, colocando o sujeito num lugar, num espaço. O sobrenome coloca o sujeito na trajetória das gerações. Fala-se, portanto, de filiação (simbólica) inscrevendo o sujeito na lei simbólica edípica.

O nome possibilita a diferença de sexo e a própria individuação do sujeito no grupo familiar. Relaciona-se às fantasias narcísicas dos pais. Meu nome é Rosely Fátima. Nasci nos anos dourados, pós-guerra. Venho de uma família italiana. Seria mais esperado Rosalia, mas saiu Rosely. Nome glamoroso, lembra Marilyn (Monroe)... Sei o que me custou conectar esse nome ao composto que me foi dado, Fátima.

Fátima foi uma homenagem à madrinha de casamento de meus pais, portuguesa muito amiga de minha mãe. Expressão do ego ideal dos meus pais.

Muito me custou conciliar os dois aspectos: profano e sagrado contidos no meu nome, a ambiguidade do sagrado em suas dimensões puro-impuro, a relação do sagrado com o sexual e o sentimento do sagrado sempre vivo e presente em tudo que toca a sexualidade. A elaboração na análise foi fundamental e uma tese saiu!

O sobrenome é mais imperativo, inscrevendo o sujeito dentro da mitologia familiar, situando-o em relação à diferença de gerações e servindo de símbolo maior do ideal de ego.

Junto com o nome, o sobrenome tem a qualidade de inscrever o sujeito dentro da linhagem de uma árvore genealógica. A ideia de pertencer a uma família funciona como "quase autorização" para existir como sujeito no espaço extradomiciliar. Nome e sobrenome são performativos. O sobrenome, ao ser adotado, expressa em ato a adoção simbólica desejante do grupo.

Ao acreditar no patronímico (sobrenome) como expressão fálica da lei, o sujeito sente-se realmente filiado. Ao sentir-se filiada, a pessoa traz implicada a dimensão sempre presente de uma dívida simbólica, pacto que o sujeito precisa reconhecer enquanto dom recebido. Isso nos leva à reflexão da circulação da dádiva na família.

Processos psíquicos como lealdade, dúvidas, segredos, preferências regem de modo implícito a vida das famílias e o modo como são feitas as transmissões. Transmitir é dar e receber. Dar a quem? O quê? Como? Receber? Recebe-se o quê? Será possível não receber?

Essas indagações demonstram que a dádiva está a serviço da ligação, dos vínculos.

Observamos ao longo deste trabalho que a família não é unicamente um espaço de reconforto e dádivas. Ela é prisioneira das suas contradições e desigualdades. É um espaço onde os vários aspectos das modalidades sociais, econômicas e também afetivas se exprimem e se experimentam.

Além disso, a circulação da dádiva atravessa as gerações, como já dissemos, mas não necessariamente devolvemos àqueles a quem devemos. Assim, dar e devolver não implica de modo fundamental uma relação binária e que os dois elementos estariam envolvidos de forma exclusiva na transmissão da dádiva.

Voltando ao nome próprio, este se manifesta preferencialmente por meio de condensações e deslocamentos, como qualquer outra formação do inconsciente: chistes, atos falhos, sintomas, sonhos. A condensação e o deslocamento mostram a articulação entre som e desejo – apontam a engrenagem própria da linguagem, a cadeia de significantes e, por outro lado, articulam-se com a dimensão pulsional do sujeito, o desejo. A psicanálise abrange a dimensão da semântica e a dimensão pulsional.

Sintetizando o nome próprio:

- O nome próprio é muito mais que um sinal, signo ou significante. É um termo-âncora, um texto enviado à própria expressão heroica do sujeito em construção.
- Remete a toda a vida subjetiva do sujeito.
- Rompe barreiras de um simples sinal que enseja respostas automáticas para enviar a uma multiplicidade de sentidos.
- Porta um saber do qual o sujeito que nomeia (no caso, os pais ou quem deu o nome) às vezes nem se deu conta.

Do ponto de vista da antropologia, podemos observar aspectos específicos estabelecidos entre os nomes próprios e o sistema de parentesco:

- São termos que permitem a identificação.
- Constituem o próprio sistema de parentesco, na medida em que formam o ego nuclear de cada um dos elementos.
- Fazem parte de um sistema geral de classificação, adquirindo sentido, poder de identificação e referência em função de um sistema mais amplo.

Sabendo que o inconsciente se faz conhecer por meio do automatismo de repetição, é muito interessante refletir sobre a repetição de nomes nas famílias, com o uso dos termos "Junior", "Neto" etc. O nome do avô atribuído a um neto, uma tradição, escolhas profissionais ou uma lenda familiar podem funcionar como elemento que contribui para a identidade da pessoa e para aumentar a união e a força de coesão do grupo ou criar pontos de atrito e mágoas.

Em algumas famílias, são flagrantes as repetições de nomes, retornos que atravessam várias gerações. Por vezes, esse automatismo é tão forte que o sujeito o vive como algo da ordem do destino, da fatalidade. Cabe ao sujeito reescrever essa inscrição.

Nesse prisma, o nome próprio é marca invisível, texto marcado pela intersubjetividade que caracteriza o inconsciente. É a mensagem e o mensageiro de mitos transmitidos de geração em geração, mitos que tentam responder, sobretudo, à questão das origens de cada um.

O nome é vivido e exprime a profundidade do entrelaçamento do simbólico com o imaginário, uma das razões de o nome próprio ser vivido como a própria extensão do corpo do sujeito. Articula-se na identidade de cada um de nós, como cristalizações de sonhos e mandatos familiares, para o bem e para o mal, sendo que cabe a cada sujeito decifrar o seu nome e dele se valer.

A investigação analítica interroga a trama conjectural de motivações que possam ter inspirado os nossos nomes. Confluências no nome próprio podem trazer à tona tensões intergeracionais, explicitando vicissitudes da subjetivação.

Proponho também a reflexão sobre certos nomes nos quais o gênero não fica claro, por exemplo, Darci e Juraci; ou nomes nos quais se juntaram partes dos nomes da mãe e do pai, como Josimar; ou os nomes, como lembro de dois amigos de infância, Omar e Oceano. Se os nomes são performáticos, são descrições, termos-âncora, como lidar com as subjetividades advindas dessas apresentações? Ou até mesmo com as expectativas: alguém com um nome Victor Hugo que apresenta sérios comprometimentos intelectuais, por exemplo.

Para finalizar a discussão sobre os nomes próprios, apresento uma citação de M. Mannoni (1965): "Qualquer indivíduo se encontra, portanto, inscrito numa linha de descendência, segundo certas leis. A análise mostra-nos que a sua relação com as leis toma uma significação não só no desenvolvimento, mas no tipo de relação que vai, em seguida, estabelecer com os outros" (p. 52).

Reflexão sobre as festas familiares[3]

> *Mais difícil que escrever ficção é certamente escrever sobre a realidade.*
>
> Ruth Rocha

O inconsciente se inscreve e se expressa em todo vínculo várias vezes e em diferentes registros e linguagens. Toda família possui um modo

---

3 Palestra apresentada no Terceiro Congresso Internacional de Psicopatologia Fundamental e Nono Congresso Brasileiro de Psicopatologia Fundamental. Tema: Pathos, violência e poder. Universidade Federal Fluminense, Niterói, 4 jul. 2008.

de funcionar que, na maioria das vezes, não é consciente, claro ou objetivo. Isso aparece no nome que damos aos filhos, como já vimos. Aparece também nas crenças familiares, na nossa maneira de celebrar os acontecimentos importantes, nos momentos de luto, morte e outras perdas e também nas festas familiares, como veremos a seguir.

Apresento dois filmes como tema para introduzir o assunto. Um ponto comum entre ambos é "a trama – urdidura" das festas de família, ponto nodal para o desenrolar das narrativas: o sujeito é sujeito de herança, pois sua subjetividade está instituída por identificações adquiridas no meio familiar que lhe outorga lugares, estabelece ideais e pressupõe conflitos. Na constituição do sujeito, temos ao menos sete envolvidos: avós paternos e maternos, pai e mãe e a própria pessoa. É com essa complexidade que trabalhamos no atendimento de casais e famílias.

Parente é serpente, de Mario Monicelli (1992), revela como uma tradicional festa de Natal acaba se tornando uma grande confusão, de consequências tragicômicas. O que fazer com os pais idosos? Explodi-los!

O filme contempla vários conteúdos familiares: traição, impaciência, intriga, num misto de drama, comédia e sessão de psicoterapia familiar, com personalidades muito diversas, cenário sugestivo para diferentes identificações. O início propõe uma família "feliz" que vai se desmanchando, com os dramas de cada um e com a convivência.

Trata-se de um Natal à italiana, uma festa que reúne toda a família Colapietro, com seus membros típicos: a adolescente que sonha ser bailarina famosa, o avô esclerosado, o tio solteirão... O "ninho das serpentes" se forma quando, na véspera de Natal, a família vai se reunir: os filhos (e as respectivas famílias) viajam de vários lugares da Itália ao encontro dos pais idosos. Não será o Natal dos sonhos, mas a ocasião para virem à tona as questões familiares que a ausência de convívio havia ajudado a recalcar.

Mario Monicelli, que muitas vezes mostrou a Itália empobrecida do pós-guerra, agora mostra um país enriquecido e, com ele, uma classe média especialmente mesquinha. A partir disso elaborará sua fábula vital e amarga. O festim de Natal transcorre normalmente até a matriarca da família, vovó Trieste (Pia Velsi), comunicar aos presentes que ela e o marido já estão muito velhos para viver sozinhos e gostariam de morar com um de seus filhos. A proposta gera uma briga familiar sem precedentes, até os filhos chegarem a uma solução nada convencional: matá-los, já que eles representam o obstáculo a uma vida idealizada por todos os filhos.

O filme retrata bem a situação dos idosos na sociedade pós-moderna, individualista, narcisista, mais preocupada com o presente que com o futuro, em que tudo que é "feio", "velho", "diferente" deve ser varrido para não fazer sombra nos projetos narcisistas.

Vejamos agora o filme *Festa de Família*, de Thomas Vinterberg (1998). O patriarca comemora seus 60 anos em grande estilo. Toda a família está reunida, uma revelação é feita, as denúncias vão se sucedendo e provocando uma desagregação radical.

Às vezes é relativamente fácil confundir uma cena dramática com uma cena irônica. Esta é uma tragicomédia aguda e de alguma forma perturbadora que revela o poder transformador da verdade, mostrando como uma festa de aniversário aparentemente comum pode se transformar em disputa acirrada, cheia de acusações e revelações. Depois de uma noite difícil e intensa, ninguém fica ileso, e os personagens inconscientemente sabem disso, antes mesmo de mergulhar no passado.

Além do personagem principal, Christian, autor da grande revelação, os demais também seguem trajetórias narrativas claras e diretrizes de personalidade bem definidas e com pouco espaço para ambiguidades, traços típicos da dramaturgia clássica.

O patriarca machista e violento, ao dominar a família de forma ditatorial pela força física e moral, luta de todas as formas para

156 FAMÍLIA: INCIDÊNCIAS FORMADORAS E PATOLÓGICAS

manter sua posição de poder. A esposa do patriarca é submissa e corrobora as ações do marido, auxiliando-o em sua luta para manter o *status quo*.

Christian, considerado "louco", "neurótico", resolve desvelar um segredo familiar na festa de 60 anos do pai. Denuncia os estupros que o aniversariante infligia a ele e à irmã, que, por esse motivo, suicidara-se anos depois. Vemos como a família resiste intensamente diante do surgimento dessa verdade ameaçadora, que, se reconhecida, mudaria para sempre seus padrões de relacionamento. O filho que faz a denúncia é sistematicamente desqualificado, desautorizado, expulso, espancado, chamado de "louco". Faz-se de tudo para calá-lo. Quando finalmente a verdade se impõe, há uma catarse benéfica, um grande alívio para todos, personagens e espectadores.

Sabemos como são complexos e ambivalentes os vínculos que ligam filhos e mães (e pais), como são cheios de ódios e amores, permeados por culpas, configurando uma realidade muito mais complexa e conflituosa. O amor e o ódio dos filhos pelas mães e seus correlatos, o amor e o ódio das mães por seus filhos, configuram aspectos fundamentais das relações primárias duais, organizadoras do narcisismo primário, com sua conotação fusional mãe-filho, bem como de sua posterior reorganização, proporcionada pelo ingresso da figura do pai e pela instalação da configuração triangular própria do complexo de Édipo.

Estudos psicanalíticos com a família levam em conta não só a configuração nuclear (pai, mãe, filho), mas também o parentesco alargado, incluindo duas ou três gerações ascendentes, o que permite reconhecer o narcisismo primário e o complexo de Édipo dos pais. Tal inclusão revela como estes revivem com os filhos – e neles projetam – situações mal resolvidas que envolvem suas identidades e suas castrações simbólicas. Assim, muitas vezes o filho vive situações cujo início se deu há gerações.

O diretor apresenta uma crítica à família patriarcal rigidamente estruturada. No entanto, se a família rígida patriarcal foi superada, nem por isso a atual organização traz menos problemas.

Presenciamos a loucura e a desesperança, que, por mais grotescas e chocantes que sejam, o diretor consegue mostrar com tocante compaixão. Os personagens entram em dissociação progressiva, em afastamento de seus próprios sentimentos, em violentas negociações, em fechamentos narcísicos, impossibilitados de tolerar a dor, o luto e o sofrimento.

Falar sobre festas familiares é também falar da história de Eros e Thanatos, dos hábitos e dos gostos das famílias. Mas, antes de começar o "conto natalino" que nos trará maiores esclarecimentos, seria interessante mencionar as três modalidades possíveis de "festa", a saber: comemoração, celebração e cerimônia.

Comemoração

Segundo o *Dicionário Houaiss* (2001),

> *comemoração é (1) ato ou efeito de comemorar, de trazer à lembrança; memoração. (2) cerimônia, solenidade ou festa em que se faz tal evocação. (3) homenagem ou a memoração de um fato, um acontecimento, uma pessoa, etc. (4) menção que se faz na missa e no Ofício Divino do dia, de outra festa que por haver coincidido com uma festa de maior importância não é celebrada por inteiro, dela restando-se apenas uma comemoração.*

São acontecimentos que dizem respeito mais especificamente à história da família: aniversários, nascimentos, enterros, casamentos.

Celebração

Ainda no *Dicionário Houaiss*, encontramos que:

> *celebração é (1) a realização solene de contrato, acordo; formalização. (2) homenagem ou memoração de acontecimentos, data, etc.; comemoração, festejo; exemplo: celebração de aniversário de casamento. (3) acolhida festiva, exaltada, ruidosa: conquista de campeonato. (4) louvação pública, enaltecimento. (5) realização de ritual de formalidade; (5.1) realização de ofício religioso: o casamento foi muito bonito. (6) "Por metonímia" o pároco emocionou a todos na celebração.*

A celebração tem relação, em grau maior ou menor, com aspectos sociais. Podemos fazer recortes solenes dos acontecimentos (por exemplo, atos que sacramentem uma união, um batismo, a obtenção de um diploma, o acesso a um cargo, a aposentadoria ou, mais prosaicamente, a compra de um carro ou de uma casa ou o ganho de uma loteria). Dentro desse contexto, a comemoração remete a uma celebração. Diz-se "celebraremos um casamento", "comemoraremos o aniversário das bodas".

Aqui bem caberia uma reflexão sobre os rituais: o ser humano é um ser simbólico, é um ser da língua, o cenário privado de um evento não é suficiente à simbolização; a pertença social é condição para a caracterização simbólica. O ser humano precisa de palavras, mas também de gestos, de rituais para simbolizar seus atos. E os rituais, para ser eficazes, necessitam de testemunhas e cúmplices. A experiência do grupo, os laços de solidariedade são indispensáveis para o desabrochar do sentimento de pertença.

Cerimônia

No mesmo dicionário, esses são alguns significados encontrados no verbete da palavra "cerimônia: (1) conjunto de atos formais e solenes de caráter religioso ou profano, estruturados e desenvolvidos; ritos e solenidades (e.g.: cerimônias fúnebres, cerimônias nupciais, cerimônia de juramento). (2) padrão de comportamento, que expressa relação formal entre pessoas, etiqueta, protocolo".

A cerimônia faz referência, por sua vez, a atos simbólicos já ocorridos. Ritualizados, eles retornam de vez em quando dentro da mesma sequência de gestos e atos.

Podemos ver que a "festa" – que, em sua origem etimológica, envolve aspectos sagrados, solenes e profanos – pode envolver três ordens essenciais: o subjetivo, o social e o universal. Faz circular a pulsão individual ao grupo social e vice-versa.

Relato do "conto de Natal" – uma festa de Natal à italiana

Paulo (46 anos), com muito entusiasmo, relata a celebração do Natal em sua família (2006). Possui formação católica muito significativa e, no começo do relato, explica por que a festa de Natal é mais importante para ele do que a Páscoa, embora esta seja a mais importante festa religiosa, pois celebra a ressurreição de Jesus Cristo e sua consequente vitória sobre a morte.

Diz ainda: "Acho que o Natal, além de um momento de reflexão e congraçamento, possui um aspecto lúdico importante para mim. Minha mãe e minha avó materna, que vivia na Itália, sempre a consideraram a festa mais importante".

Continua: "A nonna mandou-me, diversas vezes, enfeites de madeira, penso que eram feitos 'nei mercatini originali dell'Alto Adige

160   FAMÍLIA: INCIDÊNCIAS FORMADORAS E PATOLÓGICAS

[como Bolzano, Merano, Bressanone etc.]', cujas belas figurinhas esculpidas descendem daquelas tradicionalmente feitas nos países nórdicos. Somente quatro ou cinco sobreviveram. Mas estão aí! O 'hominho', as casas e as 'cestas de maçãs e peras' são esculturas de madeira típicas de Bolzano.

Agora que repenso esse assunto, me dou conta de que ainda não pude visitar a região durante aquela estação festiva; o festival de Natal se inicia ao final de novembro e termina no dia 23 de dezembro. Lembro-me de que no pacote natalício da nonna *nunca faltaram o* panforte *e o* pan pepato – *doces de frutas cristalizadas, açúcar mascavo, amêndoas, nozes... Ainda dentro da 'mitologia' familiar, todos nos faziam acreditar que quem trazia os presentes e outras benesses era* 'il banbino Gesù'. *'La Befana', uma bruxa sorridente montada numa vassoura, trazia guloseimas na noite precedente à Epifania (no décimo segundo dia depois do Natal, ocasião em que se celebra a primeira manifestação de Cristo aos gentios) para os bons e carvão para os maus. Com o passar do tempo, a 'Befana' foi substituída pela festa de 'São Nicolau' – 6 de dezembro –, muito amado pelos cristãos do norte da Europa e alvo de inúmeras lendas".*

Paulo é muito sistemático e meticuloso. Relata assim sua festa: *no dia da preparação, a casa começa a se transformar no final de novembro para a "Festa de São Nicolau". A casa toda é decorada: presépio, guirlandas nas portas, vãos e escadas, e o local da árvore é preparado.*

A montagem da árvore se estende por cerca de seis dias. Começa-se de baixo para cima. Após a colocação de cada camada de ramos, são adicionadas as luzes pertinentes de forma que a fiação não crie empecilhos para os ornamentos que serão adicionados numa segunda etapa, mesclando-se ao verde dos galhos. "Em todo o pinheiro utilizamos cerca de 1.200 luzes, cada conjunto testado separadamente, depois em seu conjunto total e, após algumas horas de teste, aquela fase é considerada terminada". Não escapa ao obstinado "montador" do pinheirinho o diferente brilho dos diferentes conjuntos que compõem a iluminação. Quando as diferenças são muito grandes, o conjunto destoante é substituído por outro mais apropriado com monásticas resignação e paciência!

Nesse momento, cerca de 2 mil ornamentos são meticulosamente retirados de suas caixas individuais e separados por categorias: "papais-noéis", bolas coloridas de todos os tamanhos e feitios, bolas bordadas, enfeites de madeira, anjos, os "colecionáveis" do Metropolitan Museum, a coleção "interminável" de miniaturas de sapatos do "Museu do Vestuário" etc. Finalmente, os cristais são estrategicamente colocados em posição para se aproveitar ao máximo o efeito luminoso.

No dia propriamente dito, a árvore está pronta, os candelabros acesos, os apliques dourados e os cristais brilham. As comidas e bebidas são cuidadosamente arrumadas. Tão importante quanto a árvore é o cardápio. Infindáveis as conversas sobre o assunto; não basta ter comida saborosa, bem-feita, precisa ser servida com generosa prodigalidade. Receitas tradicionais são revitalizadas, o que cada um gosta de comer é previamente anotado e conferido. O cardápio é impresso e colocado entre as mãos de um "Papai Noel" que, além de dar as boas-vindas aos convidados, é o arauto do que será oferecido.

A mãe de Paulo observa a chegada da grande família: seus irmãos e as famílias, os filhos, as noras e os netos. Alguns convidados se misturam à família, os mais queridos e que participam da vida familiar durante o ano todo. Os empregados, que estão na casa há muito tempo, também estão presentes, pois a tradição quer que também compartilhem da mesa.

A chegada acontece num intenso burburinho, todos falam ao mesmo tempo e ninguém ouve nada, todos se tocam, se abraçam, batem-se nas costas uns dos outros, trocam carinhos e beijos, os mais velhos são amparados, as crianças correm para ver a árvore (sempre cheia de novidades), o cachorro late muito, a música natalina ressoa pela casa... Muita alegria e confusão!

162   FAMÍLIA: INCIDÊNCIAS FORMADORAS E PATOLÓGICAS

As mesmas situações se repetem durante a festa: as mesmas histórias, as mesmas piadas e as mesmas brincadeiras. O tio X não se entrosa no grupo e vai assistir à televisão. A tia Y conta o quanto foi cortejada na juventude ("tutti la volevano, ma nessuno la presa!"). O primo mais novo é o que faz o papel de palhaço. A nora se gaba da sobremesa que trouxe. Um tio mais falante, reunido com alguns meninos, conta o que fazia na idade deles. O pequeno grupo de meninos está hipnotizado pelas histórias do tio herói. A transmissão entre as gerações cria uma intersubjetividade que liga os antecessores aos sucessores de modo mágico e pouco objetivo: as identificações, processo também pouco claro e objetivo, vão ocorrendo.

Comentários

Falar em transmissão psíquica transgeracional implica destacar a importância da presença e da ausência do outro e dos laços estabelecidos com esse outro. A origem italiana é fortemente resgatada no relato do paciente. Muito idealizada: "Gesù bambino", "esculturas de madeira típicas de Bolzano", "a mãe da mãe que ficou na Itália", "a saudade da terra de origem". A Itália funciona, podemos dizer, como eu ideal grupal, referência-mãe, relação fusional; o reencontro idílico com os que lá ficaram é o retorno à pré-história de cada sujeito da festa. A Itália é o refúgio dos sonhos e das fantasias transmitidas a esse paciente.

Quem vai substituir a grande matriarca em sua função de coesão e agrupamento? Uma filha, uma nora? Essa função da mãe foi ancorada na *nonna* e a da *nonna* na *bisnonna*. Quem vai mandar a farinha de castanha para preparar o *castagnaccio*? A receita funcionará? Como conseguir os ingredientes? O cogumelo seco chileno (*funghi*) não é o mesmo colhido "*nei boschi del zio N*". Nem o *panforte* comprado no Santa Luzia tem o mesmo sabor.

Na despedida, a mãe, que preparou um pequeno presente – igual para todos –, entrega-o para cada família: aos poucos a casa vai ficando vazia, a mãe arruma um pouco a casa e *"cosi via"*...

Não se pode descrever melhor a euforia fusional pois a realidade externa fica suspensa, o grupo está superinvestido, as diferenças estão abolidas, subverte-se a ordem social durante o tempo da festa, não há mais diferenças entre patrões e empregados, adultos e crianças, ou melhor, os adultos são como crianças. A abolição das diferenças não preocupa os empregados, pois algo semelhante a uma licença criadora domina o grupo. A anarquia das coisas e a transgressão das proibições habituais contribuem para a desestabilização e a suspensão temporária dos pontos de referência, sem alterar a vida fora do tempo da festa. As pessoas se entregam ao consumo excessivo de comida, quase um desperdício, normalmente desaprovado. Esse consumo excessivo vem confirmar a noção de fusão em que a falta é anulada.

Dessa forma, a festa vem simbolizar o sensorial, o corporal, remete cada pessoa ao seu narcisismo e ao seu *eu ideal*. Todos se identificam de forma narcísica a uma fonte generosa e inesgotável em que nada falta. As famílias usufruem da dimensão integrativa e jubilatória que a festa pode, como função, produzir.

A festa participa da integração cultural da família, faz ponte entre as gerações, reata o passado ao presente, aponta para o futuro e mantém laços. É lugar de simbolização "lúdica", memória de sabores, ritmos, músicas e gestos do grupo familiar e vincula elementos extremamente simbólicos: a origem, os vínculos entre as famílias e o lugar que cada um ocupa na própria família.

Contudo, existem famílias incapazes de organizar a comemoração dos acontecimentos vividos em conjunto, como os nascimentos, as separações, os casamentos ou os falecimentos. Frequentemente, tais famílias são construídas sobre acontecimentos importantes cuja

164 FAMÍLIA: INCIDÊNCIAS FORMADORAS E PATOLÓGICAS

simbolização permanece em parte bloqueada, como um falecimento ou um ancestral enigmático.

O que confere a força própria da festa de família é o fato de ela funcionar para cada um não apenas como "fraternidade calorosa", mas como oportunidade de trabalho psíquico de simbolização coletiva dos acontecimentos importantes e fundadores que a família atravessou. Durante a festa, certas fotografias ou objetos que evocam esses acontecimentos são ritualmente mostrados: um jogo de xícaras de café ou uma pá de torta saem dos armários onde costumam permanecer, brincadeiras e trocadilhos são repetidos, às vezes canções são entoadas em conjunto. Todavia, esses rituais bem regrados deixam surgir o imprevisível. No decorrer de uma festa de família, segredos podem ser revelados; coisas evocadas, até então resguardadas na privacidade, podem ser enunciadas na frente de todos.

A memória familiar possui dobras de sombras e as comemorações familiares podem estar a serviço dessas sombras, seja na aparente euforia, na louça usada, nas receitas repetidas... Às vezes, trata-se de esconder com comportamentos desaprovados pela família uma questão de herança que foi injustamente resolvida ou, ainda, um desentendimento grave que existe entre determinados membros sem que ninguém conheça exatamente a causa.

Os acontecimentos vergonhosos ou traumáticos são também objetos de comemoração nas famílias. Mas, diferentemente das comemorações citadas até aqui, não se trata de comemorações conscientes. Em uma família, as músicas americanas são proscritas nos dias de festa: isso porque rumores deixam entender que o nascimento de uma tia em 1945 se deveu à passagem de um soldado americano pela cama de sua mãe. O acontecimento nunca foi confirmado ou desmentido por ela, mas se manifesta por meio de uma conduta coletiva de evitamento que influencia a escolha das músicas de dança. Ou, ainda, determinados objetos usados na ocasião das festas de família, como um prato, um cinzeiro ou um conjunto para café, possuem um interesse desproporcionado em relação ao seu uso e valor. A lembrança está aparentemente aprisionada dentro do objeto, de maneira que não faz intervir sua manipulação, mas apenas sua presença.

Tais comemorações mudas fazem aparecer verdades que precisariam ser ocultadas a qualquer preço. A censura tenta evitar a ferida narcísica que desvelaria aquela verdade com diversas consequências na dinâmica vincular. Certos acontecimentos assumem lugar de interditos em virtude do perigo da raiva e das tensões que a revelação causaria. A memória não é contínua, mas apresenta buracos constituídos por recalcamento de acontecimentos menos aceitáveis e que ficam "à espera" de simbolização.

É por isso que toda comemoração organiza o esquecido da mesma forma que o traz à lembrança. Em torno dessa organização do esquecido, é possível compreender melhor a articulação entre a memória individual, a memória familiar e a memória coletiva, pois cada um organiza seu esquecimento de forma diferente.

A festa cria lugar, espaço e vetor de memória, participando, assim, dos processos de transmissão e construção de temporalidade: uma rede de palavras vai sendo tecida ao longo das gerações e é a tessitura que constrói as relações familiares.

Referências

Freud, S. (1901). Psicopatologia da vida cotidiana. In S. Freud, *Edição Standard Brasileira das Obras completas de Sigmund Freud* (Vol. VI). Rio de Janeiro: Imago, 1980.

Freud, S. (1932). Novas conferências introdutórias sobre psicanálise. In S. Freud, *Edição Standard Brasileira das Obras completas de Sigmund Freud* (Vol. XXII). Rio de Janeiro: Imago, 1980.

166   FAMÍLIA: INCIDÊNCIAS FORMADORAS E PATOLÓGICAS

Houaiss, A. (2001). *Dicionário Houaiss da língua portuguesa.* Rio de Janeiro: Objetiva, 2001.

Kaës, R. (Org.). (2001). *Transmissão da vida psíquica entre gerações.* Claudia Berliner, Trad. São Paulo: Casa do Psicólogo.

Lacan, J. (1960/1961). La transferencia. In J. Lacan, *Seminario VIII – Primera parte.* Buenos Aires: Escuela Freudiana de Buenos Aires.

Lacan, J. (1961-1962). *A identificação, Seminário IX.* Trad. Ivan Correa e Marcos Bagno. Recife: Centro de Estudos Freudianos do Recife, 2003.

Mannoni, M. (1965). *A criança atrasada e a mãe.* São Paulo: Moraes.

Monicelli, M. (Diretor), & Di Clemente, G. (Produtor). (1992). *Parenti serpenti* [Filme]. Itália: Clemi Film.

Pellegrino, H. (1983, 11 set.). Pacto edípico e pacto social. *Folha de S.Paulo*, ano 63.

Pennacchi, R. (2009). *Psiquismo transgeracional.* Apresentado na Jornada A Herança – Marca Familiar. Minas Gerais.

Tesone, J. E. (2009). Freud y los nombres. In J. E. Tesone, *En las huellas del nombre proprio: lo que los otros inscriben en nosotros.* Buenos Aires: Letra Viva.

Vinterberg, T. (Diretor), Hald, B., & Kaufmann, M. (Produtores). (1998). *Festen* [Filme]. Dinamarca: Nimbus Film.

7. A transmissão psíquica: o intergeracional e o transgeracional

Maria Lucia de Souza Campos Paiva
Silvia Brasiliano

As origens de nosso percurso profissional foram bem diferentes em suas formas e seus conteúdos, mas acabaram convergindo e nos aproximando em virtude de nosso interesse em estudar casal e família.

Maria Lucia iniciou sua trajetória trabalhando com crianças na área educacional. Aos poucos, começou a realizar atendimentos clínicos voltados aos problemas de aprendizagem. Conforme foi aprofundando a investigação dos sintomas educacionais que as crianças apresentavam, deparou com a questão da relação entre o sintoma da criança e a dinâmica familiar, o que a levou, consequentemente, a estudar o vínculo conjugal e a dinâmica familiar. O estudo dos vínculos conjugais, da questão das heranças psíquicas e da dinâmica conjugal e familiar levou-a à sua pesquisa de doutorado sobre esse tema (Paiva, 2009).

Silvia, em contrapartida, começou a trabalhar muito cedo em sua carreira com alcoolistas e drogadictos, o que a levou, bem mais tarde, a escrever sua tese de doutorado (Brasiliano, 2005). Ao atuar como analista, logo foi ficando claro como a família interferia na origem, no desenvolvimento e na evolução desses quadros. Simultaneamente,

168 A TRANSMISSÃO PSÍQUICA: O INTERGERACIONAL E O TRANSGERACIONAL

já como membro de uma instituição que estuda a psicanálise vincular, foi se inteirando da complexidade do relacionamento da família em um curso de especialização em Psicanálise da Família. Na clínica com homens e mulheres dependentes de álcool e drogas e nas discussões sobre as pacientes de um programa ambulatorial especializado, era comum a presença de um ou mais membros alcoolistas e/ou drogadictos na história familiar. Se as pesquisas sugeriam elementos genéticos, sua influência não era suficiente para explicar o enredamento das relações. Foi por meio do estudo da transmissão inter e transgeracional que o impacto das gerações no psiquismo individual e suas múltiplas interferências puderam ser abordados de forma a clarificar e ajudar a desfazer as manifestações sintomáticas dos pacientes.

O convite para escrevermos este capítulo sobre a transmissão psíquica veio ao encontro do momento atual da psicanálise de casal e família, em que a maioria dos trabalhos apresentados em congressos e eventos aborda esse tema ao discorrer acerca de questões da dinâmica familiar.

A transmissão da vida psíquica, o legado familiar transmitido de uma geração a outra, é passível de ser encontrada há muito tempo. Nos escritos bíblicos, no livro do Gênesis, conforme foi destacado por Paiva e Gomes (2008), verifica-se a questão dos ancestrais na vida do sujeito. O lugar que cada filho ocupa dentro de uma cadeia geracional e a aspiração do pai no que diz respeito aos filhos já estavam, desde então, colocados.

Também em conversas cotidianas, muitas famílias identificam traços transmitidos de um parente ao outro que ultrapassam a aparência física, por exemplo, quando a mãe diz que o gênio do filho é igual ao do pai. Entretanto, o entendimento da transmissão psíquica em seu aspecto psicanalítico ocorreu a partir da obra freudiana (Freud, 1912-1913, 1914, 1921a).

Kaës (2001b) aponta que, na obra freudiana, há pelo menos quatro termos para definir a transmissão psíquica. A variedade de termos não se deve somente à riqueza semântica da língua alemã, mas também à "diversidade de objetos da investigação freudiana sobre a transmissão ao longo de toda sua obra" (p. 28). O autor coloca que a questão da herança, salientando a origem das neuroses e sua transmissibilidade por via psíquica, está presente desde os *Estudos sobre a histeria* (Freud, 1893-1895) até os últimos escritos de Freud, mas a ênfase maior aparece nos trabalhos entre 1895 e 1905.

A partir de sua análise da obra freudiana, Kaës (2001b) relata que em *A interpretação dos sonhos* (Freud, 1900) a transmissão psíquica passa a ser enfocada por uma via nova. Esse texto se torna referência em relação ao que se transmite ou se transfere. Os conteúdos do inconsciente passam pela via onírica para o pré-consciente e depois para o consciente; essa passagem de conteúdos latentes para o relato manifesto ocorre por meio dos pensamentos intermediários.

As formações intermediárias são definidas como o processo psíquico de ligação entre os espaços intrapsíquico e interpsíquico ou para a ligação de ambos os espaços (Kaës, 1997).

> *Essas formações intermediárias estabelecem uma ponte e uma separação entre as formações intrapsíquicas; elas cumprem diversas funções de ligação, de deslocamento, de fixação, de condensação ... Sonho, processo associativo, representação, essas formações são os objetos e os vetores da transmissão interna da realidade psíquica. Desde o princípio Freud os pensa de tal forma que o ponto de vista econômico adquire um lugar importante: investimentos, localizações, deslocamentos de afetos, de energia e de representação, condensação e difração. (Kaës, 2001a, p. 30)*

170 A TRANSMISSÃO PSÍQUICA: O INTERGERACIONAL E O TRANSGERACIONAL

Kaës (2001a) aponta que, em *Totem e tabu* (1912-1913), a transmissão é discutida por outra via. Nesse trabalho, Freud se atém ao que se transmite entre as gerações, abordando a transmissão do tabu, do crime e da culpa. Freud analisa que, ao longo do tempo, dentro do processo de evolução da humanidade, há elementos vindos de nossos antepassados. Esses traços aproximam o homem da atualidade do homem primitivo. Na cultura e na história de cada povo, encontramos peculiaridades das gerações anteriores.

Em texto posterior, "Sobre o narcisismo: uma introdução" (Freud, 1914), aparece também a noção de que há conteúdos que se transmitem entre as gerações. Freud coloca que a criança:

> *deve concretizar os sonhos não realizados de seus pais, tornar-se um grande homem ou herói no lugar do pai, desposar um príncipe como tardia compensação para a mãe. . . . O amor dos pais, comovente e no fundo tão infantil, não é outra coisa senão o narcisismo dos pais renascido, que na transformação em amor objetal revela inconfundivelmente a sua natureza de outrora. (p. 37)*

Nesse pensamento freudiano, ao denunciar o desejo dos pais em relação aos filhos como renascimento do narcisismo paternal, está intrínseca a ideia de que o filho é fruto de uma cadeia geracional, de um desejo narcísico que teve sua origem também em gerações passadas.

Castoriadis-Aulagnier (1975) amplia o pensamento freudiano ao introduzir a noção de "contrato narcísico". Esse tipo de contrato carrega em si o sentido de que cada sujeito vem ao mundo já inserido numa sucessão de gerações, em uma cadeia geracional, e recebe um lugar determinado no conjunto ao qual pertence. Com a finalidade de assegurar sua continuidade, o grupo fará um investimento narcísico nesse novo sujeito.

Nos trabalhos "Psicologia das massas e análise do eu" (Freud, 1921a) e *O ego e o id* (Freud, 1923), a transmissão novamente é tratada sob outro enfoque. A questão da identificação, do ego e do superego entra em cena na discussão dos processos da transmissão. No texto "Psicologia das massas e análise do eu" (1921a), Freud retoma o caso Dora e fornece outros exemplos para apresentar a ideia de que o sintoma se constrói pela via da identificação. Ele analisa "o mecanismo do contágio psíquico no qual se evidencia a identificação como indício de um ponto de coincidência entre dois egos. Trata-se de uma aliança inconsciente" (Kaës, 2001a, p. 61).

Freud (1921a), ao discorrer sobre o processo de identificação, explica que "Um Eu percebeu no outro uma analogia significativa em certo ponto – em nosso exemplo, na mesma disposição afetiva –, constrói-se uma identificação nesse ponto, e sob influência da situação patogênica essa identificação se desloca para o sintoma que o Eu produziu" (p. 64).

Em seguida, no mesmo texto, Freud aponta que uma das três fontes no processo identificatório é aquela que "pode surgir a qualquer nova percepção de algo em comum com uma pessoa que não é objeto dos instintos sexuais. Quanto mais significativo esse algo comum, mais bem-sucedida deverá ser a identificação parcial, correspondendo assim ao início de uma nova ligação" (p. 65).

Freud (1921b) utiliza a expressão *nur einen einzigen Zug* ("só um traço único") para explicar o que chama a atenção no processo identificatório entre duas ou mais pessoas. Nos casos apresentados por ele, diz que lhe chama a atenção que "a identificação seja parcial, altamente limitada, tomando apenas um traço da pessoa-objeto" (Freud, 1921a, p. 64).[1]

---

1 Na tradução mais recente, a palavra "único" foi omitida pelo tradutor Paulo César de Souza. Consideramos importante ressaltar sua existência, pois a omissão da palavra restringe o sentido da expressão usada por Freud.

172 A TRANSMISSÃO PSÍQUICA: O INTERGERACIONAL E O TRANSGERACIONAL

A partir de 1920, Freud define o funcionamento psíquico ao formular a segunda tópica. Delineia as três instâncias psíquicas: id, ego e superego. No trabalho *O ego e o id* (1923), o ego é explicado como o mediador das demandas do superego e dos impulsos oriundos do id. Enquanto ente fronteiriço, Freud coloca o "ego como uma pobre criatura que deve serviços a três senhores e, consequentemente, é ameaçado por três perigos: o mundo externo, a libido do Id e a severidade do Superego" (p. 72). Então, o ego tem um caráter intermediário entre desejos oriundos do indivíduo e do grupo. Nesse sentido, há uma mediação entre o ideal do sujeito e o grupo: "O ego é uma instância psíquica particularmente solicitada nos processos e funções da transmissão psíquica em razão de sua posição intermediária (*Grenzwesen*, ser fronteiriço)" (Kaës, 2001a, p. 31).

Portanto, nesses últimos dois trabalhos freudianos salientados, a transmissão aparece com elementos para se pensar tanto em termos do intrapsíquico como da intersubjetividade.

Para exemplificar a teoria exposta, recorremos a um filme lançado em 2010 que ilustra o que gostaríamos de discutir sobre a transmissão. *Das Lied in mir*[2,3] é o título original do filme de produção alemã/argentina e dirigido por Florian Micoud Cossen. O filme conta a história de uma mulher em busca de sua verdadeira história de vida. No Brasil, o filme chegou aos cinemas com o título "O dia em que eu não nasci".

Maria (Jessica Schwarz), nadadora alemã de breve passagem por Buenos Aires a caminho do Chile, enquanto está no aeroporto aguardando seu voo, ouve uma canção de ninar que uma mulher canta para a criança em seu colo. Ao ouvi-la, começa a cantarolar

---

2 Esse filme foi trabalhado por Paiva (2011), abordando o enredo sob outro enfoque.

3 Colocamos o título do filme em alemão, pois a tradução para o português perde o sentido que o filme traz.

em castelhano, língua que imaginava desconhecer. Mobilizada pela situação, Maria cai em intenso pranto, sem saber muito bem o que se passa com ela. A partir de então, sente uma estranha fascinação por aquele lugar, passando a se interessar pela capital argentina e decidindo permanecer mais tempo por lá. Ao caminhar pela cidade, vê um Topo Gigio na vitrine de uma loja. Resolve comprá-lo, pois o boneco lhe parece muito conhecido. Telefona para seu pai (Michael Gwisdek) para contar a experiência inusitada que tivera e, alguns dias depois, é surpreendida pela visita dele. Ao questionar se tivera um boneco igual na infância, o pai diz não se lembrar. Maria não se contenta com a resposta e o pressiona a contar o que ocorrera em seu passado. Seu pai revela que, na verdade, ela vivera seus primeiros anos de vida na Argentina, antes de ser "adotada" e levada para a Alemanha. Maria desconhecia, conscientemente, essa parte de sua história. A partir daí, Maria inicia sua busca pela família biológica com a ajuda do pai. Ela descobre que seus pais biológicos tinham sido sequestrados na época da ditadura argentina. Como ninguém fora buscar Maria na escola, sua professora, que gostava muito dela, resolveu levá-la para casa e "adotou" a menina de modo clandestino. A verdade sobre seu processo de "adoção" é descoberta por Maria por meio de seus tios argentinos.

O filme todo passa a girar em torno da aproximação de Maria com a sua família biológica e da revelação de sua história familiar. Em determinado momento, Maria confronta seu pai, questionando por que ele não lhe havia contado que seus tios estiveram procurando por ela na casa de seus pais adotivos após o desaparecimento dos pais biológicos.

Figueiredo (2000) coloca que uma percepção psiquicamente desautorizada detém um potencial traumático, pois "obstrui o caráter processual e transitivo da percepção", ficando sem uma significância. ". . . a significância de uma percepção se enriquece quando ela se inscreve nessas redes associativas de amplo espectro. É essa inclusão

174   A TRANSMISSÃO PSÍQUICA: O INTERGERACIONAL E O TRANSGERACIONAL

em redes e a capacidade de acionar trilhas associativas nelas que dão a uma percepção sua 'autoridade' e sua eficácia" (p. 75).

Coelho Jr. (2000), ao explicar o mecanismo da negação da percepção, diz: "A ambiguidade presente nesse mecanismo é fundamental: só há negação do percebido porque há percepção do objeto negado. Perceber e não poder perceber ao mesmo tempo. Há como que dois registros, ou melhor, um que procura apagar o outro; mas eles são simultâneos" (p. 90).

A ambiguidade vivida por Maria a levou a recusar o que seria irrecusável. Ela apaga de sua memória o tempo que viveu na Argentina, antes de ser levada pelos pais "adotivos". Ao ouvir a canção de ninar, entra em contato com um conteúdo incorporado em seu psiquismo que não estava ligado a nenhuma cadeia associativa. Seus pais "adotivos" estabelecem uma aliança inconsciente com ela, em cima de um segredo. Surge um não dito entre eles que permaneceria em Maria, caso não tivesse tido acesso à música.

Levantamos a hipótese de que esse segredo seria transmitido na forma de cripta para futuras gerações dessa família. Antes de explicarmos o conceito de cripta e de incorporação na teoria da transmissão, contudo, focaremos os tipos de transmissão psíquica geracional identificados e teorizados pelos analistas de casal e família.

As heranças psíquicas transmitidas são constituídas em duas ordens: a *herança intergeração* e a *herança transgeração*, segundo André-Fustier e Aubertel (1998). Podemos pensar em algo que se transmite de um espaço psíquico a outro. Transferem-se "as configurações de objetos psíquicos (afetos, representações, fantasias), isto é, objetos munidos de seus vínculos, incluindo sistemas de relação de objeto" (Kaës, 1998, p. 9).

Granjon (2006) assinala que a passagem entre e através das gerações acontece por meio dos vínculos familiares. Aquilo que pode ser falado, contado e representado, como histórias, lendas, romances, mitos, entre outros, transmite-se de uma geração a outra. A modalidade desse tipo de transmissão psíquica é a intergeracional, que se beneficiou com o processo de transformação e permitiu que a representação e o pensamento acontecessem.

Entretanto, nem sempre é possível transmitir um conteúdo que foi elaborado e transformado. Há conteúdos que não podem ser ditos nem pensados. Temos, então, uma transmissão transgeracional em que o herdeiro não pôde se beneficiar das modificações que permitem a integração psíquica (Granjon, 2006). A *herança transgeracional* é "constituída de elementos brutos, não elaborados, transmitida tal qual, oriunda de uma história lacunar, marcada por vivências traumáticas, de não ditos, de lutos não elaborados" (André-Fustier & Aubertel, 1998, p. 134).

Granjon (1990) esclarece o significado dos termos usados para diferenciar as duas modalidades da transmissão psíquica. O prefixo *inter* da palavra intergeracional significa o espaço de repetição e de transformação; já o prefixo *trans* da palavra transgeracional traduz aquilo que se passa sem possibilidade de transformação e sem diferenciação. As duas formas de transmissão são vitais no processo de transmissão psíquica.

Entre os psicanalistas de casal e família da contemporaneidade, verificamos que os termos intergeracional e transgeracional são os mais utilizados. Ressaltamos que, entre os autores sistêmicos, tais termos assumem outra significação, diferente da psicanalítica.

Voltando ao conceito de cripta, Abraham e Torok (1995) o definem como o enterro intrapsíquico de uma vivência constrangedora, humilhante e indizível, que se torna um fantasma incorporado no psiquismo. Isso ocorre em virtude dos efeitos de um segredo inconfessável. Há uma cisão do ego e se forma uma cripta fechada. Nesse conteúdo incrustado e encapsulado, em forma de cripta, há a presença constante da pulsão de morte que é transmitida através das gerações.

Jaitin (2018) lembra a colocação de S. Ferenczi (1909): "A introjeção seria como uma extensão do ego". O conteúdo que foi absorvido se torna metaforicamente introjetado. Em seguida, aponta que incorporação diz respeito a "um fantasma que não pode ser metaforizado; o sujeito fica preso, ao pé da letra, a uma experiência que não pode ser pensada" (p. 127).

O fato de o sujeito não conseguir se apropriar do conteúdo herdado e encravado em seu psiquismo possibilita o surgimento de patologias (Guimarães, Brasiliano & Hochgraf, 2020).

Mascaró, Maruattolo e Fernández (2018) qualificam os segredos que contribuem para a construção da identidade do sujeito como normais ou saudáveis e os segredos que interferem no processo identificatório individual como patológicos ou tóxicos. James Framo (1965, citado em Mascaró, Maruattolo & Fernández, 2018) assinala que o conteúdo dos segredos se refere, particularmente, à vida sexual da família, mas a sua origem pode ser encontrada em gerações passadas, em acontecimentos que causaram vergonha e que favorecem socialmente o menosprezo familiar.

Tisseron (2018) aponta que, para se considerar um segredo como patogênico, é preciso que ele contenha três características:

1. Algo que não se diz (seja porque não se pode ou porque não se quer).

2. Está proibido conhecer o conteúdo do segredo ou alguma circunstância dele está escondida.

3. O acontecimento escondido é vivido como trágico e está sempre ligado a um traumatismo. (p. 145)

Tisseron (2018) acrescenta ainda que os segredos "problemáticos são aqueles que nos fazem mal e nos deixam infelizes" (p. 145). Essa explicação do autor esclarece bem os segredos que se transformam em não ditos e são transmitidos transgeracionalmente.

Granjon (2006), ao falar em continuidade da vida psíquica, analisa que, no grupo familiar, alguns elementos do passado que não foram elaborados por ocasião de algum evento são reatualizados e reacendidos. Ao se (re)apresentarem e participarem da vida psíquica atual, podem clarear ou assombrar a vida familiar. Se esses elementos puderem ser recuperados e transformados, então a elaboração do passado, por meio do trabalho psíquico no presente, possibilita a construção de um futuro. "O 'presente-composto' poderia corresponder ao tempo específico da família, aquele que conjuga presente, passado e futuro em um mesmo tempo" (p. 47).

O filme *O clube da felicidade e da sorte*, dirigido por Wayne Wang (1993), conta a história de quatro garotas chinesas que nasceram nos Estados Unidos, filhas de quatro mulheres que nasceram na China Feudal. Escolhemos uma das quatro histórias familiares para analisar a questão da transmissão psíquica transgeracional.

Quando era jovem, Ying-Ying se relacionou com Lin Xiao, com quem se casou e teve um filho. Lin, já no início do casamento, começou a flertar com outras mulheres na frente da esposa. Com o passar do tempo, passou a dormir frequentemente fora de casa e chegou a levar prostitutas para o lar. Conforme a ausência do marido foi se intensificando, Ying-Ying foi se deprimindo com a situação. Passou a ser humilhada pelo marido e, quando expressava alguma oposição ao que ele fazia em sua presença, era violentamente oprimida por ele. Em uma cena, Ying-Ying dava banho em seu filho com um olhar muito longínquo, denotando que estava ausente e bastante deprimida; deixou-o escorregar pela banheira e, quando se deu conta, o bebê havia morrido em seus braços. Ao perceber que matara o próprio filho, deu um grito muito intenso e carregado de muita dor. Tirou de si própria e do marido o que ele mais amava.

Passados vários anos, já morando nos EUA, aparece no filme a filha de Ying-Ying, adolescente, relatando a depressão da mãe. Ela narra que a mãe saíra da China com as amigas, migrara para os Estados Unidos e se casara novamente, sendo ela sua única filha. Sabia que sua mãe fora casada na China com um homem muito ruim e que algo de terrível havia acontecido, mas sua mãe nunca havia lhe contado.

Essa filha se casa e o filme mostra sua relação com o marido. Ying-Ying, ao visitar a filha casada e perceber que ela parecia infeliz no casamento, procura conversar a respeito, mas a filha se nega em um primeiro momento. Por sua própria história de opressão e humilhação, Ying-Ying vai buscando, na casa da filha, evidências que comprovem sua teoria de que a filha vivia algo muito próximo ao que ela vivera com seu ex-marido na China.

O filme vai mostrando os pensamentos da mãe e o desejo de conseguir libertar a filha daquela situação, do legado familiar transgeracional. Os pensamentos dela denotam seu processo de elaboração psíquica, que faz a partir do encontro do seu passado com o presente vivido por sua filha. Assim, em virtude das colocações da mãe, a filha consegue se posicionar e transformar o que vivia com o marido.

O filme mostra claramente como as heranças psíquicas oriundas de uma família acabam sendo marcantes na vida de uma pessoa, uma vez que se apropriar do legado familiar é um desafio, pois há segredos, traumas vividos por outras gerações a que o herdeiro desse legado não tem acesso. Houve um segredo na China, a morte do primeiro filho e como ela ocorreu. Todo o sofrimento de Ying-Ying ficara escondido por ser vergonhoso e humilhante.

Retomando a teoria sobre os conteúdos transmitidos, Kaës (2001a) ressalta que já nos escritos de Freud (1914) aparecia o caráter de se transmitir o que falta: "o narcisismo da criança apoia-se sobre o que falta na realização dos 'sonhos de desejo' dos pais" (p. 20). A transmissão também se dá pela ausência, pelo que não adveio. O processo da transmissão psíquica é complexo, pois seu tempo pode não ser linear, "pode ser esburacado, intermitente" (p. 40).

Não é possível suprimir os traços transmitidos, já que podem aparecer nas próximas gerações como enigmas ou signos. Durante o processo terapêutico familiar, é possível detectar a presença de tais traços por meio dos sintomas individuais somáticos ou físicos (Granjon, 1990).

Granjon (1990) analisa que cada sujeito vai tecer laços de reagrupamento, buscando um lugar de apoio para sua herança não administrável, a partir do que não pode ser inscrito, daquilo que poderia constituir seu destino. Recebemos de nossos ancestrais um livro de história do qual algumas páginas foram arrancadas e cabe a cada um dar conta daquilo que nos transmitiram e escrever o que foi ocultado.

Os recortes realizados dos dois filmes visam ilustrar a transmissão transgeracional, o peso que o segredo assume no legado de uma família. A dor psíquica e a necessidade em manter os segredos ficam evidentes nos enredos, e todas as famílias têm segredos.

No trabalho terapêutico com uma família, é difícil acessar tais conteúdos, pois ocupam uma função psíquica defensiva e muitas famílias não se encontram preparadas para desvendá-los. A delicadeza do analista, a contenção e o amparo emocional são elementos essenciais para que os conteúdos em forma de cripta possam ser elaborados, e não desvendados de maneira traumática. Na sessão, podem aparecer por uma expressão corporal, mímica, gestos ou atitudes e, se forem corretamente analisados, poderão ser desvendados (Tisseron, 2018), lembrando que na análise de família, bem como na análise individual, não cabe ao analista julgar, impor um juízo de valor nem menosprezar um segredo familiar.

Referências

Abraham, N., & Torok, M. (1995). *A casca e o núcleo*. São Paulo: Escuta.

André-Fustier, F., & Aubertel, F. (1998). A transmissão psíquica familiar pelo sofrimento. In A. Eiguer (Org.), *A transmissão do psiquismo entre gerações* (pp. 129-179). São Paulo: Unimarco.

Brasiliano, S. (2005). *Comorbidade entre dependência de substâncias psicoativas e transtornos alimentares: perfil e evolução de mulheres em um tratamento específico para dependência química*. Tese (Doutorado), Faculdade de Medicina, Universidade de São Paulo.

Castoriadis-Aulagnier, P. (1975). *La violence de l'interprétation: du pictogramme à l'énonce*. Paris: PUF.

Coelho Jr., N. E. (2000). Percepção e destinos da percepção na psicanálise freudiana. In L. R. Marzagão, M. L. M. Afonso, & P. C. Ribeiro (Orgs.), *Psicanálise e universidade: temas contemporâneos: percepção – lei – vínculo social*. Belo Horizonte: Passos.

Cossen, F. M. (Diretor), & Maubach, F. et al. (Produtores). (2010). *Das Lied in mir* [Filme]. Alemanha, Argentina: TeamWorx.

Figueiredo, L. C. (2000). Verleugnung: a desautorização do processo perceptivo. In L. R. Marzagão, M. L. M. Afonso, & P. C. Ribeiro (Orgs.), *Psicanálise e universidade: temas contemporâneos: percepção – lei – vínculo social*. Belo Horizonte: Passos.

Freud, S. (1893-1895). Estudos sobre a histeria. In S. Freud, *Edição Standard Brasileira das Obras Psicológicas Completas de Sigmund Freud* (Vol. II). Rio de Janeiro: Imago, 1980.

Freud, S. (1900). Interpretação dos sonhos. In S. Freud, *Edição Standard Brasileira das Obras Psicológicas Completas de Sigmund Freud* (Vol. VI). Rio de Janeiro: Imago, 1980.

Freud, S. (1912-1913). Totem e tabu. In S. Freud, *Edição Standard Brasileira das Obras Psicológicas Completas de Sigmund Freud* (Vol. XIII). Rio de Janeiro: Imago, 1980.

Freud, S. (1914) Sobre o narcisismo: uma introdução. In S. Freud, *Introdução ao narcisismo, ensaios de metapsicologia e outros textos* (Vol. 12, pp. 13-50). São Paulo: Companhia das Letras: 2010.

Freud, S. (1921a). Psicologia das massas e análise do eu. In S. Freud, *Psicologia das massas e análise do eu e outros textos* (pp. 13-113). São Paulo: Companhia das Letras: 2011.

Freud, S. (1921b). Massenpsychologie und Ich-Analyse. In S. Freud, *Jenseits des lustprinzips. Massenpsychologie und ich-analyse. Das ich und das es*. Frankfurt: Fischer Taschenbuch Verlag, 1997.

Freud, S. (1923). O Ego e o Id. In S. Freud, *Edição Standard Brasileira das Obras Psicológicas Completas de Sigmund Freud* (Vol. XIX). Rio de Janeiro: Imago, 1980.

Granjon, E. (1990). Alliance et aliénation: ou les avatars de la transmisión psychique intergénérationnelle. *Dialogue: Recherches cliniques et sociologiques sur le couple et la famille*, (108), 61-72.

Granjon, E. (2006). S'Approprier son histoire. In A. Eiguer, E. Granjon, & A Locan, *La part des ancêtres* (pp. 39-58). Paris: Dunod.

Guimarães, A. B. P., Brasiliano, S., & Hochgraf, P. B. (2020). Análise da transgeracionalidade da violência intrafamiliar em mulheres alcoolistas. *Revista Brasileira de Terapia Familiar*, *1*(9), 162-180.

Jaitin, R. (2018). Los hilos de los secretos em psicoanálisis de pareja y família. In *Clínica del secreto familiar: psicoanálisis vincular de pareja y familiar* (pp. 123-138). Jornadas Europeas de la Asociación Internacional de Psicanálisis de Pareja y Familia. Madrid: AIPPF.

Kaës, R. (1997). *O grupo e o sujeito do grupo*. São Paulo: Casa do Psicólogo.

Kaës, R. (1998). Os dispositivos psicanalíticos e as incidências da geração. In A. Eiguer (Org.), *A transmissão do psiquismo entre gerações* (pp. 5-19). São Paulo: Unimarco.

Kaës, R. (2001a). Introdução ao conceito de transmissão psíquica no pensamento de Freud. In R. Kaës, H. Faimberg, M. Enriquez, & J. J. Baranes, *Transmissão da vida psíquica entre as gerações* (pp. 27-69). São Paulo: Casa do Psicólogo.

Kaës, R. (2001b). Introdução: o sujeito da herança. In R. Kaës, H. Faimberg, M. Enriquez, & J. J. Baranes, *Transmissão da vida psíquica entre as gerações* (pp. 9-25). São Paulo: Casa do Psicólogo.

Mascaró, N., Maruattolo, C., & Fernández, J. A. (2018). El secreto en la trama familiar, su tratamento em los grupos multifamiliares In *Clínica del secreto familiar: psicoanálisis vincular de pareja y familiar* (pp. 99-114). Jornadas Europeas de la Asociación Internacional de Psicanálisis de Pareja y Familia. Madrid: AIPPF.

Paiva, M. L. S. C. (2009). *A transmissão psíquica e a constituição do vínculo conjugal*. Tese (Doutorado), Instituto de Psicologia, Universidade de São Paulo.

Paiva, M. L. S. C., & Gomes, I. C. (2008). A transmissão da vida psíquica familiar. In I. C. Gomes (Coord.), *Família: diagnóstico e abordagens terapêuticas* (pp. 17-21). Rio de Janeiro: Guanabara-Koogan.

Paiva, M. L. S. C. (2011) Recalque e repressão: uma discussão teórica ilustrada por um filme. *Estudos Interdisciplinares em Psicologia*, *2*(2), 229-241.

Tisseron, R. (2018). Los secretos de familia a la prueba de la simbolización. In *Clínica del secreto familiar: psicoanálisis vincular de pareja y familiar* (pp. 139-165). Jornadas Europeas de la Asociación Internacional de Psicanálisis de Pareja y Familia. Madrid: AIPPF.

Wang, W. (Diretor), & Markey, P. et al. (Produtores). (1993). *The Joy Luck Club* [Filme]. Estados Unidos: Hollywood Pictures.

8. Transmissão familiar pensando em significantes

Rosely Pennacchi

Meu objetivo neste capítulo é refletir a respeito da transmissão familiar a partir de textos de Freud e Lacan.

Em *Os complexos familiares na formação do indivíduo*, Lacan (1938) define a família como estrutura hierárquica que prevalece na educação inicial, na repressão dos instintos e na aquisição da língua materna, desempenhando papel fundamental na transmissão da cultura. Acrescenta que, para cada família, a maneira de fazer e como essa transmissão se atualiza em cada sujeito é absolutamente singular.

Para pensar: qual será a herança que transportamos?

Todos nós somos portadores de uma herança genealógica que constitui o fundamento de nossa vida psíquica e se processa no inconsciente. O sujeito é um sujeito de herança, pois sua subjetividade se institui por identificações adquiridas no meio familiar, que lhe outorga lugares, estabelece ideais e pressupõe conflitos.

Há ao menos sete envolvidos na constituição do sujeito: avós maternos e paternos, pai e mãe e a própria pessoa. Na complexidade das inter-relações dos ditos e não ditos, dos segredos, das demandas, temos os fios da trama transgeracional.

A criança, a princípio, ocupa um lugar preexistente, tecido com esses fios oriundos dos sonhos e dos desejos dos pais, que, por sua vez, já haviam sido tecidos pelos pais deles. A dimensão fantasmática desenvolve e sustenta a transmissão entre as gerações, estrutura o aparelho psíquico, o processo e as formações do inconsciente, as identificações e os modos de interpretar os acontecimentos.

É importante destacar que a diferença entre as gerações é uma marca tão fundamental para a organização psíquica quanto a diferença entre os sexos.

Falar em transmissão psíquica geracional implica destacar a importância da dimensão intersubjetiva, da presença e da ausência do Outro e de suas qualidades na constituição do sujeito. É também falar de história e de pré-história de cada pessoa em seu processo de singularização.

Em "O mito individual do neurótico", Lacan (1952) fala em constelação familiar e afirma que a personalidade do paciente deve a ela seu nascimento e seu destino. Trata-se de uma constelação dramática, anterior ao nascimento, situada na pré-história do indivíduo, e ele a reproduz sem ter a menor ideia do que faz.

Lévi-Strauss cunhou a noção de mito individual, adotada por Lacan (1952) para circunscrever a estrutura intersubjetiva básica que confere à neurose sua matriz de identificação. Segundo Lacan, o mito do neurótico é uma formulação discursiva de algo sem possibilidade de ser transmitido. Às voltas com um real impossível de simbolizar, o sujeito produz um roteiro imaginário (fantasmático) que encena determinado tipo de comportamento. Esse comportamento pode assumir o aspecto de verdadeira cerimônia, acompanhado, às vezes, de um pequeno delírio. Em palavras bem simples, cria uma mitologia sobre si mesmo.

A linguagem e o significante

Seguindo Lacan (1952), o conceito de transmissão psíquica familiar ressalta a cadeia dos significantes, que, por si só, já indica um trajeto. A linguagem habita o homem, e o homem é homem porque fala. O homem só existe se estiver inserido na ordem da linguagem. Ao nascer, já vem nela inscrito. Ele é falado: "Será menino?"; "Será menina?"; "Chutou? Vai ser bravo como o pai". É nesse caldo que a criança vem ao mundo.

O analista escuta. Escuta palavras nos atos falhos, nos fragmentos dos sonhos, nas descrições de pai e mãe etc. Escuta significantes que formam uma trama, tal qual um tecido urdido organizado por roteiros imaginários que, no decorrer do processo analítico, serão simbolizados. O que se descobre com o deslizar dos significantes é a possibilidade de utilizar essa cadeia para significar *muita outra coisa* além do que ela diz. Na análise, por meio das associações livres, o sujeito tem oportunidade e possibilidade de chegar à sua própria verdade.

Em 1908, em "Romances familiares", Freud afirma que a pessoa neurótica não conseguiu se libertar da autoridade dos pais. Em 1938, em *Complexos familiares*, Lacan fala das incidências patológicas e formadoras da família. A família é transmissora de significantes que tramam o destino do pequeno ser, mas, por outro lado é o berço da neurose. A clínica mostra o laço entre inconsciente, sintoma e histórias familiares.

Para Freud e seus discípulos, em especial Lacan, o ser humano é determinado muito antes do seu nascimento. Freud e Lacan diziam que seus pacientes só falavam das famílias. A família é lugar de inscrição das origens da vida numa história, cuja existência prende o sujeito ao outro falante que o antecede. A família configura a filiação e a inscrição social do sujeito na cadeia das gerações.

Predicados, votos, sonhos narcísicos expressos ou não em palavras compõem a história do sujeito. O cordão umbilical psíquico se constitui por meio dos significantes produzidos pelos ancestrais e se transmite de geração em geração.

Toda criança, futuro sujeito humano, nasce desse reencontro das palavras parentais. Copulação significante, o ato sexual dá corpo físico a um corpo de ideias, de imagens, de significantes.

O que é significante?

Significante é uma palavra ou, mais globalmente, uma ideia representada por uma palavra. A relação que o ser humano tem com a linguagem o funda como entidade simbólica.

Lacan (1953), em seu texto "Função e campo da palavra e da linguagem", afirma: "O inconsciente é aquela parte do discurso concreto enquanto transindividual que falta na disposição do sujeito para restabelecer a continuidade do seu discurso consciente" (p. 248). A partir dessa afirmação, entendo que onde o sujeito tropeça, ou seja, comete um ato falho, sua verdade pode falar. O sujeito constituirá sua história onde a linguagem "falha", na intersubjetividade do discurso.

O inconsciente se manifesta por meio de formações: lapsos, atos falhos, sonhos, sintomas, alianças inconscientes. No texto "Radiofonia e televisão" (1977, p. 86), Lacan aponta que o inconsciente irrompe de forma verbal, fazendo o inconsciente aflorar. Só há inconsciente para o ser que fala. Em carta a Fliess de 3 de janeiro de 1899, Freud afirma: "a maneira que isso ocorre [referindo-se às associações] também veio à tona, mais uma vez, através de um *elo* verbal" (citado em Masson, 1986, p. 339). Freud já antecipara a relação do inconsciente com a linguagem.

No texto "Função e campo da palavra e da linguagem", Lacan (1953, p. 249) propõe:

> O inconsciente é esse capítulo da minha história que está marcado por um branco ou ocupado por uma mentira: é o capítulo censurado. Mas a verdade pode ser encontrada, pois, de uma maneira ou de outra, ela está escrita em outra parte, a saber:
>
> - Nos monumentos; isto é, no meu corpo. [Poderíamos articular nesse tópico as pulsões.]
> - Nos documentos de arquivo; recordações da infância, impenetráveis quando não conheço sua procedência. [Registro imaginário.]
> - Na evolução semântica; o que responde ao meu repertório de vocabulário como ao estilo da minha vida e ao meu caráter. [Nas palavras que se ouve e como ressoam dentro de nós.]
> - Nas tradições; nas lendas que de forma "heroica" veiculam em histórias. [Por exemplo, mitos, ritos, crenças familiares.]
> - Nos rastros que contêm, inevitavelmente, distorções necessárias para a conexão do capítulo adulterado com os capítulos que se escreveram e cujo sentido restabelecerá minha exegese. [No deslizar dos significantes a partir das identificações ocorridas.]

Ainda no mesmo texto, Lacan propõe que a análise ofereça ao sujeito condições de reconhecer que o seu inconsciente é a sua história. A oferta é uma reescrita da história.

A questão do significante em Lacan não é a mesma que na linguística. Lacan deixa clara a posição que toma em relação à supremacia do significante sobre o significado, introduzindo a ideia da autonomia do significante. Para ele, um significante pode remeter a significados diferentes, subvertendo desse modo o pensamento de Saussure. Por exemplo: a palavra manga pode ser manga de lampião, fruta ou parte de peça de vestuário, a depender do contexto em que estiver inserida.

A leitura dos textos lacanianos "A instância da letra no inconsciente ou a razão depois de Freud" (1957), "Intervenção sobre transferência" (1951) e "Função e campo da palavra e da linguagem" (1953) mostra que o significado é sempre flutuante, a significação não se referindo a nada real, mas sempre remetendo a outra significação, mostrando que o conjunto só ganha coerência ao se prender a uma rede ou malha de significantes. O inconsciente surge na articulação dos significantes. Os significados não passam de variações individuais que só adquirem coerência dentro de uma rede significante.

A trama significante envolve o sujeito desde seu nascimento, e quando, conforme Lacan, dizemos que o sujeito em seu discurso se relaciona ao outro (intersubjetividade do discurso), é antes ao Outro, ao código, à linguagem, ao tesouro dos significantes que ele se relaciona. Esse processo só se opera na medida em que ele mesmo, sujeito, for representado por um significante, dando início à bateria significante que permite sua entrada na ordem simbólica.

Voltando ao texto "A instância[1] da letra no inconsciente ou a razão depois de Freud" (1957), nele Lacan assinala a especificidade da cadeia significante, cuja reaparição indefinida do sentido se encontra

---

1 Instância: solicitação urgente, um processo, um argumento; autoridade judicial – um tribunal de instância que tem poder de decisão; instância da letra – autoridade da letra. Insistir: fazer instância, preservar a demanda.

no automatismo de repetição de Freud, além de ressaltar de que maneira o sujeito será instalado pelo Outro no seio da linguagem.

Com a segunda parte do título, "ou a razão depois de Freud", ele nos lembra que, com a descoberta do inconsciente, o sujeito se dá conta de que algo advém de dentro dele além da razão. Com Freud, o cogito cartesiano "penso, logo sou" é subvertido: para Lacan, "sou onde não penso".

Com o advento do inconsciente, a razão sempre "sofrerá" uma instância, uma insistência de "outra ordem", ou seja, a do inconsciente. Um aforismo lacaniano resume bem essa relação: um significante só é significante para outros significantes. O alcance dessa articulação formal é prático, pois um significante não é significante para o analista, nem para ninguém, mas o é para outros significantes.

Significante é uma palavra que, em dado momento, significa algo em certo contexto de pensamento. O sentido de uma palavra, isto é, seu significado, depende da palavra que veio antes e da que virá depois. Por exemplo: o significante filho representa um ser em relação com uma mãe. Só existirá mãe se existir o filho.

Ser filho não é simplesmente ter nascido de tal homem e de tal mulher, mas é ser reconhecido enquanto tal por esse homem e por essa mulher e entrar no seio familiar. A parentalidade não é apenas laço biológico, mas laço afetivo criado e reconhecido pelo social. Assim, a filiação não é somente biológica.

Natural ou adotivo, todo filho precisa ser adotado, isto é, os pais precisam se identificar enquanto pais desse filho, aceitar que o filho é deles, não nascido apenas do desejo carnal. Esse desejo de ter um filho estruturará a construção da filiação e da parentalidade. Tornar-se pai ou mãe está longe de ser uma evidência.

A partir da afirmação de Lacan em "Televisão" (1977), o laço da filiação não é prévio, é um laço a ser construído. Todo pai é pai adotivo, mesmo se conceber o filho pela via sexual. Trata-se, portanto, de uma construção subjetiva que implica a relação com o desejo, que não deve ser anônimo (Lacan, 1953).

O caminho do significante passa de um parente para o outro, dos pais para o filho, por meio da trama de significantes. A criança, corpo sexualizado, apresenta-se como significante para cada um de seus pais, colocando-os assim diante de sua própria sexuação.

Que quer dizer ser pai?

Em seu seminário "A ética da psicanálise" (1959-1960), Lacan salienta que os laços sanguíneos não são importantes no que diz respeito à paternidade. O que importa é quem ocupa o lugar, tanto na função materna quanto na paterna. No caso da paterna, é a pessoa que colocará em funcionamento a transmissão da lei simbólica e suas articulações com o desejo.

O Édipo introduzido pela metáfora paterna indica ao sujeito a existência da lei que determina a ordem das linhagens na série das gerações. A simbolização, ou seja, a lei, desempenha um papel fundamental. A lei é o início e a sexualidade humana deve se realizar por meio dela. Trata-se da lei da simbolização. Falar de Édipo é falar da fragilidade humana, da dor, da tragédia do conhecimento, do desejo, da castração, dos limites.

A vida criada pelo significante sem eco simbólico é incapaz de fazer metáfora e será dominada irremediavelmente pelo gozo. Pai é uma palavra plena que, dita a um sujeito, marca-o, não somente inscrevendo-o numa filiação, mas também mostrando-o seu lugar de origem, o desejo parental.

Não temos alternativa, metáfora ou gozo determinam destinos diferentes: neurose ou psicose.

Ser pai significa cortar o "cordão" do olhar da mãe sobre sua criança. A criança conhece o pai pela mãe. Ser mãe é uma dimensão, um lugar, o Outro, a primeira fronteira que o sujeito percorre para encontrar seu trajeto de sujeito falante. Ser pai não é ser genitor; é ocupar um lugar que sustenta a geração dos significantes, criando a malha simbólica.

Lacan afirma em "O mito individual do neurótico" (1952) que a constelação do sujeito é formada a partir da tradição familiar. Traços específicos da união dos pais formarão a pré-história do sujeito e essa montagem precede o nascimento da criança. Sabemos que uma criança vem ao mundo envolta num caldo de histórias, expectativas, desejos. As relações familiares do pai e da mãe compõem essa pré-história do sujeito em questão.

O trabalho com casais nos leva a percorrer essas relações, isto é, as famílias de origem de cada um são aspectos a ser investigados. Cada um vindo de um núcleo familiar específico deve formar um terceiro núcleo que não será igual nem a um, nem a outro, em que cada um traz o rumor de antigas lutas, de algo que não ficou esquecido nem resolvido. Cada um deve esquecer, colocar de lado os conflitos e desejos arcaicos individuais para olhar adiante na direção da realidade e do outro, da possibilidade de desejar o outro na sua alteridade peculiar e diferente. No casal, cada um precisa conviver com a diferença e se afastar da mesmice do idêntico. A convivência envolve suplência, e não complementaridade.

Para concluir: o sujeito será marcado pelo social, pelas relações de parentesco, pelas ideologias que circundam as famílias, bem como pelos roteiros imaginários, mitos, crenças e ritos fundantes dessas famílias. Entrarão nesse caldo também os "não ditos", "as palavras não expressadas", os desejos inconscientes dos pais, as contradições, enfim, questões não resolvidas de gerações anteriores.

No texto "O mito individual do neurótico", Lacan (1952) usará dois exemplos para mostrar o deslizar dos significantes na história familiar. Um é a história do caso freudiano do Homem dos Ratos e o outro são os episódios da juventude de Goethe e sua paixão por Frederica.

O Homem dos Ratos

Recortei para o presente capítulo a história do Homem dos Ratos, em seu sofrido caminho discursivo. Freud publica em 1909 o relato clínico conhecido como "o Homem dos Ratos", cujo tratamento teve início em 1º de outubro de 1907 e se estendeu pelos 11 meses subsequentes.[2]

Pela descrição publicada por Freud, sabemos que o paciente se chamava Ernst Lorenz, era universitário e tinha 29 anos e meio ao procurar Freud, que o denominou "Homem dos Ratos" em virtude do desenvolvimento do caso.

O grande medo: a cena do suplício

Lorenz era perseguido pela lembrança de um relato contado no tempo que prestava seu serviço militar.

O suplício foi relatado pelo capitão: "o criminoso era amarrado... um vaso virado sobre suas nádegas... alguns ratos colocados dentro dele... e cavaram caminho..." (p. 171). Freud o auxilia, completando sua oração: "em seu ânus".

---

2   Mahony (1986) salienta uma especificidade deste caso. Ao contrário do Homem dos Lobos e do caso Dora, em que impera a questão visual, o caso do Homem dos Ratos gira em torno de atos e frases obsessivos, ou seja, da linguagem verbal, das palavras. Mahony mostra várias outras reiterações do significante observadas claramente na versão original alemã, cuja riqueza está totalmente perdida na tradução de Strachey.

O que chama a atenção de Freud no relato contado pelo analisante não é o terror da cena, mas sua expressão facial, descrita como "de horror ante um prazer do qual ele mesmo não estava ciente" (p. 171), que Freud entende como uma amostra da ambivalência afetiva entre amor e ódio com relação ao próprio pai.

Queixa

O paciente era atormentado por ideias obsessivas, que consistiam no medo de que algo ruim pudesse ocorrer com uma certa dama, Gisela, à qual dedicava um amor idealizado; e com seu pai, na época já falecido. A queixa do Homem dos Ratos se referia a temores obsessivos – como o medo da morte de seu pai e da dama venerada – e a impulsos suicidas, como o de cortar a própria garganta com uma navalha. Apresenta também uma série de sintomas, como: compulsões, prescrições minuciosas e ordens autoimpostas por dúvidas, hesitações, mudanças de ideia e ideias suicidas.

A infância da neurose

Ernst Lorenz nasceu em 22 de janeiro de 1878. Seus pais se chamavam Heinrich e Rosa. Lorenz tinha seis irmãos, sendo que uma das meninas morreu quando ele tinha apenas 3 anos.

Lorenz relata que suas primeiras experiências sexuais ocorreram aos 4 ou 5 anos de idade, com as duas governantas. Essas experiências, segundo Freud, teriam despertado nele uma "curiosidade ardente e atormentadora de ver o corpo feminino" (p. 165).

Sabemos que dormia no quarto dos pais. Queixava-se para a mãe de ter ereções e tinha uma espécie de delírio de que seus pais liam seus pensamentos.

194 TRANSMISSÃO FAMILIAR PENSANDO EM SIGNIFICANTES

Relata lembranças de que, aos 6 anos de idade, tinha ereções repentinas, acompanhadas do hábito de se masturbar. Ele supunha que esses fenômenos se relacionavam com seus pensamentos e curiosidade sexual, e seu pai não lhe poupava advertências do tipo: "você vai morrer se fizer isso". Na verdade, Lorenz "tinha a ideia mórbida de que seu pais conheciam seus pensamentos" (p. 166). Freud acrescenta que provavelmente o pai de Lorenz teria ameaçado cortar seu pênis. Essas atividades sexuais precoces geravam intenso prazer, o que permitiu a Freud sua primeira incursão na etiologia das neuroses.

O paciente relata a Freud três memórias interconectadas, que também seriam suas recordações mais antigas. A primeira consiste nele vendo a irmã sendo levada para a cama; em seguida, ele pergunta onde estava a irmã e encontra o pai chorando; por fim, vê o pai inclinado sobre a mãe, que chorava. A irmã morre com 4 anos. Esse dado é extremamente relevante na história do paciente, considerando não apenas como ele reagiu à perda precoce da irmã, mas o enlutamento dos pais durante sua infância.

Também sabemos que foi provavelmente com Katerine (irmã que morreu e o fez sentir-se culpado) que Lorenz constatou pela primeira vez a diferença entre os sexos.

O pai, Heinrich, tinha um gênio irascível e surrava os filhos. Freud arrisca a conjectura de que Lorenz, aos 6 anos, incorreu em má conduta sexual relacionada à masturbação e foi castigado pelo pai. Esse evento teria deixado um rancor indelével em relação ao pai.

Lorenz relata determinada surra, mas a razão de ter apanhado não é muito clara, embora as associações tenham conduzido Freud à possibilidade de que ele teria mordido alguém, talvez a babá da casa.

A reação de Lorenz à punição foi esbravejar e xingar o pai, mas, como era muito novo, usou as palavras que conhecia: "Sua lâmpada!

Seu lenço! Seu prato!". Em resposta à ira do filho, Heinrich, assustado, para de golpeá-lo e profere: "Esse menino será ou um grande homem ou um grande criminoso!" (p. 208), o que leva Freud a relembrar uma terceira possibilidade, esquecida pelo pai: ou será um neurótico. É curioso como esse pai mostrava dificuldades para lidar com a agressividade do filho. Os insultos poderiam no mínimo ter feito esse pai ouvir mais o filho.

A partir do manuscrito de Freud, constatamos que devia haver alguma relação incestuosa entre Lorenz e suas irmãs. Os empregados da casa pensavam que Lorenz beijava uma de suas irmãs como se fosse sua amante. Quando essa irmã ficou noiva, tentou esclarecer ao noivo que, caso estivesse grávida, não haveria participação da parte dele.

Mais tarde, após a morte do pai, Lorenz tem um sonho erótico com uma irmã e sente-se culpado. Ao constatar que tinha sido apenas um sonho, sente-se eufórico, vai ao quarto da irmã e beija seu traseiro por baixo dos lençóis.

Lorenz foi iniciado sexualmente muito cedo, o que levou Freud a contemplar a possibilidade de que esse sonho tenha sido o objeto dessa agressão (Freud, 1980). Lembremos que a morte da irmã ocorreu na mesma época da surra (Mahony, 1986).

Freud nos diz em nota de rodapé (p. 210) "desejos sexuais referentes à mãe e à irmã, e a morte prematura dessa irmã, eram relacionados ao castigo do pequeno herói nas mãos do pai". Será que ele se sentia responsável pela morte da irmã? Seria punido por isso? Ciúmes mata? Surgem muitos dados para reflexão a respeito da construção da neurose: morte, culpa, remorso.

Conforme relato, o Homem dos Ratos oscilava entre grande onipotência e profunda aniquilação!

O paciente relata que, aos 11 anos, a mãe o salvou do que seria a punição mais severa. Heinrich utilizava palavras vulgares, por exemplo, "cu" e "cagar". A mãe ficava horrorizada com o comportamento do marido e decide punir o filho, dando-lhe um banho dos pés à cabeça, já que ele tinha começado a imitar o pai.

Como resposta, Lorenz pergunta à mãe se ela não lavaria seu cu. A mãe caracterizava o marido como um "tipo vulgar" porque, dentre as suas grosserias, não tinha escrúpulos de soltar seus gases intestinais (Freud, 1980). Ela repreendia o filho pela identificação com o pai e, ao mesmo tempo, impedia que o pai aplicasse castigos no filho.

Em 20 de julho de 1899, Heinrich morre. Lorenz estava dormindo quando o pai morreu e se recriminou por não ter podido socorrê-lo. Sente-se um criminoso. Após a morte do pai, Lorenz volta a se masturbar. Anteriormente, havia associado a masturbação à possibilidade de causar a morte de alguém, talvez a morte do pai; seus sintomas reiteravam o desejo edípico de que o pai morresse.

A origem dessa ameaça talvez remonte à morte da irmã. Lorenz tinha entrado na fase fálica e descoberto a masturbação quando sua irmã faleceu. Portanto, forma-se uma fantasia que vincula a morte da irmã com a descoberta do prazer genital.

Freud afirma que o suplício (punição) com os ratos incitou o erotismo anal, que desempenhara importante papel na infância do paciente e se mantivera ativo por via de constante irritação por infestação de vermes. Desse modo, os ratos passariam a adquirir o significado de dinheiro. Em seus delírios obsessivos, ele inventou uma espécie de dinheiro como moeda-rato.

Freud relata uma sessão (p. 287) em que Lorenz conta que teve aborrecimentos sobre assuntos de dinheiro com seus amigos (dar garantias etc.) e que ficava muito desgostoso quando a situação se voltava para dinheiro. Para Freud os ratos têm uma conexão particular com dinheiro. Lorenz relata nessa sessão que, quando pediu emprestado dois florins à sua irmã, pensou "cada florim, um rato".

Freud relata que o mesmo ocorreu na primeira entrevista com ele quando comentou seus honorários, pois Lorenz disse consigo: "Para cada *krone*, um rato para os filhos". Freud comenta "Agora *Ratten* (ratos) realmente, para ele, significava *Raten* (prestações). Pronunciou as palavras da mesma forma, e justificou dizendo que o "a" em "*ratum*" (de *reor*) é breve: certa vez foi corrigido por um advogado, que assinalou que "*Ratten*" e "*Raten*" não eram a mesma coisa". Ele agora paga em ratos – Moeda *Rato* (pp. 287-288). No que diz respeito a sífilis, doença que rói e come, também o fizera se lembrar de ratos.

Lorenz passou por um período de ardente devoção religiosa em sua adolescência, contudo, havia nele um constante desejo masturbatório. Ele temia que, ao fazer isso, algo de ruim pudesse ocorrer com a dama de quem gostava, estaria ofendendo alguém, então construiu uma fórmula protetora apaziguadora contra esses desejos: *Glejisamen*. Lorenz conseguia unir-se com o nome de sua amada, Gisela (anagrama de sua amada + *amen*), contudo com *samen* (sêmen) unia-se ao seu corpo, "ou seja, para expressar-se de forma mais direta, que se masturbou com a imagem dela". Freud já o acompanhara nesse exercício: reunia preces pequenas, adicionava um amém e repetia a palavra seguidamente.

Lorenz e Gisela

Na mesma idade em que Lorenz conhece e se apaixona por Gisela, também ocorre o suicídio de uma costureira com quem ele havia tido relações sexuais. Quando Freud o indagou sobre a costureira, ele afirmou ter receio de que ela o arruinasse financeiramente.

Ela se suicidou após Lorenz se recusar a dizer que a amava. Ele acreditava ter sido responsável pela sua morte. Algo dessa ordem ressalta sua onipotência, mas também a relação entre fantasias sexuais e fantasias relativas à morte.

Gisela passa por uma ovariectomia bilateral, o que a impede de ter filhos (a cirurgia levou Lorenz a vacilar em se casar com Gisela, uma vez que queria ter filhos). No ano seguinte, Lorenz pede Gisela em casamento, mas ela não aceita.

Lorenz, que tinha um testículo retraído, gozava ao ver sua potência sexual no espelho, como compensação ao testículo, e passa a se sentir enciumado com relação a Gisela.

Por trás da mania de emagrecer se entrevia a intenção de se suicidar, e isso apareceu abertamente uma vez, quando, à beira de uma escarpa, surgiu o imperativo de pular, o que certamente acarretaria a morte.

A tentativa de suicídio reaparece quando Gisela viaja para cuidar da avó que havia adoecido. Lorenz pensa em pegar uma navalha de barbear e cortar a própria garganta quando, de repente, tem outro pensamento revelador: "você deve ir lá e matar a velha!" (p. 190).

No ano seguinte, ocorre um episódio famoso na história do Homem dos Ratos, uma vez que ilustra a ambivalência do paciente em relação a Gisela. Ela iria para Unterach, município da Áustria localizado no estado de Alta Áustria. No caminho em que ela passaria com a carruagem, Lorenz tira uma pedra que, segundo seu temor, poderia levar a um acidente. Em seguida, ele constata que aquele pensamento era absurdo e coloca a pedra de volta na estrada. Entra em profundo conflito entre tirar e recolocar a pedra.

Freud, comentando o caso, afirma que a dúvida contida em sua obsessão por compreensão era a dúvida de seu amor (amor dela). No peito do amante, enfurecia-se a luta entre amor e ódio, e o objeto desses dois sentimentos era a única e mesma pessoa (p. 194).

Ademais, as atitudes em relação à Gisela estavam dissociadas: amor e ódio estavam presentes de modo altamente conflituoso, algo próprio do pensamento obsessivo: tirar a pedra do caminho que iria percorrer e depois colocar a pedra novamente onde estava.

Mais uma vez reaparece o forte antagonismo entre ódio e amor em relação a Gisela, que o levava a insistir em deixar a pedra no caminho da carruagem. Deixar a pedra ou tirá-la se tornou um grande dilema. Afinal, queria ou não que Gisela se acidentasse?

O medo do Homem dos Ratos, de que Gisela se acidentasse, deve ser vinculado ao desejo, ou seja, ao seu desejo de que isso acontecesse. Sua ambivalência novamente lhe garantia isso. Lembremos de que a onipotência operava tanto em relação ao pai quanto com relação a Gisela.

Casamento/dinheiro e repetições

Em 1905, a mãe de Lorenz começa a fazer planos de casamento para o filho. Gisela era simples. A mãe de Lorenz já havia entrado em contato com parentes, de certo modo, para reservar uma prima para ele, dado que era rica.

O pai do Homem dos Ratos, em sua origem, tinha poucos recursos e se viu em condições de fazer um casamento vantajoso. Temos pai pobre e mãe rica: o prestígio e a riqueza ficam do lado materno.

Lacan frisa esse aspecto da história do Homem dos Ratos em "O mito individual do neurótico" (1952). Heinrich também fora apaixonado por uma moça simples e teve de escolher entre ela e uma moça rica, escolhendo por fim a segunda – a mãe de Lorenz, Rosa.

Lorenz soube que seu pai tinha passado por dificuldades financeiras antes do casamento, o que o levou a se casar com sua mãe por vantagens materiais. Concluiu que o pai se casara por interesse e não por amor. Isso se relaciona com os impasses amorosos do próprio analisante, que precisaria escolher entre se casar (*heiraten*) com uma jovem pobre ou com uma dama rica.

Tudo isso desencadeou nele o conflito relacionado a saber se permaneceria fiel à sua amada, a despeito de sua pobreza, ou se seguiria

200 TRANSMISSÃO FAMILIAR PENSANDO EM SIGNIFICANTES

os passos de se pai e se casaria com a linda, rica e bem relacionada jovem que lhe haviam predestinado. E resolveu esse conflito – que, na verdade, dizia respeito ao confronto entre seu amor e a persistente influência dos desejos de seu pai – adoecendo; ou melhor, o fato de adoecer evitou a tarefa de resolver o conflito na vida real.

O conflito mulher rica *vs.* mulher pobre se reproduziu no momento que existia a pressão para se casar com uma mulher rica. Nesse momento emerge a neurose propriamente dita.

Freud foi percebendo a estrita relação entre elementos da constelação familiar e o desenvolvimento da obsessão fantástica.

Outras "insistências"

Na descrição do caso, Freud percebe e vai mostrando a presença de repetições na vida do Homem dos Ratos de cenas da história do pai. Do ponto de vista dos significantes, poderíamos dizer que Lorenz estava realmente preso nas malhas do *significante Ratte*.

Em certa ocasião, o pai do Homem dos Ratos usou certa quantia do caixa militar para cobrir determinadas despesas e perdeu parte desse dinheiro em um jogo de cartas. Tentando recuperá-lo, acabou perdendo tudo. Um amigo lhe emprestou a quantia para ser restituída aos cofres do exército, contudo, ao tentar quitar sua dívida devolvendo o dinheiro ao amigo, não mais o encontrou.

Desse modo, passou a ser tomado como um *Spielratte* (*rato de jogo* ou *jogador*, no alemão coloquial), contraindo uma dívida eterna (*Raten*) que será reatualizada pelo paciente. Quando Lorenz esteve no Exército, reviveu a trama do endividamento, descrita mais à frente, como se a houvesse herdado do pai.

Atentemo-nos ao deslizamento de *Ratten* (rato) para *Raten* (dívida/prestação), em seguida para *Spielratte* (rato de jogo) e ainda para *heiraten* (casar), aparecendo finalmente no próprio paciente, como Freud destaca: "ele próprio, porém, tinha sido um sujeitinho asqueroso e sujo, sempre pronto a morder as pessoas quando enfurecido, e fora assustadoramente punido por tê-lo feito" (p. 208). É bem verdade que ele podia ver no rato [*Ratten*] "uma imagem viva de si mesmo".

Presenciamos a equivocidade produzida pela materialidade sonora das palavras e o jogo de homofonias em torno do termo alemão *Ratten* (rato). O sentido das equivocidades próprias ao *Ratten* diz de *vetores* que indicam direções tomadas pela deriva do significante Ratos, apontando como os conflitos e os impasses das gerações anteriores são reatualizados e transformados pelo sujeito em sua obsessão fantasmática.

Lacan (2008) fala que a constelação original que presidiu o nascimento do Homem dos Ratos, sua pré-história, seu destino, diz respeito às relações familiares que estruturam a união de seus pais, mostrando de forma precisa e até, de certo modo, mórbida sua obsessão e a angústia que desencadeava suas crises. Lacan atribui à intuição genial de Freud o entendimento que este teve do caso.

Freud, valendo-se da transferência, fica atento à dimensão da *materialidade sonora das palavras* trazidas pelo Homem dos Ratos – *Ratten* (rato) e seus sucessivos deslizamentos possibilitados pela homofonia, *Raten* (dívida/prestação), *Spielratte* (rato de jogo) e *heiraten* (casar), fazendo suas intervenções. A interpretação incidiria não propriamente no sentido, mas nas virtudes da equivocidade próprias a um significante.

Endividamento do Homem dos Ratos

Lorenz relata que perdeu seu *pince-nez* e precisou encomendar um novo. Ele precisava pagar um valor ao correio para poder receber a encomenda. Será em torno do reembolso da soma, entre pagar, não pagar, que muitos conflitos e incertezas surgem, virando um mandamento imperioso para ele.

Uma moça que trabalhava na agência de correio, a agência responsável pela entrega do *pince-nez*, paga a encomenda de Lorenz e ainda profere palavras gentis sobre ele. O paciente, contudo, recalca esse fato e cria uma história extremamente confusa.

A história começa com o capitão dizendo ao Homem dos Ratos que este devia 3,80 florins ao primeiro-tenente A. Lorenz, então, faz o juramento de que pagaria ao primeiro-tenente A. Este, todavia, lhe informa que quem havia pagado a dívida, na verdade, era o primeiro-tenente B. Contudo, desde o princípio, Lorenz sabia que quem havia pagado a dívida de fato era a moça do correio, mas então por que realizou o juramento de pagar ao primeiro-tenente A?

Freud interpreta o sentido do sintoma por meio do complexo paterno do paciente. Quando o capitão informou ao paciente que ele devia o dinheiro ao primeiro-tenente A, o Homem dos Ratos é tomado por uma "sanção", ele não deveria devolver em pagamento o dinheiro, ou aquilo iria acontecer – isto é, a fantasia sobre os ratos se realizaria em relação ao seu pai e à dama (p. 172).

Mesmo sabendo que na realidade sua dívida era com uma jovem que trabalhava na agência postal, uma vez que já fora informado disso por um certo oficial, Lorenz acaba tomando o equívoco do capitão como verdade. Para Freud, as palavras do capitão "soaram aos seus ouvidos como uma alusão a essa dívida [*Raten*] não liquidada de seu pai" (p. 213). O paciente passou por grande dispêndio de energia tentando restituir uma dívida impossível de ser paga, cujo imperativo dominante seria "você deve pagar as 3,8 coroas ao Tenente A" (p. 173).

Sobre a mãe de Lorenz

Os biógrafos e psicanalistas interessados pelo caso do Homem dos Ratos denunciam que Freud parece ter ocultado inúmeros aspectos referentes à mãe de seu paciente quando da escrita do caso. Trata-se de importante informação, dentro do campo psicanalítico, pois aponta para certa intencionalidade de Freud em excluir elementos referentes à mãe que possivelmente desestabilizariam sua concepção acerca do "papel da mãe e do feminino" na trama edípica.

Hoje certamente a condução do caso seria diferente. Lembremos que acontece o mesmo ou quase o mesmo em Hans: a mãe dele nunca foi citada. Podemos rapidamente entender o momento histórico social de 1909 comparado ao de hoje. A posição da mulher, o declínio social da função paterna etc.

No caso do Homem dos Ratos, segundo Mezan, fica clara a participação do pai na sua sintomatologia, que, por sua vez, centraliza-se nas questões referentes a rivalidade paterna, desejo e culpa pelo assassinato do pai, empecilhos e caminhos salutares que levam à identificação com o pai, necessidade de abandonar a mãe como objeto de amor e de substituição do objeto amoroso por figuras substitutivas, submissão ao pai como detentor desse objeto amoroso interditado etc. Os trabalhos de Renato Mezan e Patrick Mahony denunciam, assim, o fato de haver pouquíssimas referências à mãe do Homem dos Ratos, como pudemos acompanhar na descrição do caso.

Renato Mezan (2017) aponta que, depois de Freud indicar a Lorenz honorários e frequência, este lhe diz que precisa falar com sua mãe, volta no dia seguinte e aceita. Mezan conclui que então era a mãe do paciente quem decidia sobre a possibilidade de o paciente iniciar a análise. Pelas indicações desse autor, especialmente no que se refere ao âmbito financeiro, a mãe era mesmo uma importante figura de poder na dinâmica familiar.

Sabemos que dinheiro, fase anal e neurose obsessiva guardam importantes conexões. Contudo, apesar de o dinheiro significar domínio e poder para o Homem dos Ratos e de a mãe ser o lado rico da família, ela quase não aparece no relato do caso.

A mãe do paciente não se mostrou adequada no sentido de ajudar seu filho a lidar com suas angústias não resolvidas, frustrações e raivas (Mahony, 1986). Já Mezan afirma que as relações entre os familiares do Homem dos Ratos indicam uma falha na interdição do incesto, já que a figura paterna, no discurso da mãe, ocupa um lugar marginal, a desvalorização da mãe à palavra do pai leva à falha da função paterna.

Em sincronia com esses fatos, o biógrafo Patrick Mahony (1986) afirma que uma possível justificativa para essa supressão da figura materna seria manter o sigilo de informações que pudessem levar à identificação do paciente. No entanto, ainda assim, considera insuficiente essa explicação e admite: "a mulher, nos casos principais de Freud, aparece como uma caricatura, como uma 'mulher estranha' fora do tempo e lugar" (p. 50).

Com isso, Mahony propõe considerarmos o momento histórico em que Freud escreveu o caso, sendo comum em seu tempo e em seu contexto sócio-político-cultural a mulher ser relegada a um papel secundário. Um fator quantitativo interessante nesse contexto é o fato de que Mahony contabilizou nas transcrições freudianas do caso o número de referências à mãe e ao pai do paciente. Ou seja, no texto publicado – naquilo que Freud recorta e sintetiza a partir das transcrições propriamente ditas –, reafirma-se o apontamento de Mezan (2017), isto é, certa parcialidade de Freud nesse exercício de centralizar no pai e nos dilemas psíquicos que tangenciam o campo paterno os fatores que determinam a então denominada neurose obsessiva e, por consequência e de maneira subentendida, a conceituação do complexo de Édipo.

O Édipo freudiano sustenta uma perspectiva machista e misógina? Abriríamos aqui uma boa discussão, principalmente tratando-se da análise com casais e famílias e da educação das crianças.

Podemos dizer que o Édipo ainda "está valendo"? Ou, melhor dizendo, precisa ser revisitado à luz da contemporaneidade.

Considerações finais

Dinheiro, pagamentos, dívidas e incertezas percorrem o caso.

Lacan (1952), em "O mito individual do neurótico", comenta que, quando a vida amorosa de Lorenz se organiza, surge um duplo narcísico que vive seu lugar por procuração, desconsidera a parceira sexual, exclui-se da sua própria vivência. Trata-se de algo da ordem de um desdobramento narcisista que caracteriza o drama do neurótico, levando-o a diferentes formulações fantásticas.

No decorrer das sessões, Freud pôde estabelecer a estrutura básica da neurose obsessiva, desvendando seus vários mecanismos – a ambivalência afetiva, a onipotência do pensamento mágico, a dúvida, a anulação, o isolamento, as ideias de morte e o uso excessivo de mecanismos de deslocamento, além de demonstrar, com sua escuta cuidadosa, a prisão do paciente na malha significante.

Toda família possui um modo de funcionar que, na maioria das vezes, não é consciente, claro ou objetivo. As relações que se estabelecem, o lugar que cada sujeito ocupa na história da família, os ritos de intimidades, os segredos que podem se ocultar, os nomes próprios e outros aspectos tratados no texto não podem escapar da escuta do analista.

Referências

Freud, S. (1906/1908). Romances familiares. In S. Freud, *Edição Standard Brasileira das Obras Psicológicas Completas de Sigmund Freud* (Vol. IX). Rio de Janeiro: Imago, 1980.

Freud, S. (1909). Notas sobre um caso de neurose obsessiva. In S. Freud, *Edição Standard Brasileira das Obras Psicológicas Completas de Sigmund Freud* (Vol. X). Rio de Janeiro: Imago, 1980.

Lacan, J. (1938). *Os complexos familiares na formação do indivíduo*. Rio de Janeiro: Zahar: 1987.

Lacan, J. (1952). *O mito individual do neurótico ou poesia e verdade na neurose*. Rio de Janeiro: Zahar, 2008.

Lacan, J. (1953). Función y campo de la palavra y del linguaje em psicoanalisis. In J. Lacan, *Escritos 1*. Cidade do México: Siglo Veintiuno.

Lacan, J. (1957). La instancia de la letra en el inconsciente o la razón desde Freud. In J. Lacan, *Escritos 1*. Cidade do México: Siglo Veintiuno.

Lacan, J. (1959-1960). A ética da psicanálise. In J. Lacan, *O seminário, livro 7*. Rio de Janeiro: Zahar, 1988.

Lacan, J. (1977). *Psicoanálisis. Radiofonía & Televisión*. Barcelona: Anagrama.

Lacan Lacan, J. (1960/1961). La transferencia. In J. Lacan, *Seminario VIII – Primera parte*. Buenos Aires: Escuela Freudiana de Buenos Aires.

Mahony, P. (1986). *Freud e o homem dos ratos*. São Paulo: Escuta, 1991.

Masson, J. M. (1986) *A correspondência completa de Sigmund Freud para Wilhelm Fliess – 1877-1904*. Vera Ribeiro, Trad. Rio de Janeiro: Imago.

Mezan, R. (2017). *Uma revisão da lógica binária e heteronormativa a partir do caso clínico O Homem dos Ratos*. Apresentado no Congresso Além-Édipo: Uma revisão da lógica binária e heteronormativa. Florianópolis.

9. O segredo familiar no compasso da transgeracionalidade

Celia Blini de Lima e Rosely Pennacchi

> *Uma parte do que é "singular" se origina naquilo que o sujeito herdou, no que ele adquiriu e transformou, ou no que permaneceu para ele sem transformação.*
>
> René Kaës

O conceito de "transgeracional" designa o processo vital de transmissão, ao longo de várias gerações, de atitudes, conteúdos psíquicos, afetos, fantasias, mitos, modelos de proteção e de defesa, segredos de família.

Ao questionarmos nossas origens, aprendemos não só a nosso próprio respeito, mas também sobre questões não resolvidas em outras gerações. O que "somos" fica vinculado ao "de onde viemos". Somos um elo da cadeia anterior à nossa chegada, com a qual temos uma dívida.

Não só o passado determina o presente, mas o presente permite que o passado exista. O *nachträglich* freudiano é um excelente exemplo disso (em francês, *après-coup*; em nosso meio usamos o latino *a posteriori*). Trata-se da dimensão da temporalidade e da causalidade, específica da vida psíquica, pela qual as impressões ou traços mnemônicos só adquirem sentido e eficácia em um tempo posterior ao da sua inscrição.

Todos nós somos portadores da herança genealógica que constitui o fundamento de nossa vida psíquica e se processa no inconsciente. Falar de gerações é falar de diferenças, transmissão, regras de sucessão, Édipo, lei, limite, Outro, dívida, filiação, parentalidade, descendência.

Em herança, recebemos tudo o que as gerações que nos precederam adquiriram, por meio das histórias contadas criadas pela subjetividade de quem as conta. Carregadas, portanto, de interpretações e de outros fatores transmitidos de maneira inconsciente que muitas vezes nos levam a agir de formas que não compreendemos, como se fôssemos conduzidos a agir de determinada maneira.

Somos um elo na longa cadeia de transmissões, e a transgeracionalidade está presente no funcionamento psíquico das organizações familiares, alocando os indivíduos no presente com relação a seus antepassados.

A herança genealógica é constitutiva e fundante da vida psíquica de todo ser humano. Manejar e remanejar esse material nas sucessivas etapas da vida, de maneira a ter um jeito próprio de ser herdeiro, requer muito trabalho psíquico. Não podemos fazer isso sozinhos, precisamos de Outro que nos mostre nosso reflexo. O analista pode cumprir muito bem essa função de Outro e apresentar o herdado ao herdeiro.

A psicanálise se abriu à dimensão do transgeracional com o conceito de trauma. O traumatismo não elaborado numa geração pode se manifestar em outra, sob a forma de emoções ou atitudes que repetem aquelas sentidas no momento do drama.

Esses acontecimentos enigmáticos podem ficar encapsulados, como uma larva fica em seu casulo antes de se transformar em borboleta.

A partir da análise das histórias familiares dos pacientes, será possível observar a incapacidade de assumir o luto dos acontecimentos traumatizantes ou de dialogar de forma mais ou menos explícita sobre temas de família.

Um bom exemplo é a história da família que destacaremos para ilustrar a força do segredo,[1] forma privilegiada de transmissão psíquica geracional. Observaremos a importância da transgeracionalidade e sua influência na formação e nas escolhas posteriores do sujeito inserido em seu grupo familiar

Buscar o recalcado ou o indizível[2] no não dito é buscar a possibilidade de uma saída, algo que interrompa, dê um "basta" nas redes mortíferas da repetição, que muitas vezes se apresenta por meio de sintomas em busca de significado.

A questão da transmissão psíquica se articula ao conceito freudiano de compulsão à repetição. Nesse sentido, pensar na transmissão é pensar fundamentalmente na repetição. O que se repete? Como se repete? O que insiste na repetição? Algo não elaborado retorna.

Ao falarmos em repetição, surge a questão: haverá ou não condição de ocorrer transformação? Como alguém se singulariza dentro da história familiar? Que destinos se traçam por meio da linguagem e são "assumidos" por determinada pessoa?

A subjetividade surge a partir da proximidade com o Outro, bem como da inquietude que invade o sujeito na relação com esse Outro. Portanto, por meio de processos de alienação e separação, o sujeito conquista sua autonomia, faz-se sujeito ao romper o próprio

---

1 Etimologicamente, a palavra segredo tem raiz latina, *secretus*, significando evacuar, separar, e também o que se oculta, o que se esconde.

2 O indizível no qual não há palavras para dizer e o indizível no qual as palavras são insuficientes, por acontecer em período não verbal.

egoísmo e abrir-se para o outro, ao se descobrir investido e chamado pelo Outro.

O sujeito é sujeito de herança, pois sua subjetividade está instituída por identificações adquiridas no meio familiar, que lhe outorga lugares, estabelece ideais e pressupõe conflitos. A identificação não é só cópia, é também interpretação, é uma das categorias fundamentais da teoria e da metapsicologia freudianas.

Na constituição do sujeito, temos ao menos sete envolvidos: avós maternos e paternos, pai e mãe e a própria pessoa. É na complexidade das inter-relações dos ditos e não ditos, dos segredos, das demandas, que se criam os fios da trama transgeracional.

A família de origem é portadora de pertença, ideologias, dogmas, crenças. Existe uma estrutura familiar inconsciente, que, segundo Berenstein (1990), rege o funcionamento e a dinâmica da família.

Essa estrutura distribui e ordena lugares, portanto, falar em transmissão psíquica geracional implica destacar a importância da dimensão intersubjetiva, da presença e da ausência do Outro e de suas qualidades na constituição do sujeito. É também falar da história e da pré-história de cada pessoa em seu processo de singularização.

Nunca se sabe do que é feita a identificação e como é feita a seleção de seus conteúdos, mas podemos apreendê-la em seu funcionamento. Sabe-se que a identificação se realiza por mecanismos de introjeção e projeção, acolhidos e devolvidos pelo objeto de relação, e ambos dizem respeito ao processo natural de crescimento do indivíduo.

Observa-se que a introjeção não é apenas do objeto (por exemplo, a mãe ou um aspecto dela), mas de seu conteúdo psíquico, conjunto das pulsões e de suas vicissitudes.

Para Freud, a identificação é um processo de transformação efetuado no cerne do aparelho psíquico. O sujeito não constrói a própria história; ele se ancora na história familiar que o precede, na qual tentará ocupar lugar de sujeito. A família é, portanto, um lugar de pulsões e de identificações.

O liame ocorre de modo inconsciente onde as fantasias do eu se encontram com as do outro.

Só poderemos falar da situação clínica da família a partir da escuta das identificações que vão acontecendo. Esse trabalho investigativo contemplará, além das fantasias operantes ou em operação na família, as fantasias ativas na mente do analista.

Os vínculos sofrem ação das repetições e podem representar a busca de resolução de situações não elaboradas, a satisfação de desejos, entre outras coisas, que sofrerão a influência das alianças conscientes, inconscientes e pré-conscientes, cujo trabalho se associa à simbolização, a qual vem dar sentido ao vínculo intersubjetivo.

Essas situações deixam marcas nos vínculos, escapando à consciência dos que os compõem. Referem-se a questões inconscientes, não representadas, muitas vezes não vividas no inconsciente vincular. Questões construídas na transgeracionalidade, portanto transmitidas sem representação. Podem trazer conteúdos atuais, mas em geral são herdeiros de alianças passadas, transportadas de gerações anteriores.

Não poderíamos alcançar a força da palavra materna e a passagem de suas fantasias e seus medos inconscientes se não tivéssemos a chance de considerar tudo o que se transmite através das gerações, da família e da troca intersubjetiva consciente e inconsciente que se dá na formação do psiquismo do bebê, em especial a partir da figura materna e de sua condição emocional.

Reportamo-nos a Freud, em sua "Introdução ao narcisismo" (1914); a P. Aulagnier (1990), quando se refere à função de prótese do psiquismo materno; a Winnicott (1983), quando se refere à mãe suficientemente boa; e a Bion (1962), quando se refere à *rêverie* materna, para compreender a influência dos enunciados da mãe ao transmitir ao seu filho sua visão do mundo e a interpretação das emoções de seu bebê, junto com seus fantasmas, seus desejos e as situações transgeracionais não resolvidas. Com isso nos referimos ao alcance da transmissão psíquica na formação do psiquismo do sujeito, proveniente da mãe, que carrega dentro de si o pai da criança e seu objeto de relação conjugal, que o sujeito também incorpora. No dizer de L. Meyer (1983), ela virá por meio da bagagem inconsciente transmitida através das gerações anteriores e que impregna o eu de toda a cadeia transgeracional.

Concordamos com a ideia de P. Aulagnier (1990) de que, ao nomear o que se passa com o bebê, a mãe o libidiniza e o humaniza, pois transfere com o seu psiquismo o que espelha dele para ele poder vir a se tornar sujeito, compondo assim as primeiras marcas mnêmicas, sensoriais e de suas representações psíquicas. Isso já mostra que houve um desejo e um discurso, pertencentes à mãe, desde antes do nascimento, uma espécie de *sombra falada* que será projetada no bebê, ocupando um lugar para onde serão dirigidos esses enunciados identificantes que chegam também por meio da palavra falada e participam da estruturação psíquica do bebê.

Considerando aqui o caso clínico, podemos pensar que a transmissão do segredo pode ter vindo tanto de forma não verbalizada pela mãe, nos primórdios da relação com a filha mais velha ou com os filhos, mas também, quem sabe, verbalizada posteriormente, adquirindo a força de um trauma ou da condução de um segredo pessoal, impregnando o psiquismo dessa filha, o qual foi seu ancoradouro.

Nessa família, certos assuntos foram colocados fora da pauta cotidiana, mas acabaram se constituindo em zonas que aglutinaram e organizaram boa parte da vida emocional e fantasmática de alguns membros, provocando algo da ordem de um sequestro.

A história começa, em nossa leitura, no medo da avó materna de que sua filha primogênita, solteira, engravidasse de qualquer homem, antes de se casar. É uma família que veio do interior do Pará e foi atendida há cinco anos. Nós a selecionamos por contemplar assuntos não verbalizados, mas que de certo modo mexeram com a nova geração. Assuntos insistentes que mostrarão a trama dorsal da temática familiar.

Trata-se de uma família[3] composta por Floriana (a mãe, 41 anos) e Ezequiel (o pai, 43 anos), pais de Juvenal, menino de 6 anos que, segundo os pais, apresentava dificuldades escolares, principalmente em matemática e geografia. Começara a falar com 2 anos e meio.

Estavam casados há 8 anos e trouxeram espontaneamente alguns dados de suas famílias de origem: ambos tinham irmãos mais novos, de quem haviam cuidado, além de serem responsáveis pelos próprios deveres. Ambos eram muito colaborativos na casa de origem e respeitadores das ordens paternas.

Floriana ressalta que era bastante exigida pela mãe em todos os sentidos – com a casa, com os estudos, com seus irmãos: desde pequena se sentiu muito responsável, mas tocava bem tudo, adorava seus irmãos, que cresceram muito ligados a ela. Desde cedo ela encarna o papel da mulher da casa e vai assumindo o que a mãe lhe atribuía. Além disso, por ser menina, era muito alertada pela mãe para se afastar dos meninos, pois não eram confiáveis, seus interesses eram sexuais, só queriam "abusar das meninas". Para Floriana, isso não era compreensível, e a qualquer pergunta sobre sua sexualidade a mãe respondia que ela já era mocinha e podia engravidar.

Pensando no fato de que a mãe exerce para seu filho, por suas atitudes e palavras, a função de porta-palavra, diz Käes (1997): "A mãe realiza essa função quando enuncia as regras, as leis, os

---

3 Nomes e dados que pudessem identificar as pessoas envolvidas foram modificados, sem prejuízo, no entanto, das dinâmicas que se quis descrever.

interditos e as representações que lhe correspondem", e continua: "Aquilo de que a mãe é porta-palavra é uma ordem intersubjetiva à qual ela mesma está submetida e que organiza sua própria subjetividade em sua relação com a de seu infans" (p. 159).

O enunciado inconsciente da mãe parece ter sido conduzido por Floriana em sua geração, impregnando seu psiquismo, onde fez seu ancoradouro, e pode ter sido decisivo para as escolhas da sequência de sua vida. O que as palavras da mãe continham? Eram só prevenção e cuidado, ou vinham marcadas pelo medo, pelo arrependimento dessa mãe por ter tido filhos, pelo próprio tabu da experiência sexual com o marido? Como se sentia essa mãe em relação à sua sexualidade e como teria passado isso para sua filha? Pensamos que a gravidez é a evidência para o casal de que vivem seus desejos e sua sexualidade. Muitas perguntas "*afloram*" diante dessa situação familiar, provindas do acompanhamento e do armazenamento de dados pela analista, que vai intuitivamente construindo um mosaico de ligações com sua observação e sua escuta. São aspectos advindos sem dúvida da transferência.

É possível dizer que Floriana não teve namorados, só amores platônicos, e o marido namorou muitas, mas só se casou aos 35 anos; até essa idade morava e ajudava sua família.

Esses primeiros dados de sua história já trouxeram possibilidades de levantar muitas questões: por exemplo, haveria algo estranho nessa coincidência de tanto a mãe como o pai de Juvenal terem tido questões com os relacionamentos com parceiros? Chama a atenção ela não ter tido namorados e ele ter se casado aos 35 anos, com relacionamentos anteriores não duradouros. E o que teria levado a mãe de Floriana a se preocupar tanto com sua relação com homens e ter prevenido tanto sua filha a respeito da gravidez? As perguntas não cessam e são como estímulos internos que guiam, vêm em busca de um sentido, alianças dos inconscientes. Muito provavelmente teriam sido suscitados pela transferência e pela contratransferência em curso nos encontros. Despertam emoções e pensamentos inconscientes, fenômenos que direcionam as perguntas em busca de dados, reflexões ou questões que já trazem em sua formulação a angústia ou intuição do analista.

Três anos após o casamento de Floriana, um dos irmãos, o mais próximo, por sinal, também se casa. Ele vivia uma vida simples, com parcos recursos materiais, e recorria ao casal nesse quesito sempre que precisava de ajuda. Uma hipótese possível para esses filhos – Floriana e os irmãos – seria a de não terem sido recebidos por sua mãe como crianças desejadas. Assim, podemos conjecturar que a filha foi se constituindo a partir do desejo da mãe como a mulher que assume seu lugar precocemente na casa e com seus irmãos. Que lugar teria ocupado esse irmão na fantasia de Floriana? A costura consciente e inconsciente continua seu caminho na intuição do analista.

Depois de duas entrevistas, é proposto encontrar a família. Preparamos a sala com jogos, brinquedos, casinha de madeira, bonecos de pano de diferentes idades, adultos e crianças, que pudessem representar personagens de família, animais, tinta e papel. Logo que chegam, observamos um menino muito bem apresentado, que sorri timidamente, e, assim que é apresentado pela mãe, é levado à sala com os brinquedos e se dirige à casinha, onde realiza seu jogo relacional, utilizando muitos personagens.

Chama atenção no seu jogo a utilização de pai, mãe, avô, avó, tio, tia e filho, as variações da história com uns e outros e o quanto se atrapalha ao se dirigir a eles. As vezes designa o avô de tio, uma criança de tio, a tia de mãe, uma criança de pai. Parece confuso, de vez em quando olha para os pais, como se pedisse ajuda. Os pais brincam com ele, parecem também perceber que ele se atrapalha e tentam ajudá-lo a se localizar diante dos personagens, dizendo "esse é o avô, esse é o papai".

216   O SEGREDO FAMILIAR NO COMPASSO DA TRANSGERACIONALIDADE

Juvenal por vezes os procura com o olhar, como se pedisse autorização e consentimento para algum gesto ou iniciativa. Levantamos a hipótese de falta de espontaneidade, como se representasse o protagonismo de um personagem (representante de uma dor não conhecida). Essa brincadeira se repetiu nas sessões seguintes. Juvenal gostava muito de brincar com a família na casinha, mas também se a atrapalhava com as atividades dos personagens, quem ia trabalhar, quem ficava em casa, quem cuidava dele, onde ele dormia.

O brincar e a repetição das situações nesse brincar se ofereceram à comunicação transferencial do campo analítico, que, observada e vivenciada, pôde sugerir caminhos para a observação e a interpretação.

O atendimento familiar, sem dúvida, foi fundamental para construir e compreender os sintomas de Juvenal.

O que essa criança estaria trazendo sob essa forma de se apresentar na sessão, no jogo familiar? Que representações inconscientes estariam mobilizando esse jogo da criança? Estaria ela portando algum conteúdo ainda não revelado nas entrevistas iniciais? Essa confusão era sua ou do grupo? Haveria um contrato consciente que se sobrepunha? O que ali teria de ser significado ou revelado pelo analista?

Seguindo totalmente a indicação das observações coletadas nas entrevistas até aquele momento, solicitou-se uma entrevista com os pais para esclarecimentos da rotina de Juvenal e acerca de pontos confusos da dinâmica familiar.

Eles aceitaram de pronto, mas, desde o princípio, pareceram um pouco tensos, ansiosos para saber se já havia alguma impressão sobre Juvenal. Conversamos sobre a insegurança dele e a preocupação em se mostrar adequado para os pais. Apenas nesse momento, emerge no analista uma questão para o casal, se haviam decidido não ter mais filhos. Tal acontecimento dentro da sessão parece ter aberto a porta para algo ainda não revelado nessa família. Irrompeu algo da ordem de "segredo" ou do "estranho" (Freud, 1919). Uma certa inquietude, estranheza e mal-estar emerge nos pais e no analista. Tais sentimentos se referiam a algo familiar e ao mesmo tempo assustador.

A pergunta, tal qual uma interpretação, pode se apresentar como *fato selecionado* – conceito de Poincaré utilizado por Bion (1962) – na mente do analista e pode ser a abertura para o inusitado, o desconhecido até mesmo para os elementos do grupo familiar, mas também para o inesperado, desde que a confiança na relação analítica tenha sido estabelecida.

É Ezequiel, o pai, quem começa a falar e revela que Juvenal é adotado. Explica que a história é complexa, pois, na verdade, ele é filho do irmão "preferido" de Floriana. Desde o nascimento de Juvenal, Floriana deu total cobertura à família do irmão, pois a mulher dele se mostrava insegura para cuidar do bebê. Floriana passava os dias com a cunhada para ajudá-la, era muito solícita e disponível. A proximidade e o cuidado do bebê e as boas condições materiais do casal favoreceram inicialmente que Juvenal ficasse muito com a tia e incentivaram a ideia posterior de adotá-lo. Foi um momento impactante do trabalho para todos, analista e familiares, "um grande mal-estar", pois essa revelação pareceu ter fugido ao combinado pelo casal, que se entreolhou com estranheza e uma expressão de condenação por parte da mãe, como se tivesse havido uma ruptura do acordo conjugal consciente.

Floriana revela que tentaram engravidar no início do casamento, mas sem êxito; pensavam em adotar uma criança, até que se deu essa situação. Soa mais como uma "adoção forjada"[4] feita aos poucos e com amor, ou movida pela inveja, usurpando dos pais biológicos de Juvenal o direito de serem também os pais afetivos dessa criança.

---

4   Forjado. adjetivo: 1 – que se forjou; fundido e malhado numa forja até tomar determinada forma. 2 – figurado: dito ou mostrado como verdadeiro, autêntico (diz-se de algo falso); inventado, fabricado. Uma desculpa.

Parece algo construído aos poucos, de forma a parecer natural, a partir da projeção nos pais biológicos da impotência, do medo de não terem condições materiais para criar o filho.

No caso, caberia pensar na ideia de que o eu pode portar algo de seu e do outro, do casal ou até mesmo do grupo e das gerações anteriores, como já mencionamos. Poderíamos compreender Floriana como a *porta-ideal* (Kaës, 2011) do casal quando assume essa adoção, pois encarna os sonhos de desejos seus e do seu parceiro que não foram realizados.

Coloca-se aqui algo relativo à apropriação indevida da paternidade de uma criança, mas regularizada de tal forma que nunca seria possível desfazê-la. Constava na certidão de nascimento, era irrevogável, confirmou Ezequiel. Se seguirmos em nossas conjeturas, poderíamos ir mais longe e pensar Juvenal como um filho fruto do incesto, pois pertenceria aos irmãos, e também de uma sexualidade vivida, mas que se manteve presente/ausente e inconsciente. Já o irmão parecia ser filho de Floriana com quem, o pai? Talvez sejam posições impostas pela organização do grupo familiar de origem, que se tornaram *determinações intersubjetivas das funções fóricas*:

> *O conceito de função fórica não considera o sujeito como um elemento de um sistema, mas como o sujeito do inconsciente. A parte que cabe ao sujeito na função fórica que ele realiza é reconhecida e se conjuga com a maneira pela qual o grupo o utiliza para seu próprio processo e leva o sujeito a esse posto. (Kaës, 2011, p. 165)*

Assim, podemos ver Floriana nesse lugar em que tem de realizar algo do interdito da mãe – não consegue ser uma mulher capaz de ter filhos, algo tão forte que se inscreve em seu corpo; o desejo e a palavra da mãe encontram nela um ancoradouro, a maneira como reprimiu sua sexualidade.

Na sequência dessa sessão, Ezequiel viveu um estado mental de confusão com perda temporária de identidade, revelando a continuidade do impacto da sessão anterior, que poderíamos nomear de vazamento da revelação. Apesar de não termos conversado de modo explícito sobre a adoção, em alguma parte dele deve ter havido o vislumbre da verdade dos seus atos, deixando Ezequiel confuso a respeito de si próprio.

Retomamos a sessão sem a presença de Juvenal, a pedido do pai, que, ao chegar, afirma ter se conscientizado da complexidade dessa adoção, pois, embora lícita, tinha a conotação de que ficaram com o filho dos cunhados.

Juvenal os chama de pai e mãe, não tendo sido possível saber como chamava os pais biológicos. O momento se mostrou bastante delicado e tão turbulento que não foi possível abordar a questão. O casal queria muito um filho. O que é um filho para os pais?

Recuperado o clima, o que permitiu continuar o trabalho, voltamos à queixa trazida pelos pais no início dos contatos, o sintoma, as dificuldades escolares de Juvenal. Recordemos que o menino tinha dificuldades em matemática e geografia e também com a fala.

Consideramos que o sintoma da criança é efeito da dinâmica familiar. Entendemos, como Mannoni (1978), que o sintoma são palavras amordaçadas precisando ser decifradas. Como poderíamos entender as dificuldades de Juvenal? O que não estaria sendo nomeado, dito ou esclarecido a essa criança que a impedia de aprender?

Mannoni (1978) cita autores que afirmam que as crianças são o seu próprio sintoma e que cabe aos adultos que cuidam delas procurar entrever a possibilidade de se embrenhar nos desfiladeiros do desejo dessas crianças. Sabemos que a criança começa a falar quando nasce para o desejo. Juvenal só falara aos 2 anos e meio.

Fica fácil entender se pensarmos que, se a criança tiver dificuldades de se situar no tempo e no espaço, terá dificuldades para saber rapidamente que $2 + 4 = 6$. Poderá trocar 34 por 43 e ter outras dificuldades no conteúdo que a matemática prevê. A dificuldade de encontrar seu lugar na família não facilitará seu aprendizado em matemática, tampouco em geografia, pois em ambas a questão do lugar, do espaço, é fundamental.

Quanto a Floriana, o acesso ao seu passado também está prejudicado, o que a leva a não explorar o passado que deseja apagar, e isso se alia ao propósito que defende o ego em seu projeto atual. De mãe para mãe e de mãe para filho: Floriana como a portadora de uma história que, em parte, não é sua.

Há muito a discutir numa situação familiar tão particular quanto esta.

Outras considerações

Sabemos, desde Freud, que o que não pode ser elaborado psiquicamente e transformado passa a ser expresso pela atuação, reaparecendo como uma forma de lidar com o não elaborado. Essa reflexão trazida por Freud ajuda na compreensão de muitos aspectos do caso clínico apresentado, pois é possível entender a "adoção forjada" como um ato psíquico que remete a situações internas não elaboradas do casal.

Como qualquer outra formação do inconsciente (sonho, ato falho, sintomas), o que aconteceu nessa família envolve condensações e dramatizações, que, por serem inconscientes, tiveram de ser decifradas.

Esse caso clínico se tratava aparentemente da situação de um casal com um filho que apresentava sintomas escolares. Porém, os segredos atravessaram muros invisíveis que preservavam a intimidade familiar e escondiam, entre outras coisas, situações de incesto, uma adoção forjada, conflitos amorosos de rejeição e traição. Os segredos são silenciosos, mas têm forma e efeitos, ocupam espaço, deixam pistas e podem ficar encapsulados, como dissemos anteriormente.

Talvez o impacto devastador do segredo, da dor ocultada e do luto impossível de "não ter filhos" tenha levado ao segredo que se apresentou no caso clínico, passado involuntariamente de uma geração a outra.

Ergueu-se uma cripta, uma "sepultura secreta", uma caverna subterrânea, um antro, onde repousa vivo um segredo que poderia ser considerado vergonhoso. Um lugar no inconsciente onde se enquistou um conteúdo difícil de ser nomeado. Fato vivido de modo inconsciente pela geração anterior que retorna em busca de significado, como um estrangeiro para o próprio sujeito.

Esse conteúdo inconsciente se atualiza na criança, que carrega o sintoma como expressão desse conteúdo encriptado. Dito de outro modo, é como se uma lembrança que foi enterrada numa sepultura ilegal ficasse num exílio e uma modificação oculta retornasse buscando mascarar esse exílio.

A malha do segredo familiar atravessa uma complexa trama vincular e se define não só em termos de comunicação, de fatos definidos, mas também a partir da forma de organização psíquica em seus níveis conscientes e inconscientes.

No espaço do grupo familiar, encontramos movimentos opostos que oscilam entre guardar, esconder e reter, de um lado, e a tendência a expulsar, compartilhar e deixar sair o escondido, de outro. Na dinâmica da censura e do segredo familiar, observamos que o acesso à representação em imagens e a possibilidade de fantasiar sobre determinados fatos permanecem bloqueados.

Existem diversas origens dos segredos de família. Encontramos acontecimentos que são guardados como "segredos" por incluírem uma transgressão que, ao ser descoberta, poderia ser submetida a uma lei social que a sancionaria, ao mesmo tempo que geram sentimentos de angústia ou vergonha de se expor ao olhar do outro.

Na situação familiar apresentada para tratar do segredo dentro da transmissão psíquica, vimos a importância de um momento-chave da transferência, que permitiu a abertura para a revelação inesperada entre a informação oferecida e a maneira como o casal a enuncia, para que o que pertence à intimidade familiar não seja revelado. Foi por meio desse campo analítico-transferencial que se criou a abertura para uma abordagem, ainda que seja um campo frágil e de difícil sustentação, em que pudemos perceber que a verdade poderia ser insuportável.

Lacan, em seu texto "Os complexos familiares na formação do indivíduo" (1938), propõe claramente que a transmissão transgeracional se dá de modo muito amplo, de forma consciente e inconsciente, envolvendo a transmissão de complexos, imagos, sentimentos e crenças, o que implica que a construção da subjetividade se dá não somente a partir das elaborações intrassubjetivas, mas também do relacional ou intersubjetivo.

Observamos como é fundamental na prática clínica deixar emergir na situação relacional o percurso das associações livres, das perguntas e/ou interpretações do analista, pois quaisquer desses recursos podem abrir espaço para o conteúdo inconsciente e dar pistas para a descoberta de segredos familiares. Todos os conteúdos inconscientes são representações do sujeito que podem ser acolhidas pela transferência, bem como pela contratransferência do e pelo analista.

Além disso, nunca trabalhamos com uma única função, estaremos sempre sob a ação do nosso inconsciente, em estado de atenção flutuante.

Relembrando o texto de Amina Maggi Piccini, estaríamos num estado intuitivo, de distância concreta do objeto, percepção propriamente dita que tem de ser reprimida, mas num estado próximo, orientado por percepções sensoriais, advindas do arcabouço inconsciente do analista. Estaríamos, portanto, num registro exterior às dimensões metapsicológicas clássicas.

Esses instrumentos de observação não clássicos nos levaram a interpretações muitas vezes traduzidas por questões e propostas de variações no atendimento, como solicitar uma entrevista com o casal para uma aproximação da "estranheza do analista" diante do brincar da criança e suas associações, e permitiram a ruptura do pacto consciente de manterem a adoção em segredo. A verdade da adoção poderá não ser revelada nunca. A busca de Juvenal por conhecimento poderá estar comprometida, na medida em que o acesso à verdade de sua história é impedido por sua família.

Sem que houvesse direção explícita do manejo para tal, foi dentro do atendimento analítico que se fez a revelação do segredo, na medida em que, de uma família com "filho biológico", como se apresentaram, passaram a uma família com uma criança "adotada", acontecimento que causou inquietação, bem como o familiar, ao irromper a partir do "estranho" (Freud, 1919).

Referências

Abraham, N., & Torok, M. (1995). Luto ou melancolia. In N. Abraham, & M. Torok, *A casca e o núcleo* (pp. 243-257). São Paulo: Escuta.

Aulagnier, P. (1990). *Um intérprete em busca de sentido*. São Paulo: Escuta.

Aulagnier, P. (2001). *La violência de la interpretación: do pictograma al enunciado*. Buenos Aires: Amorrortu.

Berenstein, I. (1990). *Psicoanalizar una familia*. Buenos Aires: Paidós.

Bion, W. R. (1962). *Aprendiendo de la experiencia*. Buenos Aires: Paidós.

Eiguer, A. (1997). Transgénérationnel et temporalité. *Revue Française de Psychanalyse, 61*(5), 1855-1862.

Freud, S. (1906-1908). Romances familiares. In S. Freud, *Edição Standard Brasileira das Obras Completas de Sigmund Freud* (Vol. IX). Rio de Janeiro: Imago, 1980.

Freud, S. (1914). Introdução ao narcisismo. In S. Freud, *Edição Standard Brasileira das Obras Completas de Sigmund Freud* (Vol. XIV). Rio de Janeiro: Imago, 1980.

Freud, S. (1919). O estranho. In S. Freud, *Edição Standard Brasileira das Obras Completas de Sigmund Freud* (Vol. XVII). Rio de Janeiro: Imago, 1980.

Kaës, R. (1997). Os dispositivos psicanalíticos e as incidências da geração. In A. Eiguer et al., *A transmissão do psiquismo entre gerações: enfoque em terapia familiar psicanalítica*. São Paulo: Unimarco.

Kaës, R. (2011). *Um singular plural: a psicanálise à prova do grupo*. São Paulo: Loyola.

Lacan, J. (1938). *Os complexos familiares na formação do indivíduo*. Rio de Janeiro: Zahar, 1987.

Mannoni, M. (1978). *Um lugar para viver*. Lisboa: Moraes.

Meyer, L. (1983). *Família: dinâmicas e terapias (uma abordagem psicanalítica)*. São Paulo: Brasiliense.

Piccini, A. M. (2016). Intuição: lacuna teoria na psicanálise. *Revista Brasileira de Psicanálise, 50*(1).

Winnicott, D. W. (1983). *O ambiente e os processos de maturação*. Porto Alegre: Artes Médicas.

10. Transferência e contratransferência na clínica conjugal e familiar: o campo das intertransferências e das transferências múltiplas como foco de análise

Maria Luiza Dias

Era 1980 e eu cursava o 4º ano de Psicologia na Pontifícia Universidade Católica de São Paulo (PUC-SP) quando entrei em contato com a psicoterapia familiar, que se desenvolvia em paralelo ao movimento da antipsiquiatria. Os trabalhos e os escritos de Foucault, Laing, Cooper e Basaglia, entre tantos outros, ganhavam forte expressão, ao lado de filmes como *Um estranho no ninho* e *Vida em família*, trazendo todo um universo que procurava implicar a família na produção da doença mental flagrada em um dos membros do grupo familiar.

Meus pais tiveram cinco filhos e eu pertencia a uma família extensa e numerosa. Pensar os temas de família em um raciocínio intersubjetivo, que partia da premissa de que as pessoas produzem conjuntamente o que vivem, muito me mobilizava e me ajudava a compreender o que eu já podia observar em todo o meu entorno.

Do intrassubjetivo ao intersubjetivo

Penso que coube mencionar esse contexto pois somos sempre também fruto do pensamento de nossa época, seja para aderir a ele, complementá-lo ou questioná-lo. Meu contato com as psicanalistas docentes no Núcleo Teoria e Técnica de Diagnóstico e Psicoterapia de Casal e Família, nos últimos anos de minha graduação em Psicologia, constituiu para mim fortes laços de pertencimento a uma especialidade que começava a se desenvolver em nosso país. Com algumas das docentes mantive atividades bastante duradouras, pois naquele tempo não havia cursos de formação e aprendíamos o ofício por meio de grupos de estudo e supervisão, ao lado de uma boa análise pessoal.

Meu diálogo acontecia com autores que valorizavam a noção de paciente identificado no grupo familiar, conceito que pode ser estendido também ao vínculo conjugal, quando um dos membros do casal é recipiente das angústias e do mau funcionamento do par. Não havia livros em português e acredito que a primeira obra traduzida para a nossa língua na década de 1980 foi de Berenstein (1988), intitulada *Família e doença mental*, abordando o grupo familiar como um sistema com uma estrutura inconsciente a que denominou "estrutura familiar inconsciente".

Termos como "bode expiatório", "paciente emergente", "porta-voz" e "protagonista" ganhavam evidência. Em contato com o pensamento do psicanalista argentino Enrique Pichon-Rivière (1986a, 1986b), eu constatava que era possível aproveitar grande parte da teoria psicanalítica aplicada a grupos para a compreensão do que ocorria com grupos familiares, que são um tipo de grupo. Em seu texto "Tratamento de grupos familiares: psicoterapia coletiva" (1986c), esse autor ressaltou que o terapeuta precisa considerar que a pessoa doente é porta-voz da enfermidade grupal.

Influenciada por essa linha de pensamento e pelos estudos de Bateson et al. (1980) sobre o tipo de comunicação encontrado entre pacientes esquizofrênicos e suas famílias – na ocasião em que trabalhou e coordenou pesquisas no VA Hospital (Palo Alto,

Califórnia), propondo o conceito de duplo vínculo –, passei a observar o funcionamento da família como uma unidade. Influenciava-me o pensamento de Henry Dicks (1970), de quem nunca esqueci o provérbio: "Quando os pais comeram uvas verdes, os filhos têm dentes doendo" (p. 21). Na mesma linha, impressionei-me com o que disse a psicanalista argentina Raquel Soifer (1983):

> *Quando explicamos no capítulo anterior a incidência da família na enfermidade da criança, dissemos hipoteticamente que a mesma se produz por causa de aprendizagens psicológicas que os pais não conseguiram completar, em grau suficiente, no próprio desenvolvimento evolutivo.*
>
> *Não podem, então, transmitir tais aprendizagens a seus filhos, que se ressentem da carência criando sintomas a modo de defesa contra as ansiedades derivadas da impossibilidade para enfrentar bem a realidade. (p. 49)*

Nessa direção, considerei conceber que os pais da criança sintomática estavam implicados nos enredos apresentados. Da psicanálise freudiana, com a qual entrei em contato no período da graduação (1978-1982), marcavam-me as noções de transferência e contratransferência, processos que eu passaria a identificar em toda a sequência de meu trabalho clínico posterior e que, neste momento, elegi para pensar juntamente com nosso leitor.

Aprendemos e nos constituímos com a experiência

Nos meus primeiros atendimentos clínicos a casais e grupos familiares, eu percebia a presença de uma homologia estrutural entre o que havia se passado na história pregressa do indivíduo, o que ocorria no vínculo conjugal e, ainda, o modo como esses elementos se expressavam na criação de filhos. Passei a considerar a importância do ambiente na formação da personalidade dos indivíduos, observando que as primeiras disposições instaladas condicionavam a maneira como os indivíduos se vinculavam futuramente. Nesse sentido, sinto-me muito winnicottiana ou bowlbiana, ou apenas Maria Luiza, uma vez que esses autores valorizaram, como eu, as primeiras relações humanas como fundadoras de estilos relacionais posteriores.

Winnicott (1975, 1999) evidenciou que as primeiras experiências no mundo contribuem para a formação de um verdadeiro ou falso *self*, dependendo do modo como o bebê é cuidado por sua mãe (ou figuras substitutas significativas), trazendo a noção de mãe-ambiente que facilita ou não o espaço potencial, no qual o bebê, ao brincar, constitui-se como ser criativo e capaz de encontrar o próprio lugar de desenvolvimento no mundo. Ao contrário, quando a criança precisa desde cedo abrir mão de seus movimentos espontâneos para atender e corresponder aos desejos de seu(sua) cuidador(a), pode instalar-se um falso *self*, que desfavorecerá seu bom desenvolvimento.

Bowlby (2015) também valorizou muito as primeiras experiências da criança com seus cuidadores, propondo, segundo sua teoria do apego, que a experiência inicial de cada indivíduo com sua figura de apego o levará a constituir tipos diversos de apego: seguro, ansioso ou evitador. Essa vivência primária, de acordo com essa compreensão, terá repercussões no estabelecimento da conjugalidade futura e no exercício da parentalidade.

A partir dessas proposições, observamos que se realizaram muitas novas construções na psicanálise que ultrapassam a psicanálise tradicional freudiana, ancorada na noção de inconsciente. A psicanálise de família fez, assim, uma passagem do mundo intrapsíquico para o interpsíquico e transpsíquico. A visão de um campo subjetivo compartilhado, que passa a ser considerado pelos analistas de vínculo como um espaço intersubjetivo e trans-subjetivo, como Kaës (2009) o compreende, interessou-me bastante, já que sempre me preocupei com o compartilhamento da responsabilidade nos vínculos interpessoais. Quando os indivíduos se dão conta de que tanto os bons quanto os maus produtos são constituídos em corresponsabilidade, as brigas perdem seu sentido, dando lugar à cooperação, à aprendizagem e à mudança.

Ressalto, então, que tendemos a interpretar o mundo de acordo com nossa experiência nele, e nossa maneira individual de fazer isso interferirá em futuras relações conjugais que venhamos a estabelecer e no tipo de relacionamento que criaremos com nossos filhos. Aceito como premissa, portanto, que tais vivências serão influenciadas pelo que se experienciou com os próprios pais e/ou figuras significativas.

Desde muito pequenas, as crianças imitam os pais e buscam incorporar os recursos disponíveis. O processo de identificação é o alicerce das questões identitárias. Quem na infância nunca calçou os sapatos da mãe e/ou do pai? Um menino de 3 anos que, neste momento, chamaremos de Tiago (nome fictício), mexendo no próprio queixo, disse à sua mãe: "Mamãe, a barba vai crescer igual meu pai. Vou vestir as roupas do meu pai quando crescer (experimentando seus sapatos). Vou fingir só um pouquinho que eu sou meu pai". Achando interessante a fala do filho, a mãe escreveu ao pai: "Seu filho está aqui tomando o seu lugar". E riu.

A partir das experiências no mundo, a criança incorpora imagens, conceitos, pautas relacionais e tudo o mais que podemos chamar de representações mentais. Cabe fazer referência, neste momento, ao conceito kleiniano de "mundo interno". Meyer (1987) o definiu muito bem assim:

> *Um conceito, central ao referencial kleiniano, é sua noção de existência de um mundo interno habitado por objetos internos. A vida psíquica pode ser vista como*

> *resultante do estabelecimento e desenvolvimento, no interior da pessoa, de uma "assembleia" de objetos. É uma vida que adquire expressão enquanto manifestação da natureza intrínseca desses objetos em si; enquanto manifestação do modo pelo qual são tratados; do modo como se deixam tratar e do modo como se tratam mutuamente; enquanto manifestação de seu diálogo recíproco quanto daquele com os objetos do mundo exterior. É uma vida que tanto contém as relações objetais quanto é a manifestação verdadeira de tais relações objetais. Expressa tanto a experiência emocional vinculada a estas relações quanto as defesas originadas por ela. (pp. 11-12, grifos do original)*

Formamos, portanto, a imagem das pessoas ou da relação entre as pessoas em nossa mente e isso influencia a forma como nos comunicamos nas relações interpessoais. Nesta altura deste texto, já é perceptível que a psicanálise com a qual eu entrei em contato no início do desenvolvimento da psicanálise de casal e família no Brasil, nos anos 1980, é a psicanálise de origem inglesa e argentina.

Elisabeth Roudinesco (2016), em sua obra *Sigmund Freud na sua época e em nosso tempo*, abre a introdução do livro afirmando: "Um homem só morre efetivamente, dizia Jorge Luis Borges, depois que o último homem que o conheceu morre também" (p. 9). Aprecio muito essa afirmativa, pois ela traz a imagem de que existe uma dimensão de experiência em nossa vida psíquica, que contém a vida e a morte de relacionamentos e na qual cultivamos as representações mentais sobre indivíduos, grupos e nossas relações interpessoais. Assim, os vínculos acontecem no nosso mundo mental e é de acordo com esse conteúdo psíquico que proporemos interações com os demais viventes do nosso espectro relacional.

Com tudo que foi exposto, há de se imaginar que, desde que era estudante de graduação, tive enorme facilidade para aderir à noção freudiana de *transferência* (e sua contrapartida, a *contratransferência*) como ferramenta central no manejo dos vínculos estabelecidos nas sessões conjuntas. Nesse sentido, penso que o conceito de transferência muito se relaciona ao fato de quem somos corresponder a uma construção que advém das experiências tidas no mundo com nossas figuras significativas, por quem fomos cuidados.

Sobre o conceito de transferência em Freud

Transferência, do latim *transferentia*, corresponde a: ato de levar algo ou alguém de um lugar para outro; cessão de direitos (Priberam, s.d.). O uso do termo não é exclusivo da psicanálise, sendo utilizado em diversos contextos. Segundo Laplanche e Pontalis (2001), a transferência:

> Designa em psicanálise o processo pelo qual os desejos inconscientes se atualizam sobre determinados objetos no quadro de um certo tipo de relação estabelecida com eles e, eminentemente, no quadro da relação analítica. Trata-se de uma repetição de protótipos infantis vivida com uma sensação de atualidade acentuada. (p. 668)

O termo foi, então, introduzido pela psicanálise freudiana, referindo-se ao processo de retorno à situação anterior, que se atualiza na situação analítica, como uma revivescência da situação passada. Freud (1912, 1917) acreditava que, para que a transferência fosse superada, era necessário mostrar ao paciente que seus sentimentos não advinham da situação do presente com o médico, mas que se tratava de uma repetição de algo vivido no passado. O analista representava, com isso, alguém do passado do analisando, com quem ele havia vivido tal experiência. O conteúdo inconsciente conformaria, então, o que se vive no relacionamento com o analista, terreno de reedição de experiências passadas com figuras significativas de cuidado.

Para Freud (1912), a transferência na situação da análise correspondia a um obstáculo que dificultava o tratamento por gerar uma resistência, que surgia como "a resistência mais poderosa ao tratamento" (p. 135). Ele afirmou: "Aprendemos que o paciente repete ao invés de recordar e repete sob as condições da resistência" (1914, p. 198); "A repressão deve ser eliminada – e a seguir pode efetuar-se desimpedidamente a substituição do material consciente pelo inconsciente" (1917, p. 509).

Freud (1912) propôs que a transferência se expressava em algumas modalidades, de acordo com os tipos de afeto e de investimento que estão presentes. São elas: a transferência positiva (sentimentos afetuosos, facilita a elaboração e a cura), que se divide em amistosa (gera um vínculo de colaboração) e erótica (pulsões e desejos de tipo amoroso-erótico dirigidos ao analista); e a transferência negativa (repetição de elementos hostis). As transferências erótica e negativa se constituem como resistência ao processo de análise.

A transferência é um dos conceitos fundamentais da psicanálise, considerado pelo analista ao dar seguimento à análise de seus pacientes. Tomemos Ruth Riesenberg-Malcolm (1986) como exemplo. Ela compreende que, ao interpretar a transferência como técnica analítica, o analista está simultaneamente interpretando passado e presente; que o processo analítico é um processo de comunicação e que o analisando comunica seu mundo psíquico ao analista ao experienciá-lo e revivê-lo na transferência. Nessa direção, o analista interpreta sua relação com seu paciente com o objetivo de promover uma mudança. Sobre isso, Riesenberg-Malcom afirmou (1990):

Neste artigo quero ressaltar os seguintes pontos: (1) que interpretando a transferência o analista está simultaneamente interpretando passado e presente; (2) que a gênese e a resolução dos conflitos do paciente só podem ser alcançadas e conseguidas interpretando-se o relacionamento do paciente com o analista e (3) que as chamadas "interpretações genéticas", isto é, interpretações que se referem à história passada do paciente, não são o objetivo do trabalho analítico, mas têm a função de dar ao paciente um sentido de continuidade em sua vida. (p. 89)

Minerbo (2020) assinalou que contratransferência e transferência são "posições identificatórias solidárias e complementares, de tal forma que uma desenha e dá sentido à outra" (p. 26). Essa autora ressaltou que ao reconhecer "quem" está na origem das identificações "que determinam a forma de ser e de sofrer para a qual o paciente vem buscar alívio", o analista poderá então interpretar e/ ou se reposicionar "de modo a interromper a repetição sintomática".

Encontramos também algumas ampliações do conceito de transferência. Lacan (1964), por exemplo, dedica um de seus seminários ao tema da transferência. Partindo da concepção freudiana de transferência, o autor propõe uma visão específica sobre o conceito e seu manejo. Por meio do conceito de "sujeito suposto saber", que se refere a alguém que se supõe possuir um saber, Lacan traz inovações à compreensão do vínculo transferencial estabelecido entre analisando/ analista. No *Dicionário de Psicanálise Larousse* (Chemama, 1995), encontramos as características da transferência na ótica lacaniana:

De fato, o analista, por sua análise pessoal, é suposto estar em estado de saber de que são tecidas suas relações pessoais com os outros, de modo a não vir interferir com aquilo que está do lado de seu paciente. Trata-se, além disso, neste caso, de uma condição sine qua non, que o analista esteja disponível e à escuta de seu paciente. Interessa, e isso de imediato, que o analista possa identificar que figura irá encarnar para seu paciente. (p. 217)

Quando se busca análise, a função de suposição de saber já está instalada, uma vez que se entende que o analista é capaz de auxiliar na resolução do que incomoda o sujeito que o procura, que sabe tudo o que o paciente ignora. O processo de análise se torna o terreno no qual o analista é colocado no lugar do sujeito suposto saber, instalando-se a transferência, que garante que a análise tome seu curso, e promovendo-se abertura para os conteúdos inconscientes, que se manifestarão por via da associação livre do analisante, como condição fundamental para transformar a queixa do paciente em uma demanda de análise endereçada ao analista. Desse modo, o analisando busca compreender suas questões. Sobre isso, Meirelles (2012) afirmou: "Quando se abre a via de questionamento do sintoma instaura-se a perspectiva de que há respostas a se obter, e a transferência passa a atuar na precipitação de interpretações ao enigma do sintoma" (p. 127).

Nessa direção, passa a ser função do analista, no manejo transferencial, suportar inicialmente este lugar no qual é colocado por seu analisando, como objeto de demanda, para que a análise possa transcorrer.

Ampliações do conceito de transferência por outros autores: as intertransferências e as transferências múltiplas

Muito me impressionaram as ideias de Luiz Meyer, psicanalista paulista que acredito ter sido o primeiro autor brasileiro a publicar na área, como fruto de sua experiência na Clínica Tavistock, e que por isso é quem escolho para iniciar a reflexão sobre as intertransferências e as transferências múltiplas no contexto do atendimento conjugal ou familiar. Antes de definir essa nova nomenclatura, vejamos o que Meyer (1987) afirma sobre o papel do terapeuta de família:

> *Em virtude da natureza do seu trabalho, o terapeuta é colocado – e se coloca – na mesma situação de qualquer dos membros da família. Ele está ali para deixar-se infiltrar pelas identificações projetivas. A família tentará recrutá-lo para seu sistema conspiratório de interações. Os familiares esforçar-se-ão para amoldá-lo a um ou outro objeto parcial (os quais podem estar constantemente em mudança), ou a qualquer uma de suas autoimagens recalcadas. Todos estes processos finalmente se somam, chegando a um ponto tal em que o terapeuta passa ao nível de psicologicamente não-existente. Neste sentido, além de reconhecer o que as pessoas estão fazendo umas com as outras, o terapeuta tem de paralelamente esclarecer em particular o aspecto transferencial, ou seja, o que a família está fazendo com ele, e movida por que ansiedade. Este é um aspecto extremamente difícil do trabalho, dado que o terapeuta chega na situação como estranho e novato perante um grupo habilidoso e antigo de devotos, a família. (p. 31)*

Sigamos com Meyer, que continua a falar do terapeuta familiar em seu texto, mas agora se referindo ao que ocorre no mundo mental do analista:

> *Ele poderá sofrer a tentação de descarregar esta situação incômoda de volta para a família, para um de seus*

*membros, ou mesmo ver-se inclinado a fazer suas inter-
pretações de modo semelhante ao bombardeio ao qual ele
mesmo está submetido. No entanto, se ele se mostrar capaz
de suportar, e de conter-se em sua confusão – tentando
incubá-la –, há uma possibilidade de transformar este
desconforto em algo potencialmente significativo e útil
em relação a esses sentimentos e à interação daquela
família em particular. (p. 31)*

Encontramos neste discurso a menção a processos transferenciais
e contratransferenciais nas relações estabelecidas no contexto da
terapia familiar, que se tornam o eixo principal pelo qual os relacionamentos e a comunicação que ocorrem em uma sessão de terapia
conjunta serão abordados. Meyer aponta ainda a importância de se
considerar que o terapeuta leva com ele sua própria família interior,
o que inclui a natureza dos conflitos, das crenças e das atitudes presentes nesse convívio pregresso. Segundo Meyer (1987) – inspirado
na obra de Bion *Experiências com grupos* (1970), em que este autor
postula a existência de um aspecto de "grupalidade" no indivíduo –,
haveria em nossa mente uma "parte de familidade". Afirma: "Esta
entidade – a ser denominada 'parte de familidade' – visa denotar
aquela parte da vida mental da pessoa que está sendo incessantemente
estimulada e ativada pela experiência da interação familiar" (p. 50).

Nessa direção, Meyer (1987) concebe que, em seu papel, o terapeuta familiar tem a tarefa de "tentar interpor uma espécie particular
de processo em sua própria atividade mental, localizando-o entre o
impacto que a sessão exerce sobre ele e a devolução para a família
a respeito de sua experiência desse impacto" (p. 33). Fica evidente
que o analista de família tem sua própria mente como ferramenta
de trabalho e que seu ofício implica não somente a observação do
mundo mental dos demais, mas também do seu próprio mundo

psíquico, sobretudo de como é afetado/mobilizado/acionado pela natureza do conteúdo atualizado pelo casal ou pelos membros da família em uma sessão conjunta, em que cabe a ele a maior possibilidade de contenção desses conteúdos.

Por meio dessas descrições, observamos que as transferências ocorrem em múltiplas direções simultaneamente. No contexto da psicoterapia familiar ou conjugal, os processos transferenciais são plurais, envolvendo mais de dois indivíduos. No grupo, encontramos a transferência clássica do analisando dirigida ao analista, mas também outras transferências em diversas direções no seu interior, a que denominaremos intertransferência quando se trata de um par e transferências múltiplas quando são transferências plurais. Em Minerbo (2020) encontramos menção a "transferências *cruzadas*" para a situação em que "há dois ou mais sujeitos que fazem transferência uns com os outros" (p. 29). No grupo, então, o analista mantém vários vínculos simultâneos, gerando cadeias vinculares múltiplas. Alguns outros autores tratam desse tema.

Segundo Rojas (2000), na transferência familiar ocorre a atualização da dimensão inconsciente dos vínculos familiares em uma rede de transferências radiais dirigidas ao analista e laterais entre os membros da família, compondo uma produção no contexto do dispositivo analítico familiar. Para essa autora, a transferência está apta a ocorrer em todo laço humano, sendo a transferência familiar também favorecedora de novas inscrições no psiquismo, quando se põe em palavras o que nunca foi dito.

Os autores Puget e Berenstein (1993) nomearam os fenômenos das transferências no vínculo conjugal de "transferências vinculares" e "transferências intrassubjetivas individuais" e chamaram de "clima" o campo emocional configurado a partir dos "conflitos atualizados pelo enquadramento terapêutico, provenientes das áreas da díade e individuais de cada paciente" (p. 112).

Berenstein (2004, 2011) e Puget (2015) criticaram posteriormente a visão freudiana de transferência. Para esses autores, toda experiência é nova, pois não edita como cópia exata a situação passada e, por isso, preferem a noção de interferência à de transferência. Evidenciam, desse modo, que uma vivência nunca se repete, embora algo do passado possa estar presente. Existem os registros do que foi vivido com outros indivíduos, mas sobre isso Berenstein (2011) afirma: "Na sessão psicanalítica, a transferência, produção atual com base em uma ausência, faz limite ou borda com a situação atual, a das presenças, e seu renovado obstáculo prefiro chamar de interferência" (p. 154).

Spivacow (2011) salienta que a transferência não se configura somente como repetição, pois acredita que ela se expressa também como "descoberta e invenção de modos de elaboração do conflito original" (p. 85). Esse autor nomeou o processo transferencial entre o casal de "transferências *intraparejas*" (transferência que ocorre no intersubjetivo do casal). Ao aceitar os conceitos de interdeterminação e de alianças inconscientes, ele visualiza que o analista pode ajudar um casal a produzir *insight* sobre as transferências que unem ambos os parceiros. Spivacow (2020) realça ainda que, se nos tratamentos individuais muitas intervenções se voltam à explicitação da transferência investida no analista, na terapia conjugal são focalizadas as transferências entre os parceiros.

O fenômeno da contratransferência

Laplanche e Pontalis (2001) definem a contratransferência como um "conjunto de reações inconscientes do analista à pessoa do analisando e mais particularmente à transferência deste" (p. 146). Desse modo, não somente o paciente é mobilizado a atualizar emoções, sensações e imagens no vínculo com o analista, mas também o analista tem seu mundo psíquico acionado, tanto consciente quanto inconscientemente. Trata-se de um conjunto de processos psíquicos acessados a partir da natureza do que o paciente traz.

Na psicanálise, o tema da contratransferência foi bastante abordado. Winnicott (2000), por exemplo, focalizou esse tema em seu texto "O ódio na contratransferência", ao afirmar que a análise de um psicótico é irritante. Para esse autor, o analista que assume a análise de um psicótico é intensamente afetado por esse fenômeno em sua tarefa e, entre outras sugestões, Winnicott pensa que o analista deve estudar os estágios primitivos do desenvolvimento emocional que recaem sobre o profissional ao fazer o seu trabalho.

No campo psicanalítico, porém, encontramos também outras formas de entender o conceito de contratransferência. Lacan (1964), por exemplo, concebe a utilização da contratransferência na situação analítica de forma diferenciada das outras escolas psicanalíticas. A assimetria entre analista e analisando que se constata a partir do lugar do analista como sujeito suposto saber desfavorece o uso da noção de contratransferência como recurso útil. Chemama (1995) afirma sobre essa questão:

> *Lacan não nega que o próprio analista possa ter algum sentimento em relação ao seu paciente e que ele possa, ao se interrogar sobre o que provoca isso, referenciar-se um pouco melhor no tratamento. Porém, o problema apresentado pela teoria da contratransferência é o da simetria que estabelece entre analista e paciente, como se ambos estivessem igualmente engajados como pessoas, como ego, no desenvolvimento da psicanálise. (p. 37)*

Alguns outros autores também salientam este aspecto. Bleichmar e Bleichmar (1992) afirmam: "Do outro lado da dupla analítica, a mente do analista, Lacan tampouco aceita que a contratransferência possa se converter em um instrumento técnico" (p. 189). Já Baremblitt (1996) afirma, sobre a visão lacaniana em relação aos processos contratransferenciais: "A situação psicanalítica não está desenhada nem para a interpretação da contratransferência do analista, nem para que esta seja usada como instrumento de cura" (pp. 75-76).

A clínica psicanalítica conjugal e familiar busca observar e compreender movimentos transferenciais e seu respectivo processo contratransferencial por parte do analista. A respeito da subjetividade do analista e da contratransferência, por exemplo, Spivacow (2020) aponta que a presença do analista/observador é um elemento constituinte do observado e que a subjetividade do analista corresponde a uma caixa de ressonância do consciente e do inconsciente dos pacientes, o que marcará de forma substancial qualquer tarefa psicanalítica. Ele afirma que "a contratransferência, tal como a entendemos, é o capital simbólico do analista, diferente de um terapeuta para outro" (p. 44). Consequentemente, não podemos evitar a influência da nossa subjetividade em seus variados aspectos. Spivacow alerta para o fato de que, no enquadre de atendimento a casal, corre-se mais risco de acontecerem erros ou desvios, como quando o profissional é tentado a tomar partido de um ou de outro participante do par conjugal.

De acordo com minha compreensão, em geral, a contratransferência que surge no profissional a partir dos acontecimentos da sessão clínica permite conhecer as nuances da relação intrafamiliar e do casal existentes, além de identificar as diversas posições da trama vivida, ocupando seu lugar no enredo. Cabe a ele conter e suportar tais conteúdos de forma a devolver algo mais digerível, útil e elucidador dos vínculos em análise.

Imaginemos a situação de um casal homoafetivo, a quem chamaremos de Bia e Paula (nomes fictícios), em sessões conjugais. O casal não se olhava e Bia se sentava de perfil para Paula, que permanecia muito falante durante toda a sessão. Quanto mais Paula falava, mais Bia parecia desconectada daquele momento presente.

Bia havia presenciado muitas brigas de seus pais na infância e parecia temer um confronto na sessão. Paula convivera, durante toda a infância, com uma mãe muito queixosa da constante ausência do marido, pai de Paula, por viagens de trabalho. A comunicação conjugal e parental havia sido escassa em ambos os lares de origem e, de algum modo, essa experiência era revivida no vínculo de Bia e Paula.

Não se olhavam, não se comunicavam propriamente, como se a experiência de falar na sessão acabasse por reproduzir um monólogo paralelo. Transferiam para o momento presente da sessão suas percepções e vivências dos vínculos significativos e da experiência doméstica da infância em suas famílias, sem terem exata consciência disso, pois cada uma entendia que a outra era quem se fechava ao contato. O clima na sessão era paradoxal: aparência de enorme comunicação com a fala intensa de Paula, contudo a comunicação falhava na medida em que o dar e o receber estavam comprometidos.

Nesse sentido, falar ou calar o tempo todo funcionava como forma de dar aparência de comunicação a uma experiência sem diálogo. Não bastasse isso, para tornar o encontro entre casal e terapeuta ainda mais dificultoso, o terapeuta observou em si dificuldade de entrar na conversa e até mesmo de encerrar a sessão no horário combinado. Sua sensação contratransferencial era de que todos poderiam se atrapalhar, acontecendo o pior: se fosse mais intrusivo, poderia parecer agressivo; se fosse muito tolerante, a sessão não chegava a seu término. Sentia-se também muito sozinho para avaliar o que era melhor fazer ou falar. Juntos, todos precisavam encontrar o caminho da conversa em que a reciprocidade pudesse se estabelecer, dando espaço ao ouvir e ao falar para cada participante do trio na sessão, de modo que algo novo pudesse ser vivenciado.

As sensações contratransferenciais do terapeuta se mostraram muito úteis para a compreensão da natureza do que era vivido por esse par conjugal. A partir de se perceber só e sem lugar na sessão de análise conjugal, o terapeuta pôde buscar o equilíbrio dos espaços de expressão e promover uma atitude mais empática em que todos passassem a se relacionar.

Os fenômenos da transferência e da contratransferência em um grupo familiar em psicanálise vincular

Para vivenciarmos um pouco a teoria mencionada referente aos dois conceitos – transferência e contratransferência –, vejamos outra vinheta clínica.

Pedro, um rapaz de 28 anos, tinha sido internado em uma clínica psiquiátrica por ter apresentado um episódio preocupante. Na alta da internação, seu médico, que procurava ajudá-lo muito dedicadamente, indicou-lhe psicoterapia familiar. Desde a primeira sessão em família, Pedro deixava claro seu sentimento de tristeza por não ter "dado certo na vida", ter perdido tempo, e, comparando-se aos amigos da mesma faixa etária, concluía que não passava de um "fracassado", já que nem uma faculdade tinha concluído. Sentia-se vazio e exigia de seus pais colaborarem com ele para poder viver no exterior e buscar uma vida que, segundo imaginava, seria melhor. Depositava todo o seu desgosto no fato de morar em um lugar de que não gostava e chegava a dizer que ali era como se tivesse sua kryptonita (metal que tira as forças do Super-Homem).

Pedro já havia morado 6 meses em um país da Europa, retornado ao Brasil, e depois voltado a morar na mesma localidade europeia, só que dessa vez, após um mês e meio, seus pais tiveram de buscá-lo, pois Pedro desenvolveu um quadro depressivo e declarava seu desejo de morrer. A partir desse momento, do resgate parental, Pedro passou a morar em um apartamento dos pais, na mesma cidade em que a família habitava, mas posteriormente voltou a morar com os pais, desmanchando seu lar individual.

Pedro não reconhecia os seis meses de residência no exterior como experiência de intercâmbio já realizada, persistia na visão de que encontraria seu habitat de felicidade fora do país. As sessões de psicoterapia familiar, que incluíam Pedro e seus pais, caminhavam com progressos, considerando-se que Pedro já aceitava conversar sobre esses temas, tinha se resignado a tomar a medicação recomendada por seu psiquiatra, havia diminuído seu tempo de reclamação e desespero e já se dedicava a algumas tarefas, como eventualmente cozinhar o almoço com a mãe ou passar tempo no computador arrumando o desempenho da máquina ou pesquisando cursos de línguas.

Conversávamos sobre as condições de que ele precisaria para poder voltar a morar fora do país; o que seus pais precisariam fazer para apoiá-lo nesse projeto e ficar razoavelmente tranquilos com o fato de ele ser capaz de se cuidar; sobre o que todos nós achávamos das providências necessárias para ele, Pedro, descobrir uma área de interesse em que quisesse fazer uma formação, o que poderia ser critério até para encontrar o país para o qual se deslocar.

Pedro chegou a responder a um avaliador de interesses editado por mim (trabalho como orientadora profissional de jovens vestibulandos e adultos em reorientação/revisão de carreira) e disponibilizado online por ocasião da pandemia de covid-19. Como permanecia muito tempo no computador e na internet, sugeri-lhe experimentar o recurso e todos na família acabaram por querer responder ao avaliador. Conversamos sobre o que havia sido encontrado como perfil de interesses no grupo. Pedro mantinha uma modalidade operatória de construir e desconstruir, construir e desconstruir; animava-se com algo e depois aquilo se tornava pouco importante. Na verdade, essas conversas não eram exatamente orientação profissional, mas criavam o terreno no qual podíamos conhecer seu funcionamento e o de seus pais diante da necessidade de organizar o desenvolvimento pessoal de Pedro e também atender as necessidades do grupo familiar, que precisava que o tempo transcorresse. Pedro precisava elaborar o luto acerca do que não havia feito, e realmente não fez, até mesmo porque parte do tempo tinha sido consumida com o adoecimento que culminou com sua internação.

Após uma de nossas conversas, em que Pedro escolhia lugares não usuais para morar, como Rússia ou Suécia, conversei com ele sobre a necessidade de aprender a língua local. Cabe lembrar que é mais comum que jovens busquem outros países da Europa, levando em conta a facilidade com a língua, já que frequentemente almejam ingressar em algum curso e terão de ler, escrever e assistir aulas na língua estrangeira. Pedro tinha identificado cursos gratuitos das línguas russa e sueca na internet, e havia até mesmo iniciado algumas aulas de sueco acompanhado da mãe, em momento em que ela o estimulava a aprender. Mas, como sua modalidade de ação era construir e desconstruir, e quase sempre acusar o mundo exterior (em geral os pais) de o prejudicar para não se sentir responsabilizado por perdas e danos no percurso, após essa sessão com seus pais, enviou-me a seguinte mensagem pelo aplicativo WhatsApp:

> **sáb., 12 de dez.**
>
> Olha dra. Eu me arrepender ou evoluir n significa q eu vo continua a terapia com vc. Vc deu sua bendita (ou diria, maldita) opinião de que é CONTRA eu ir pra Europa... ok, gente pra vomitar isso tem um monte, mas n precisava ser vc TAMBÉM... Vc fez eu me descontrolar, e por consequência me humilhei... e isso tem um preço. Essa próxima consulta é certeza q eu n vou participar... me pergunto se na outra vou participar, e se vc n vai se vingar de mim.
>
> O médico pode ser o melhor do MUNDO, mas se ele veio pra tentar enterrar meu sonho, então não serve.
>
> 16:17

Bom, imagine que você, leitor, fosse o psicoterapeuta dessa família. Como se sentiria? Em minha vivência contratransferencial, senti-me assustada, surpreendida, com a sensação complementar de perda do vínculo e certo sentimento de rejeição. Com certeza, eu tinha a convicção de não humilhar ninguém, pois não é do meu feitio e, ao contrário, meu interesse é ajudar seres humanos, já que exerço uma profissão de assistência em área de saúde, mas aquilo me parecia ter vindo do nada ou, quem sabe, da terra da kryptonita. Até o médico psiquiatra havia sido envolvido nisso, possivelmente por ser quem havia me apresentado a essa família. E o que exatamente eu havia feito? Sugerido a ele que escolhesse entre as duas línguas, portanto, um dos países para migrar, e se preparasse para ir aprendendo a língua local, já que precisaria se comunicar com o povo do lugar onde habitaria. Mas Pedro não podia escolher, pois escolher significava perder, quando ele só queria ganhar e de modo facilitado, sem dor nem prejuízos.

Pedro fez comigo exatamente o que vinha fazendo com seus pais: responsabilizá-los pelos investimentos no mundo que não dá conta de realizar, possivelmente pelo preço a pagar. É preciso estudar muito para aprender uma língua estrangeira, e Pedro ainda poderia estar ansioso sem saber se daria conta. Ficou mais fácil, portanto, destruir tudo, inclusive as pessoas do nosso país, ou seja, o que ele tem no momento. Voltou a se posicionar na atitude impenetrável, de embotamento narcísico, sem contato com o que vem de fora e, por isso, não integrando ao seu mundo interno o que eu lhe disse, mas envolvendo tudo no seu raciocínio individual encapsulado e fantasioso. Não se contentando com o que vinha à frente – muito esforço para aprender uma língua estrangeira –, transformou a analista em pessoa insuficiente e a ser abandonada, tentando fazê-la não se sentir satisfeita com o que transcorrera na sessão.

Em consonância com a Lei de Talião, "olho por olho, dente por dente", avisou-me que se retiraria por um tempo, temendo que a raiva desferida retornasse a ele em forma de raiva também. Ao contrário, *percebendo e contendo o que projetava em mim, apenas respondi sua mensagem por WhatsApp, dizendo que ele era importante para mim e para sua família e que faria falta na sessão caso não viesse. Aguardei a sessão seguinte e ele compareceu. Pudemos esclarecer os ocorridos e Pedro desculpou-se. Expliquei-lhe não ser necessário, pois ele não havia feito nada pessoal contra mim, mas que era importante compreendermos como tudo funcionava.*

Pedro foi ganhando cada vez mais autonomia no decorrer das semanas. Concordou em me doar essa mensagem tão importante enviada pelo WhatsApp, por intermédio de um Termo de Consentimento, para este nosso texto. Considero essa mensagem valiosa, na medida em que se trata de um excelente exemplo de como nossos clientes chegam nos contando sobre a dinâmica em que vivem e, na sequência, promovem que vivenciemos com eles seu enredo.

A mente do analista como espaço de compreensão e criação de novos modos de vinculação

Pudemos observar com Pedro que, na psicanálise dos vínculos, ocupamos um lugar no enredo familiar e, de dentro dele, passamos a nos posicionar, escolhendo o que dizer segundo a teoria e a técnica que adotamos em nosso trabalho. Há momentos, porém, em que o profissional é convocado a lançar mão de sua criatividade, respeitando os alicerces adotados em sua prática. Vejamos um exemplo.

Bruna, de 25 anos, foi indicada à psicoterapia familiar com seus pais. Tinha um irmão mais velho, já casado, que morava no interior de São Paulo. A primeira sessão ocorreu com Bruna e seus pais, com enorme esforço de Bruna para aceitar a presença de seu pai na sessão. Mantinha a convicção de que se pai e mãe permanecessem juntos, me convenceriam de que ela estava errada e ocultariam as agressões que, segundo acreditava, eles desferiam a ela no convívio cotidiano.

Entre a primeira e a segunda sessão, Bruna me enviou muitas mensagens em que "pedia" – melhor dizendo, "impunha" – que o pai não fosse incluído na segunda sessão. Em conversas com os pais, ficou decidido que a mãe viria à segunda sessão com a filha e o pai não compareceria para podermos conversar com Bruna. Para minha surpresa, Bruna disse que era muito bom que eu tivesse concordado que o pai não comparecesse às sessões, pois ela preferia mesmo conversar somente na presença da mãe, que então levaria as questões ao pai, pois, segundo ela, o pai ouviria a mãe.

Por que minha surpresa? Porque em nenhum momento eu havia concordado com isso, pois, em geral, não excluiria alguém da família, muito menos desse modo. Na verdade, fora Bruna que havia excluído o pai, mas atribuíra a mim o papel principal. Constatando que eu não teria nenhuma outra chance, concordei que poderíamos trabalhar dessa maneira, desde que o pai participasse do seguinte modo: nós lhe enviaríamos uma mensagem a cada término de sessão e também uma pergunta, método que inventei repentinamente para diminuir a sensação de que ele havia sido anulado/segregado. Para minha surpresa, o novo procedimento se mostrou muito apropriado: os pais também se sentiram mais calmos e a conversa pôde encontrar seu lugar.

Esse "não lugar" dado ao pai havia sido vivido por mim quando me senti sem poder nem autorização para escolher, mesmo sendo a profissional que deveria encaminhar o trabalho. E assim eram todos e a dinâmica dessa família. Todos se sentiam sem lugar de expressão se a produção precisasse ser coletiva, ou seja, fruto de nossas inter-relações. Minha conversa com cada um deles era plena de empatia e compreensão mútua. Mas, se juntássemos mais de dois participantes, a conversa virava um tumulto acusatório com grande descarga de raiva. Assim, fui incluída nesse grupo de acordo com seu modo de funcionamento. Perceber a dinâmica deles foi rápido, mas foi trabalhoso encontrar um lugar de fala quando nós, as três mulheres, nos reuníamos, pois, mesmo o pai não estando presente fisicamente, a mãe o representava e o trazia para nosso encontro, fazendo com que a tensão na conversa ainda fosse grande. Trabalhávamos com a presença, apesar de haver "uma cadeira vazia".

Bruna sofria de insônia e alegava ter medo de uma agressão ou de que os pais quisessem interná-la, o que parecia temer também durante a noite. Apesar de tomar fortes remédios para dormir, havia noites em que não adormecia. Ficou combinado que o pai não participaria das sessões até Bruna se sentir bem com a presença dele e poder voltar a dormir.

Na evolução das semanas, as mensagens iam e vinham, bem como as perguntas. Vejamos alguns exemplos cuja exposição foi autorizada via Termo de Consentimento.

Bruna perguntou ao pai, referindo-se ao contexto da primeira sessão: "Por que ele fica tão calmo durante a sessão e, ao terminar, volta a ser 'ele mesmo'?", ou seja, irritado, impaciente, intolerante e descontando a raiva em cima dela. O pai nos enviou duas perguntas para a sessão seguinte: "O que é necessário fazer para evitar que a Bruna tenha atitudes raivosas, nos ofenda e se recuse a escutar qualquer argumento por motivos banais, como supor que estamos de mau humor?"; "O que se pode fazer para ela não ficar nos cobrando bom humor quando ela está sempre de mau humor?".

Pergunta do pai à sessão: "Como posso ajudar a Bruna a superar a insônia?". Falamos em mensagens positivas, e este é um exemplo de mensagem positiva enviada pelo pai para ajudar a filha com a insônia: "Bruna, pode dormir tranquila, você está ótima... tivemos um passeio ótimo hoje e precisamos repetir... desejo a você uma boa noite de sono".

Quando falamos da agressividade que Bruna via no pai, surgiram duas perguntas dirigidas a ele: "Apanhou dos pais quando era pequeno? Em quais situações?". Mensagem do pai à sessão: "Confesso que tenho sido muito impaciente com a Bruna, mas já compreendi que é preciso fazer um esforço para mudar e entender o ponto de vista dela. Tenho me comportado assim na última semana e espero que tenha surtido algum efeito. Também senti que ela está mais calma e menos agressiva. Creio que estamos no caminho certo".

Observe-se que essa era a única forma de iniciar uma comunicação entre os três membros da família e eu, pois circulava a fantasia de que, com pai e mãe juntos, a raiva ou o ódio devastariam a todos, o que me incluía, já que na fantasia de Bruna os pais me convenceriam de que ela era a causa de tudo e eu me uniria a eles para hostilizá-la. Essas fantasias compartilhadas, que geravam múltiplas transferências entre nós, rapidamente me deram o lugar de terapeuta, pois de início eu me sentira como um membro da cultura local.

Para Pichon-Rivière (1986a), o paciente é o depositário das ansiedades e das tensões do grupo familiar, em um sistema de depositação em que é necessário considerar essas três posições: os depositantes, o depositado e o depositário. O indivíduo sintomático, portanto, como depositário, faz-se portador dos aspectos indesejados de um dos outros membros do grupo. Se usarmos a nomenclatura de Pichon-Rivière, é possível dizer que, no universo da família de Bruna, o depositado é o conteúdo não elaborado de violência intrafamiliar; o depositante é o autor da projeção, que se coloca como vítima; o depositário é o "dono" da violência e dos atos agressivos.

Na família em foco, o conteúdo circulante se referia a uma representação do vínculo em que havia um agredido e um agressor e essas posições se distribuíam alternadamente entre nós, o que nos punha no campo das transferências múltiplas: ora o representante das ações violentas era o pai e nosso subgrupo de mulheres ficava no outro polo, como se tivéssemos de nos defender dele; ora era a filha que buscava coalizão comigo e deixava os pais como depositários dos eminentes atos violentos; ora era o pai que, ganhando a minha atenção, representava comigo (ou até mesmo com o médico) uma dupla potencialmente violenta que poderia causar os maus-tratos e a internação de Bruna; ora era a mãe a depositária dos conteúdos de ameaça e a filha ocupava o outro polo, desferindo fortes ofensas para se defender do que supunha como intenção de sua mãe; e assim por diante.

Fui me retirando desse espaço e, aos poucos, levando comigo a família para outro lugar de mais clareza e conforto, dentro do que almejam e buscam. O que sentimos nos informa sobre nossa posição no campo instalado e comumente tem a ver com a natureza da experiência vivida pelo grupo de que estamos participando, a não ser que nossos próprios conteúdos reivindiquem algum lugar. Para isso existe a análise pessoal na formação do profissional.

Considerações finais

Muitos são os caminhos da psicanálise contemporânea. A psicanálise voltada a grupos familiares ou vínculo conjugal é somente mais uma das variantes. Nossos autores referenciais – seja Klein, Bion, Winnicott, Ferenczi, Lacan, Jung e tantos outros que poderiam fazer parte dessa lista –, bem como os autores de leitura mais contemporânea, podem nos proporcionar inspirações para compreender o que acontece no intersubjetivo. Até mesmo Freud pode ser considerado o fundador da análise intersubjetiva, em sua época, ao remover os sintomas fóbicos do menino de 5 anos, o pequeno Hans, por meio do atendimento a seu pai, trabalhando analiticamente por via do adulto, sem estar com a criança.

Este livro se iniciou com a proposta de trazer textos e reflexões para o profissional que deseja ingressar no campo da análise de casais e famílias. Para que você, nosso leitor, possa se decidir pela adoção ou não dos conceitos de transferência e contratransferência em seu trabalho analítico no espaço dos vínculos, a meu ver, faz-se necessário pensar sua visão de mundo. Esses conceitos foram essenciais no meu percurso, contudo, cada um tem o seu caminho. Acredito que meu trabalho adquiriu maior qualidade quando pude retirar esses conceitos do campo teórico dos livros para observar, na prática, processos transferenciais e contratransferenciais no trabalho de análise dos vínculos afetivos do par conjugal ou das relações estabelecidas no grupo familiar. Ver esses processos ocorrendo e estar incluído como parte deles é elucidador e também um grande desafio, na medida em que o mais difícil não é compreender o que se passa, afinal, há vezes em que no primeiro dia de entrevista já compreendemos muito, mas trabalhar a ansiedade do casal em relação aos conteúdos conflituosos.

Acredito ainda que, para poder aderir a esses conceitos e tratar do manejo dos processos transferenciais e contratransferenciais em um vínculo analítico, temos de partir da ideologia de mundo na qual a aprendizagem e os processos de identificação estão na base da formação identitária. Isso inclui os processos de transmissão psíquica, especialmente os transgeracionais, que permanecem nos alicerces do que aprendemos em família ou grupo substituto. Não chegamos ao mundo como tábula rasa, afinal, há o aparato biológico que nos fornece uma estrutura, além das experiências intrauterinas que criam disposições, pois já oferecem estímulos.

Contudo, acredito que grande parte do que somos é proporcionado pela cultura em que estamos inseridos, por meio do processo de socialização pelo qual passamos, o que inclui todo o avatar psíquico recebido por intermédio de nossos vínculos significativos durante nosso percurso de vida, sobretudo em nossas primeiras experiências de vínculo. Além dos estudos que realizei no campo da psicanálise, minha passagem pela antropologia – iniciada ainda na graduação em Psicologia, que me levou a completar outra graduação e um mestrado em Ciências Sociais e, ainda, um doutorado com o tema da família pós-divórcio (Dias, 2006) – conduziu-me a aceitar que dependemos de outros para nos constituirmos como seres integrados a um mundo de relações interpessoais e de pertencimento a grupos sociais. Mesmo no mestrado, na análise do tema do suicídio por meio das mensagens de despedida deixadas, conduzi-me ao inter-relacional, ao conceber o fenômeno do suicídio como um ato de linguagem, de comunicação, sendo que o suicida, por meio do ato autodestrutivo e de sua mensagem de despedida (bilhete, carta ou áudio), passava a falar sobre o que não tinha podido comunicar em vida (Dias, 1991).

O que aprendemos, portanto, orienta nossas ações, e a psicanálise de Pichon-Rivière, com o conceito proposto de ECRO (esquema conceitual referencial operativo), já mostrava a importância de levarmos em conta o referencial aprendido pelos sujeitos do grupo e o que juntos compunham, bem como suas modalidades de ação. Esse autor considerava uma esfera de experiência inconsciente ao falar em universais básicos e mal-entendidos básicos, atuantes em esfera latente não consciente ao sujeito da ação, seja indivíduo ou grupo.

Se aprendemos, penso que podemos desaprender, reaprender, modificar padrões anteriormente instalados, mas não sem o desafiante trabalho de autoconhecimento e análise. Os casais que nos procuram para psicoterapia conjunta buscam entendimento e compreensão. Percebem que se enlaçaram em areia movediça, local de empacamento do qual, se não se retirarem, afundarão a relação. Ousar se submeter ao trabalho de análise vincular corresponde à aventura de se conhecer e conhecer o mundo do parceiro, mas não apenas isso: conhecer também a inserção psíquica e afetiva no universo ancestral, de onde se recebem as vivências e os aprendizados.

Sabemos que, para a psicanálise conjugal, a eleição do parceiro amoroso não se dá de forma aleatória, mas que existem razões para alguém pinçar outro para ser seu par, em meio à multidão. Compreender esse universo das motivações inconscientes por trás da união conjugal é a aventura assumida em conjunto, na qual o analista necessita se despojar de suas impressões imediatas para poder mergulhar e viver com as pessoas atendidas a natureza do que trazem. Ser tela de projeção dos conteúdos do casal, ora recrutado a um lugar, ora a outro, pode elucidar o que vivem e o dilema em que se envolvem.

Não sou ingênua a ponto de tomar o tema das repetições de estilos relacionais ou da compulsão à repetição como se fossem repetições literais, estruturalmente idênticas, mas acredito que tragam a essência do que foi vivido em um vínculo de valor importante para o sujeito da ação. Também não me parece importante considerar se essa figura significativa do passado era realmente assim, tal como proposta pelos analisandos, pois é assim que ela se encontra interiorizada no mundo mental presente dos indivíduos que nos buscaram para obter ajuda e isso é o que nos importa.

Lembro ainda a nosso leitor que, se quisermos participar de vínculos, neste caso, como analista conjugal ou familiar, estamos nos dispondo a usar nossa mente como ferramenta de trabalho e, portanto, a valorizar o autoconhecimento e o conhecimento dos demais, por meio da observação dos movimentos transferenciais e contratransferenciais, experiência que considero imprescindível. Penso ainda que precisamos estar abertos ao novo, pois há muitas variações nas composições de família e até nas formas de conjugalidade presentes no mundo atual. Por exemplo, se pensarmos na paternidade/maternidade socioafetiva, que tem unido legalmente novos cônjuges a enteados, ou no poliamor, que já chegou aos consultórios, veremos que temos de estar constantemente dispostos a lidar com a alteridade, mesmo que a imagem do outro e sua ideologia se distanciem amplamente da nossa.

Relacionar-se ocupando um lugar que você não gerou, em que o outro o considera um depósito de suas percepções, é um grande desafio e exige enorme elasticidade por parte do profissional, mas esta é a aventura. Muito boa sorte! Aproveite para se exercitar e se desenvolver. É uma forma de visitar muitos mundos se ancorando nesse entendimento.

Referências

Baremblitt, G. (1996). *Cinco lições sobre a transferência*. 3. ed. São Paulo: Hucitec.

Bateson, G., Jackson, D. D., Haley, J., & Weakland, J. H. (1980). Hacia una teoría de la esquizofrenia. In G. Bateson, A. J. Ferreira, & D. D. Jackson et al., *Interacción familiar: aportes fundamentales sobre teoría y técnica* (pp. 19-56). Buenos Aires: Buenos Aires.

Berenstein, I. (1988). *Família e doença mental*. São Paulo: Escuta.

Berenstein, I. (2004). *Devenir otro con otro(s): ajenidad, presencia, interferencia*. Buenos Aires: Paidós.

Berenstein, I. (2011). *Do ser ao fazer: curso sobre vincularidade*. São Paulo: Via Lettera.

Bion, W. R. (1970). *Experiências com grupos*. 2. ed. Rio de Janeiro: Imago.

Bleichmar, N. M., & Bleichmar, C. L. (1992). *A psicanálise depois de Freud*. Porto Alegre: Artes Médicas.

Bowlby, J. (2015). *Formação e rompimento dos laços afetivos*. 5. ed. São Paulo: Martins Fontes.

Chemama, R. (1995). *Dicionário de Psicanálise Larousse*. Porto Alegre: Artes Médicas.

Dias, M. L. (1991). *Suicídio: testemunhos de adeus*. São Paulo: Brasiliense.

Dias, M. L. (2006). *Famílias e terapeutas: casamento, divórcio e parentesco*. São Paulo: Vetor.

Dicks, H. V. (1970). *Tensiones matrimoniales*. Buenos Aires: Hormé.

Freud, S. (1912). A dinâmica da transferência. In S. Freud, *Edição Standard Brasileira das Obras Psicológicas Completas de Sigmund Freud* (Vol. XII). Rio de Janeiro: Imago, 1976.

Freud, S. (1914). Recordar, repetir e elaborar (Novas recomendações sobre a técnica da psicanálise II). In S. Freud, *Edição Standard Brasileira das Obras Psicológicas Completas de Sigmund Freud* (Vol. XII). Rio de Janeiro: Imago, 1976.

Freud, S. (1917). Conferência XXVII: transferência. In S. Freud, *Edição Standard Brasileira das Obras Psicológicas Completas de Sigmund Freud* (Vol. XII). Rio de Janeiro: Imago, 1976.

Kaës, R. (2009). Lógicas del inconsciente e intersubjetividad: trazado de una problemática. *Psicoanálisis de las Configuraciones Vinculares, 32*(2), p. 95.

Laplanche, J., & Pontalis, J.-B. (2001). *Vocabulário da psicanálise*. 4. ed. São Paulo: Martins Fontes.

Lacan, J. (1964). A transferência e a pulsão. In J. Lacan, *O Seminário, livro 11: os quatro conceitos fundamentais da psicanálise* (pp. 119-129). Rio de Janeiro: Zahar, 1979.

Meirelles, C. E. F. (2012). O manejo da transferência. *Stylus*, (25), 123-135.

Meyer, L. (1987). *Família: dinâmica e terapia*. 2. ed. São Paulo: Brasiliense.

Minerbo, M. (2020). *Transferência e contratransferência*. 2. ed. São Paulo: Blucher.

Pichon-Rivière, E. (1986a). *O processo grupal*. São Paulo: Martins Fontes.

Pichon-Rivière, E. (1986b). *Teoria do vínculo*. São Paulo: Martins Fontes.

Pichon-Rivière, E. (1986c). Tratamento de grupos familiares: psicoterapia coletiva. In E. Pichon-Rivière, *O processo grupal* (pp. 39-45). São Paulo: Martins Fontes.

Puget, J. (2015). *Subjetivación discontinua y psicoanálisis: incertidumbre y certezas*. Buenos Aires: Lugar.

Puget, J., & Berenstein, I. (1993). *Psicanálise do casal*. Porto Alegre: Artes Médicas.

Priberam. (s.d.). *Dicionário da língua portuguesa online*. Recuperado de: https://dicionario.priberam.org/.

Riesenberg-Malcom, R. (1990). Interpretação: o passado no presente. In E. B. Spillius (Ed.), *Melanie Klein hoje: desenvolvimento da teoria e da técnica* (Vol. 2). Rio de Janeiro: Imago. Pp. 89-105.

Rojas, M. C. (2000). Itinerario de um vínculo: transferencia y transformación. In I. Berenstein (compilador), *Clínica familiar psicoanalítica: estructura y acontecimiento*. Buenos Aires: Paidós. pp. 223-268.

Roudinesco, E. (2016). *Sigmund Freud na sua época e em nosso tempo*. Rio de Janeiro: Zahar.

Soifer, R. (1983). *Psicodinamismos da família com crianças*. Petrópolis: Vozes.

Spivacow, M. A. (2011). *La pareja en conflicto: aportes psicanalíticos*. Buenos Aires: Paidós.

Spivacow, M. A. (2020). *Amores em crisis: intervenciones psicoanalíticas com parejas*. Buenos Aires: Paidós.

Winnicott, D. W. (1975). *O brincar e a realidade*. Rio de Janeiro: Imago.

Winnicott, D. W. (1999). *Tudo começa em casa*. 3. ed. São Paulo: Martins Fontes.

Winnicott, D. W. (2000). O ódio na contratransferência. In D. W. Winnicott, *Da pediatria à psicanálise: obras escolhidas*. Rio de Janeiro: Imago.

11. As alianças inconscientes: um operador clínico no trabalho com casais e famílias

Maria Inês Assumpção Fernandes

Abrem a conversa de modo tumultuado. Rafael, o pai, começa a falar e a filha Carina o interrompe, contradizendo o que ele havia dito. O pai se altera e passa a falar mais alto. Carina altera a voz também. Inicia-se um bate-boca. A analista intervém para assinalar o mal-estar que circula entre eles e tentar garantir a continuidade do discurso familiar. Bruno e Felipe concordam com o assinalamento da analista e dizem que sempre é assim. Começam a conversar e os dois já se alteram e brigam muito. É difícil seguir o fio condutor dessa conversa. Muitos temas se sobrepõem, mostrando a intensidade da angústia que todos compartilham. O diálogo mostra o que os inquieta:

Carina: *Pai, você quer manter a empresa a qualquer preço e a empresa só dá prejuízo. Você não percebe que teria que vendê-la!!!*

Rafael: *Me recuso a pensar nessa hipótese. A empresa precisa de braços para se reerguer e ela não é somente viável, mas rentável e promissora. Sabem que agora seria um momento ideal para ampliá-la para um mercado que se abre intensamente no setor?*

Felipe: *Acho que poderia ser interessante, pai, mas há muitos problemas financeiros no momento, o que inviabiliza esse projeto.*

C: A empresa já poderia ter sido vendida, mas você, pai, se recusou a aceitar a proposta. Se você tivesse aceitado, hoje todos estaríamos bem de grana, mas você não aceitou.

Alteram-se novamente. O pai fala mais alto e a filha o segue. Todos se agitam e entram na discórdia. A discussão não se desenvolve além dessa queixa mútua entre pai e filhos: um pai com uma proposta que os filhos se recusam a aceitar, e filhos sob a tutela parental requerendo sempre o apoio financeiro do pai e sua empresa.

A briga pela manutenção ou fechamento da empresa e as implicações financeiras para todos é por onde se expressam a dor e a queixa dessa família. Construída pelo pai, essa empresa tem sido a fonte da renda familiar, pois os filhos, com formação superior em diferentes profissões, não conseguem alcançar recursos financeiros próprios. Paradoxalmente, a venda da empresa ou a sua manutenção – posições em conflito no vínculo pai-filhos – carregam a representação de salvação financeira.

Que alianças inconscientes sustentam esse vínculo familiar? A contínua relação conflituosa manifesta no vínculo é mantida por um pacto, um pacto denegativo, que os deixa cativos.[1]

> *Contratar uma aliança é o ato pelo qual duas ou várias pessoas se ligam entre si para obter um objetivo preciso, o que implica um interesse comum e um engajamento mútuo entre os parceiros. (Kaës, 2010, XVI; 2015, p. 200)*

Essa frase anuncia a maneira como o autor traduz, de forma sucinta, um conceito que busca ampliar a compreensão da realidade psíquica inconsciente compartilhada na constituição do vínculo, seja de família, casal, grupos ou instituições. As pessoas se vinculam

---

1 Vinheta baseada em Weissmann e Fernandes (2021).

entre si e nos conjuntos por diversas formas de identificação, pelas ressonâncias fantasmáticas, pelos investimentos pulsionais convergentes ou contrários, pelos complexos que fazem as matrizes dos vínculos entre seus objetos internos, pelos representantes e pelos significantes que lhes são comuns (Kaës, 1993). Contudo, reafirma o autor, os sujeitos de um vínculo devem ainda se enlaçar e selar entre eles as alianças, algumas conscientes, outras inconscientes (Kaës, 1993, 2015).

O conceito de alianças inconscientes se inscreve no conjunto das investigações sobre os processos e as formações psíquicas específicos dos conjuntos, na proposta de construção de uma metapsicologia de terceiro tipo. Elas atestam a hipótese, levada a cabo nas pesquisas sobre os grupos e o aparelho psíquico grupal, de um inconsciente politópico, inscrito e ativo nos vários espaços psíquicos. Suas funções principais são manter e reforçar seu vínculo, definir as questões e os termos, e instalá-lo ao longo do tempo, torná-lo duradouro. Assim, as alianças não se constituem somente em nível sincrônico, ou seja, aquelas que contraímos com nossos contemporâneos. Há as alianças diacrônicas, que "são contratadas por nós e sem nós, antes de nosso nascimento; nós as herdamos e, como tal, são um processo principal da transmissão psíquica dos movimentos de vida e de morte entre as gerações" (Kaës, 2015, p. 200).

As alianças inconscientes constituem as formações psíquicas principais de toda configuração de vínculo dos grupos, das instituições, dos casais e das famílias, sendo sua própria matéria e sua realidade psíquica inconsciente (Kaës, 2015). São formações e processos bifrontes, duplamente organizados; constitutivos de vários lugares do inconsciente; e só podem se formar *num, em sua conjunção com os outros* (Kaës, 1993, 2015). Inscrevem-se em dois espaços psíquicos: o espaço do inconsciente do sujeito e o espaço do inconsciente no vínculo com um outro ou mais de um outro. Ao enfatizar as alianças inconscientes nos vínculos intersubjetivos e trans-subjetivos, Kaës (2009) pretende tornar inteligível a passagem entre a realidade psíquica individual e aquela que assegura a consistência desses vínculos, seja no eixo sincrônico, seja no da transmissão entre gerações.

O autor propôs "chamar alianças inconscientes formações psíquicas comuns e partilhadas que se enlaçam na conjunção das relações inconscientes que mantêm os sujeitos de um vínculo entre eles e com o conjunto ao qual estão ligados, ao serem parte interessada e parte constituinte" (Kaës, 2009, p. 35). Elas são inconscientes pois estão submetidas aos processos constitutivos do inconsciente e sob o efeito dos dois grandes tipos de operações de defesa que o constituem: o recalque, em suas formas originárias e secundárias, e as que procedem da negação – forclusão (Kaës, 2009).

Hipótese do inconsciente no grupo

Na proposição de uma concepção politópica do inconsciente, Kaës afirma que o "espaço intrapsíquico individual não é mais concebido como o lugar exclusivo do inconsciente ... A ideia de uma tópica deslocalizada, intersubjetiva, tinha sido introduzida por Freud a partir do momento que a questão da transmissão psíquica colocava-se não somente na escala de muitas gerações, como também na sincronia dos sujeitos que formam o casal, a família ou o grupo" (Kaës, 1993, p. 254).

Essas aberturas, na obra freudiana, em relação à deslocalização da tópica individual do inconsciente são parte da elaboração da segunda teoria do aparelho psíquico, embora já estivessem em gestação a partir de seu artigo "O inconsciente", de 1915. Segundo Kaës (1993), a partir daí teríamos uma teoria ampliada do inconsciente que dá lugar à questão do originário e uma teoria restrita do inconsciente que diz respeito à questão da transmissão. "Essas duas aberturas exploram o *eixo diacrônico* da formação do inconsciente. O método grupal e a abordagem grupal do psiquismo exploram, mais precisamente, o *eixo sincrônico*" (p. 255).

Nessa perspectiva de constituição de outra metapsicologia, à qual o autor nomeava de *metapsicologia intersubjetiva*, a investigação grupal sobre a constituição psíquica e as formações do inconsciente ganha força. Será, portanto, nesse eixo de pesquisa que se construirá a hipótese de uma função *correcalcante* em nível do grupo e da produção grupal de um recalque.

Nessa investigação, ao mesmo tempo que reafirma que o recalque é individual, em seu mais alto grau, Kaës propõe considerar as condições intersubjetivas nas quais ele se constitui. E, ao acentuar as condições intersubjetivas, considera a hipótese segundo a qual certas modalidades do recalque estão em operação nas alianças inconscientes, nos pactos denegativos e nos contratos narcísicos. Os dados da clínica e dos processos associativos nos grupos ainda lhe permitem supor a existência de modalidades do retorno do recalcado como tributárias da economia, da lógica e da tópica grupais.

A proposta de construção de uma nova metapsicologia intersubjetiva teria como objetivo a articulação das relações entre o duplo limite constitutivo do espaço psíquico, descrito por A. Green: o limite intrapsíquico entre o inconsciente e o pré-consciente/consciente e o limite interpsíquico entre *self* e não *self* (Kaës, 1993). Segundo o autor, o problema é dar conta desses dois fatos uma vez que esses dois limites se cruzam dentro e fora de cada sujeito e que a textura psíquica da intersubjetividade é a condição do sujeito do inconsciente. Nesse debate, coloca-se em ação a construção de uma *terceira tópica* que, desde 1970, ao formular o modelo do aparelho psíquico grupal, já se constituía como necessidade para o autor e viria a se tornar mais precisa e formatada em 2008, por meio da publicação de *Pour une troisième topique de l'intersubjectivité et du sujet dans l'espace commum et partagé* (Kaës, 2015). A metapsicologia de terceiro tipo, como é atualmente nomeada, conserva todos os objetivos do que se desenvolveu na terceira tópica, embora lhe atribua outra dimensão ao incluir os pontos de vista dinâmico e econômico.

Essa proposição se sustenta no postulado de que as formações e os processos em operação (atividade) nos vínculos intersubjetivos são tributários do mesmo inconsciente enquanto objeto teórico da psicanálise. Contudo, não são as mesmas formações nem os mesmos processos que se manifestam no dispositivo clássico da psicanálise, referido ao sujeito singular. Trata-se de manter a unidade epistêmica do inconsciente e de trabalhar suas formações e seus processos no quadro dos arranjos específicos em que ele se manifesta. Assim, o grupo seria um dos lugares de manifestação do inconsciente. Fala-se, portanto, do inconsciente em sua modalidade grupal de manifestação, e as alianças inconscientes expressam a especificidade dessa *realidade psíquica*.

A análise dessa realidade psíquica permite a formulação de três hipóteses sobre o grupo. A primeira considera o grupo como lugar de manifestação do inconsciente; a segunda considera o grupo como lugar de *trabalho do inconsciente*; e a terceira avalia o grupo como lugar de produção do inconsciente (Kaës, 1993, 1994, 2005, 2015). O conceito de sujeito do grupo, em Kaës, apoia-se na consideração dessas três hipóteses e, portanto, diz respeito ao sujeito do inconsciente como sujeito do grupo, do vínculo.

Tais hipóteses sustentam que o inconsciente – a realidade psíquica – "não coincide estritamente nos seus processos de formação, nos seus conteúdos e nas suas manifestações, com os limites e a lógica interna do aparelho psíquico do sujeito considerado isoladamente" (Käes, 1993, p. 98). A realidade psíquica não coincide com o espaço individual e seu apoio corporal e, como consequência, exige recuperar o valor epistemológico do conceito de apoio, nas suas três dimensões – suporte, modelo e *retomada derivante* (Käes, 1993).

Realidade psíquica e alianças inconscientes: antecedentes

Freud, em "O inconsciente" (1915), afirma:

> *Assim como Kant nos advertiu para não ignorarmos o fato de que nossas percepções são subjetivamente condicionadas e não devem ser tidas como idênticas ao que, embora incognoscível, é percebido, a psicanálise nos adverte a não equacionar as percepções que temos por meio da consciência com os processos mentais inconscientes que são seu objeto. Como o físico, o psíquico não é necessariamente, na realidade, o que nos parece ser . . . os objetos internos são menos incognoscíveis que o mundo exterior. (p. 1051)*

Assim, a realidade psíquica, como apresentada por Laplanche e Pontalis (1970), é "a expressão muitas vezes utilizada por Freud para designar aquilo que na psique do indivíduo apresenta uma coerência e uma resistência comparáveis às da realidade material – trata-se do desejo inconsciente e dos fantasmas conexos" (p. 391).

O percurso de Freud sobre a conceituação do que seja *realidade* se inicia em 1895, em "Projeto para uma psicologia científica", quando trabalha sobre a carga de energia ligada à lembrança do objeto. Então, percorre a construção da etiologia traumática das neuroses e desenvolve, em 1901, por meio de "Psicologia dos processos oníricos", a primeira formulação do conceito de realidade psíquica, sendo o inconsciente a expressão verdadeira dessa realidade. Em 1905, dá continuidade à investigação por meio da discussão entre fantasia e realidade e consolida, em *Totem e tabu* (1913), uma distinção entre realidade psíquica e realidade factual. Procura distinguir os acontecimentos

266 AS ALIANÇAS INCONSCIENTES

externos, chamados fatos, dos acontecimentos internos, chamados pensamentos, e, no trabalho que desenvolve sobre a percepção nos *homens primitivos*, chega a discutir a importância da realidade psíquica nos caminhos tomados pela humanidade (Eva, 1998).

A obra "O inconsciente" (1915) registra seu estudo mais consistente sobre essa questão e, em "A perda da realidade nas neuroses e psicoses" (1925), discute os mecanismos pelos quais a realidade psíquica se separa da realidade externa. "No decorrer da obra freudiana sempre haverá lugar para a ação vinda do exterior como elemento real e para o estudo dos seus efeitos no mundo mental" (Eva, 1998, p. 274).

No âmbito dos procedimentos de investigação sobre a realidade psíquica, os modelos clínicos se constituem e derivam de suas diversas conceituações. Um primeiro modelo "toma a realidade externa tal qual é percebida pelos órgãos dos sentidos" (Eva, 1998, p. 284) e pensa a realidade interior como constituída pelos desejos inconscientes fantasiados. Seria a interação entre esses dois mundos a criar a realidade psíquica. Nesta, há um afastamento da proposta de Freud em relação a ser o inconsciente a verdadeira realidade psíquica. Esse modelo supõe acesso, portanto, a duas realidades, bem como à resultante delas. Um segundo modelo privilegia a realidade externa, tomada como realidade desejável; esse modelo *vê* a realidade psíquica como distorção da realidade externa. Neste, reconhece-se a clínica psiquiátrica, quando mede o sucesso ou eficácia de um procedimento pela desaparição do sintoma; supõe-se que o sucesso seja a mudança da realidade psíquica que se igualaria à realidade externa. Um terceiro modelo supõe o modelo subjetivo como único possível de se conhecer. A realidade conhecida é subjetiva. Não há condição de separar ou discriminar o interno do externo.

Em todos esses modelos, há um limite estabelecido para o que pode movimentar a vida mental, orientado do *lado de fora* pelo grupo social – família, por exemplo – e do *lado de dentro* pelo grupo *interiorizado*. "Quando podemos nos dar conta de que a percepção que temos é resultado de uma modificação que automaticamente executamos sobre o objeto focalizado, *dentro ou fora*, estamos mais propensos a levar em consideração os *espaços que mediam* nossa percepção" (Eva, 1998, p. 284).

Lembremos que Bion contribuiu sobremaneira para a questão da realidade psíquica quando introduziu a questão da realidade do objeto, a qual confrontaria o sujeito a sua "verdade absoluta", ou seja, a da própria realidade psíquica inconsciente do sujeito, que designa por O (Kaës, 2015). A pesquisa sobre realidade psíquica leva Kaës a concluir que o pulsional e a intersubjetividade estabelecem relações de correlação e de coconstrução, havendo, portanto, uma dupla ancoragem da realidade psíquica.

Nos estudos sobre a metapsicologia do terceiro tipo, as alianças inconscientes são pensadas como expressão da realidade psíquica, e esse debate exige reconhecer a heterogeneidade dos espaços psíquicos, intrapsíquicos, intersubjetivos e grupais, os quais não são redutíveis um ao outro; assim, teremos como tarefa pensar quais são as suas articulações-mediações. Nessa articulação, uma força decisiva é reconhecer o fantasma em sua dimensão estrutural e distributiva e reconhecer o duplo eixo estruturante da posição do sujeito e da organização do grupo: o eixo da aliança horizontal com o mesmo, sustentada pelas identificações mútuas à imagem do semelhante, e o eixo da filiação e das afiliações, que inscreve o sujeito singular e os grupos na sucessão de movimentos de vida e morte entre as gerações.

Além disso, deve-se considerar a resistência que opõe, a toda redução imaginária, a opacidade do outro ou dos outros: a consistência da realidade psíquica que envolve os sujeitos no afastamento uns dos outros. É precisamente esse afastamento que as *ligações imaginárias* do grupo visam abolir. A análise deveria incidir exatamente no

268 AS ALIANÇAS INCONSCIENTES

afastamento (Kaës, 1994). Os argumentos para *outro modelo clínico* se anunciam.

Alianças inconscientes e aparelho psíquico grupal: algumas noções

A ligação e o agenciamento das formações e dos processos psíquicos entre os sujeitos se efetuam necessariamente para que sejam mantidos ou transformados os vínculos intersubjetivos no grupo, como conjunto. Esse trabalho psíquico de ligação e dissociação, esse processo de transformação, é alcançado por meio da construção comum de um aparelho psíquico de agrupamento. As formações da grupalidade psíquica funcionam como organizadores deste aparelho (Kaës, 1994).

O aparelho psíquico grupal implica certas funções psíquicas que podem ser inibidas ou reduzidas e outras que, ao contrário, podem ser eletivamente mobilizadas, manifestas e transformadas; a aparelhagem se efetua segundo as modalidades em que prevaleçam relações isomórficas (imaginárias, *metonímicas*) ou relações homomórficas (simbólicas, *metafóricas*) entre cada sujeito e o conjunto (Kaës, 1994). Sustenta-se, ainda, a hipótese de que a realidade psíquica inconsciente é em parte transindividual, e essa hipótese procura dar conta de certas condições intersubjetivas de sua manifestação (Kaës, 1994). Pensa-se "o grupo como lugar de uma realidade psíquica própria e o aparelho de formação de uma parte da realidade dos seus sujeitos" (Kaës, 1993, p. 78).

Dessa forma, a reflexão sobre realidade psíquica em grupos, famílias e instituições implica questionar os seus limites. Pode-se admitir que a realidade psíquica consiste, de um lado, nos efeitos dos desejos inconscientes dos membros do grupo, conservando estrutura, conteúdos e funcionamentos próprios a cada um dos sujeitos. Contudo, de outro lado devemos investigar a maneira como ela se manifesta, quais os conteúdos eletivamente mobilizados, que transformações são exigidas e que efeitos ela produz ao se ligar a formações idênticas, homólogas ou antagonistas nos outros sujeitos do grupo.

As hipóteses designam, portanto, uma região da realidade psíquica que não adquire seu valor e sua consistência a não ser pelo fato de estar ligada ao agrupamento dos sujeitos que a constituem: ela subsiste fora de sua singularidade e acentua o debate sobre a articulação entre o intrapsíquico, o intersubjetivo e o grupal (Fernandes, 2005). "A realidade psíquica no nível do grupo se apoia e se modela sobre as estruturas da realidade psíquica individual, notadamente sobre as formações da grupalidade intrapsíquica; estas são transformadas, agenciadas e reorganizadas segundo a *lógica do conjunto*" (Kaës, 1993, p. 86).

Portanto, o grupo impõe uma exigência de trabalho psíquico, comandado por sua organização, sua manutenção e sua lógica própria. Admitir que a realidade psíquica não se reduz à somatória das realidades psíquicas de cada membro do grupo implica admitir que os investimentos e as representações de cada um se ligam e se metabolizam em formações e em processos psíquicos originais (Kaës, 1993, 2005, 2009, 2015).

Tipos de alianças inconscientes: pactos e contratos

Kaës (2009, 2015) diferencia e descreve quatro tipos de alianças inconscientes: as estruturantes, as defensivas ou pactos denegativos, as alienantes, patogênicas e patológicas, e as ofensivas. As *alianças estruturantes* (primárias e secundárias) reagrupam aquelas cujos efeitos são estruturantes para os sujeitos dessas alianças e para os vínculos que tecem entre eles, por exemplo, as fundadas sobre os interditos fundamentais ou o contrato narcísico. As *alianças defensivas* formam um segundo conjunto constituído pelos pactos denegativos, cuja finalidade é essencialmente defensiva. Como derivação destas, tem-se as *alianças alienantes* e patogênicas, como os pactos perversos e os pactos narcísicos. O quarto grupo de alianças descreve as *alianças ofensivas*, que selam o acordo de um grupo para "conduzir um ataque, realizar um projeto ou exercer uma supremacia" (Kaës, 2015, p. 201).

As pesquisas sobre as alianças inconscientes são contemporâneas daquelas sobre a posição ideológica, desenvolvidas em 1980 e expressas no livro *L'idéologie, études psychanalytiques*. Nessa época, Kaës estudava as modalidades de agenciamento e as exigências requeridas à sua manutenção numa abordagem psicanalítica, motivado pelas mudanças profundas que tinham abalado a França e grande parte do mundo ocidental nos idos de 1968. Observava que, no sujeito singular, a posição ideológica se construía sobre certas bases da psique infantil e das *teorias* que ela desenvolve para tratar de questões enigmáticas sobre a origem, o nascimento e a diferença de sexos (Kaës, 2016). A *ideia* todo-poderosa, a influência do *ídolo* e as exigências de um narcisismo arcaico do *ideal* predominavam.

Indo além, estabelecia, nesse período, a proposição de que não era possível *ser crente sozinho* – a crença precisa ser sustentada por outro ou mais de um outro, sendo este um requisito fundamental. E, ainda, acentuava a ligação que a ideologia mantém com o fantasma da imortalidade: "a ideologia . . . desenvolve um discurso suficientemente universal para que ele resista à representação das diferenças" (Kaës, 1993, p. 266). Os efeitos dessa posição ideológica e as alienações por ela geradas, nas suas formas radicais, manifestam-se até hoje, por exemplo, nos temas referentes à purificação étnica.

Mais recentemente, em torno dos anos 2000, a pesquisa sobre as alianças inconscientes se desenvolveu junto aos estudos sobre os processos associativos nos grupos. Essas duas orientações de pesquisa mostram que, para se associar a um grupo, não basta aos sujeitos se identificar com um objeto comum entre si, mas devem ainda selar um *acordo inconsciente*, segundo o qual, para manter seu vínculo e o grupo que o contém, não se trataria de determinado número de coisas; elas devem ser recalcadas, arquivadas, abolidas ou apagadas (Kaës, 1993, 2009, 2015).

Sob a denominação alianças inconscientes, tópicas do inconsciente, reúnem-se os *acordos inconscientes* estabelecidos entre vários sujeitos. Os pactos narcísicos, os pactos denegativos, as alianças denegadoras, a comunidade de negação e o contrato narcísico (Aulagnier, 1979) são manifestações dessas alianças. Elas têm uma tópica e se situam nos pontos de *enlace* das relações recalcadas que sustentam os sujeitos singulares e os conjuntos dos quais eles são a parte constituída e a parte constituinte.

> *Elas se formam nessa conjunção que não é a do coletivo, mas da intersubjetividade. As alianças inconscientes são formações de uma aparelhagem psíquica dos sujeitos de um conjunto intersubjetivo: casal, grupo, família, instituição. Elas determinam as modalidades de vínculo entre os sujeitos e o espaço psíquico do conjunto por meio deles. (Kaës, 1993, p. 278)*

As noções de contratos, pactos e leis estão no âmago da intersubjetividade e da sociabilidade. A lei transcende as alianças e se impõe como garantia da ordem humana, a estruturar as relações de desejo e de interdição entre os sujeitos. Para a psicanálise, contudo, as noções de contratos, pactos e alianças se constituem sobre outra base. Não se referem à salvaguarda dos direitos individuais, mas às condições constitutivas do sujeito do inconsciente (Kaës, 1993, 2009, 2015).

272   AS ALIANÇAS INCONSCIENTES

A noção de *contrato narcísico* (Piera Aulagnier) surge para sublinhar que o sujeito vem ao mundo da sociedade e da sucessão de gerações sendo portador de uma missão: assegurar a continuidade da geração e do conjunto social. O contrato, por meio do grupo, atribui e oferece um lugar a cada um, e esse lugar é *significado* pelo conjunto de vozes que o antecederam, conforme o discurso do mito fundador do grupo. O *contrato* designa o que está no fundamento da relação entre sujeito/sociedade, indivíduo/conjunto, discurso singular/referência cultural.

Já o *pacto narcísico*, como o entende Kaës, é o resultado de uma paz imposta, diferentemente do contrato. O pacto narcísico contém e transmite a violência: "o *pacto narcísico* designaria assim uma atribuição unívoca ou mútua a uma localização de perfeita coincidência narcísica; esta localização não suportaria qualquer afastamento" (Kaës, 1993, p. 274).

O *pacto denegativo*, por sua vez, aparece como a contraface e o complemento do contrato narcísico. Kaës introduz essa noção em 1985, tendo como finalidade descrever a tópica do vínculo intersubjetivo. "De início propus o conceito para designar vários tipos de mecanismos de defesa e diversas modalidades de emergência do negativo nos vínculos de grupo" (Kaës, 2009, p. 113). Ele apresenta duas polaridades: uma é organizadora do vínculo e do conjunto, a outra é defensiva.

> *De fato, cada conjunto particular se organiza* positivamente *sobre investimentos mútuos, sobre identificações comuns, sobre uma comunidade de ideais e crenças, sobre um contrato narcísico, sobre modalidades toleráveis de realizações de desejos . . .; cada conjunto se organiza também* negativamente *sobre uma comunidade de renúncias e de sacrifícios, sobre extinções, rejeições e recalques, sobre um deixar de lado e sobre restos. (Kaës, 1993, p. 274)*

Portanto, o pacto, de maneira geral, é resultado do trabalho de produção do inconsciente necessário à formação e à manutenção do vínculo intersubjetivo (Kaës, 2009).

A aliança inconsciente é pensada, dessa forma, como formação psíquica intersubjetiva construída pelos sujeitos de um vínculo para reforçar, em cada um deles, certos processos, certas funções ou certas estruturas das quais eles se beneficiam, de modo que a ligação que os mantém juntos toma para a vida psíquica um valor decisivo. "O conjunto assim ligado não tem sua *realidade psíquica* a não ser pelas alianças, contratos e pactos que os sujeitos estabelecem e que o seu lugar no conjunto os obriga a manter. Uma aliança inconsciente implica, assim, a ideia de obrigação e a ideia de sujeição" (Kaës, 1993, p. 278). Dessa forma, elas estão a serviço de uma *função recalcadora/recalcante* e constituem, também, medidas de um *sobrerrecalque*, uma espécie de duplicação do recalque, à medida que se manifestam não somente sobre os conteúdos inconscientes, mas sobre a própria aliança (Fernandes, 2005, p. 129).

Como afirma o autor, a partir do momento que os dispositivos psicanalíticos se ampliaram a situações *plurissubjetivas* como o grupo, a família, o casal e as instituições, os espaços psíquicos nelas mobilizados são de realidades específicas, comuns e partilhadas entre os sujeitos. O modelo do aparelho psíquico grupal busca a inteligibilidade desses três espaços de realidade psíquica inconsciente que dispõem de conteúdos psíquicos, organizações e funcionamento específicos, com uma tópica, uma economia e uma dinâmica distintas. São relações complexas que articulam e opõem o espaço do sujeito singular aos espaços plurais intersubjetivos e trans-subjetivos, distinguindo-os. Desse processo de aparelhagem resultam formações comuns aos membros do grupo e ao conjunto que eles formam, mas também processos e formações que fazem fronteira e vínculo entre esses espaços (Kaës, 2015).

274 AS ALIANÇAS INCONSCIENTES

Aí está a originalidade do pensamento de Kaës. Dele resulta a questão a respeito de qual escuta se constitui nos diversos dispositivos. Certamente, a escolha do psicanalista se definirá sobre várias dimensões: clínica, metodológica e epistemológica. Embora se cumpra como função constante, qualquer que seja o dispositivo em ação, ao aceitar o adiamento da resposta, colocar em espera o pedido e dar a resposta em outro nível, em relação ao qual se é diretamente solicitado, lida-se com espaços múltiplos, com outras configurações do campo transferencial-contratransferencial, e o trabalho de interpretação difere do trabalho realizado no dispositivo clássico. O objetivo primeiro do trabalho psicanalítico, contudo, é a recriação pelo sujeito do espaço psíquico "no qual sua capacidade de amar, de brincar e de trabalhar é libertada de sua autoalienação e de sua alienação ao outro e a mais de um outro" (Kaës, 2015, p. 156).

Referências

Aulagnier, P. (1979) *A violência da interpretação: do pictograma ao enunciado*. Rio de Janeiro: Imago.

Eva, A. C. (1998). Realidade psíquica e realidade material. *Revista Brasileira de Psicanálise, 32*(4), São Paulo.

Fernandes, M. I. A. (2005). *Negatividade e vínculo: mestiçagem como ideologia*. São Paulo: Casa do Psicólogo.

Freud, S. (1968). *Obras completas* (Tomos I, II e III). Madrid: Biblioteca Nueva.

Laplanche, J., & Pontalis, J. B. (1970). *Vocabulário de psicanálise*. Rio de Janeiro: Imago.

Kaës, R. (1993). *Le groupe et le sujet du groupe*. Paris: Dunod.

Kaës, R. (1994). *La parole et le lien*. Paris: Dunod.

Kaës, R. (2005). *Os espaços psíquicos comuns e partilhados: transmissão e negatividade*. São Paulo: Casa do Psicólogo.

Kaës, R. (2009). *Les alliances inconscientes*. Paris: Dunod.

Kaës, R. (2010). *L'appareil psychique groupal*. Paris: Dunod.

Kaës, R. (2015). *L'extension de la psychanalyse: pour une métapsychologie de troisième type*. Paris: Dunod.

Kaës, R. (2016). *L'Idéologie: l'idéal, l'idée l'idole*. Paris: Dunod.

Weissmann, L., & Fernandes, M. I. A. (2021). Por que a clínica do vínculo ou a clínica vincular? In S. Martani (Org.), *Dentro dos seus olhos: psicanálise e escuta contemporânea*. São Paulo: Humana Letra, 2021.

12. Individualidade, conjugalidade, familidade

Celia Blini de Lima

> *Minha família anda longe*
> *Reflete-se na minha vida*
> *Numa ambígua trajetória*
> *De que sou o espelho e a história.*
>
> Cecília Meireles

Escrever sobre a nossa trajetória nos remete às nossas próprias origens, principalmente quando tratamos do tema do desenvolvimento humano, pois nascemos de um casal e crescemos numa família. Em meu percurso de formação e desenvolvimento, tive de buscar uma integração entre as áreas de educação e clínica, ambas de meu interesse, e caminhar na descoberta de uma identidade pessoal e na construção de uma identidade profissional, que hoje penso serem caminhos intercambiantes e fundadores da nossa identidade.

Procurei localizar o ponto de "inclusão" do meu interesse pelo atendimento de casal e família na continuidade do atendimento individual de crianças. Às vezes penso que isso já estava dentro de mim, como um interesse inconsciente. Um caminho que se fez

278 INDIVIDUALIDADE, CONJUGALIDADE, FAMILIDADE

de forma intuitiva, pelos recortes e pela observação conscientes e inconscientes que sempre me indicaram minha área de curiosidade sobre a vida familiar.

Mas foi num atendimento de criança no meu consultório particular, em 1990, que "nasci" como psicanalista familiar, por perceber que fazia uma criança evoluir, porém a colocava em desalinho com seus pais – ela já tinha o que falar, conteúdos novos nascidos do seu crescimento pessoal, mas não havia continente para o acolhimento. A partir daí, fui tendo uma ação paralela de terapeuta individual e de casal e incluí nos diagnósticos de crianças a observação familiar, com a presença de todos da família. Intensifiquei leituras de livros, ingressei em grupos de estudo do tema e supervisão – conhecendo novas teorias e obtendo orientação e acompanhamento para o atendimento de casal e familiar.

Em minha dissertação de mestrado (Blini de Lima, 1991), fiz uma interligação entre as experiências na clínica e na educação e, no doutorado (Blini de Lima, 1997), acompanhei um casal a partir do atendimento em psicodiagnóstico de seu filho. Nesse trabalho, pude separar o conhecimento da parentalidade – uma função que se inaugura – do casal em si e de sua conjugalidade e passei a me aprofundar no tema.

Pude, desde então, observar o grande auxílio desse estudo e trabalho clínico no atendimento individual, pelos acréscimos que promove ao conhecimento do psiquismo, já que este se constitui na família, e, como muito bem disse Winnicott (1999), "Tudo começa em casa". Esse é o título de um de seus ótimos livros, os quais, a meu ver, destacam-se na formação dos psicanalistas de casal e família.

Ampliei minhas escolhas dentro da formação em Psicanálise na Sociedade Brasileira de Psicanálise de São Paulo (SBPSP), incluindo cursos de estudo de família. E, felizmente, entrei num grupo de estudo de casal e família, o Grupo Vincular, que, além de acrescentar muito na continuidade do aprofundamento e do desenvolvimento sobre o tema, acolheu minha experiência e me recebeu como um "familiar". Tornou-se minha "família" de estudo e discussão do tema casal e família.

Cada dia percebo mais como os trabalhos analíticos individual e de casal e família se entrelaçam, se complementam e nos ajudam na compreensão do indivíduo (mundo intrapsíquico) e do grupal (mundo das relações com o outro). Eu representaria assim essa ideia: MIP $\leftrightarrow$ MRO, com uma seta que vai e volta – como fez Bion entre as posições PS $\leftrightarrow$ PD –, para denotar um processo contínuo de interferências que acontece durante toda a vida nas relações com o outro, ou quando ocorre qualquer nova percepção que altera as configurações na realidade psíquica de um ou outro sujeito quando a experiência emocional está em curso.

Dentro dessa concepção, considero que a família, por estar presente desde o início da vida de um novo ser, tem a função de acolher, reconhecer e significar as experiências do bebê, com uma qualidade e uma presença emocional que favoreçam a construção de seu mundo interior a partir de seus objetos internos, que vêm a ser seu repertório de contato com a realidade externa. Tem também a função de lhe apresentar o mundo, para incentivá-lo no exercício de sua confiança e sua autonomia, com presença viva ao longo de todo o seu desenvolvimento.

Podemos pensar a família em seus vários aspectos desde o seu núcleo, cuja origem é o indivíduo com o que lhe é mais intrínseco, seu jeito de ser, seguindo seu desejo de se unir a outra pessoa, com quem constituirá um casal e poderá construir uma família com filhos, até a construção de uma sociedade organizada, com leis e valores próprios. O indivíduo sofre as influências de seu *self* e influências externas – de sua família, do grupo social em que está inserido e se insere, além das influências histórico-culturais às quais está subme-tido –, bem como influencia o parceiro, a família e o grupo social.

280 INDIVIDUALIDADE, CONJUGALIDADE, FAMILIDADE

Usando a linguagem de Kaës (2007), as interferências acontecem desde o singular até o plural – do indivíduo, em sua particularidade, ao social amplo, representado pela cultura e seus acontecimentos, uma vez que não estamos isentos de nenhuma dessas influências: cultural, social, familiar, constitucional. Temos de incluir também a história da evolução da humanidade, a que conhecemos e a que é transmitida de forma inconsciente através das gerações, incluindo aqui os mitos, as crenças e os segredos que exercem sobre todos nós uma ação psicológica que intervém ao longo de toda a nossa existência.

Para abordar esse aspecto do desenvolvimento, enfatizando as interferências que atuam sobre o indivíduo, usarei a analogia da cebola, que é formada por camadas concêntricas que se superpõem, da periferia ao centro. Enfatizo aqui uma particularidade essencial quando nos referimos a uma pessoa: as camadas estão sempre em interação, se interpenetram, agindo como pressões de dentro e de fora, de um polo de relação a outro, de fora para dentro, uma via de dupla mão e de contínua ação consciente e inconsciente. Essas pressões são responsáveis tanto pelas resistências às mudanças como pelas transformações ou deformações que acontecem durante o desenvolvimento de uma pessoa.

No meu modo de pensar, o casamento faz parte da busca do indivíduo por completar seu desenvolvimento, por uma identidade madura, aquela sobre a qual a pessoa possa dizer: "essa sou eu", momento em que se reconhece e se valoriza como sujeito. Assim, a busca de um par estaria dentro do desejo narcísico de reconhecimento pelo outro, uma busca vitalícia do próprio *self*, considerando-se um desenvolvimento normal.

Individualidade

Creio ser muito importante levarmos em conta o indivíduo e sua personalidade, uma vez que traz consigo o legado da construção psíquica, em grande parte inconsciente, que constitui o seu psiquismo, o qual contém o que ele sabe e o que não sabe sobre si mesmo e pode, em alguns casos, ser mais do que se vê ou diferente do que se define. A escolha de alguém para ser seu par é geralmente definida de forma consciente, mas sabemos que há um jogo identificatório inconsciente que participa dessa escolha, não inteiramente, mas podendo preencher um grande espaço, exatamente porque faz parte desse caminho de encontrar-se a si mesmo.

A identificação é um processo que se dá continuamente em toda a nossa vida, constitui parte essencial do nosso desenvolvimento, e é o vínculo afetivo mais precoce com o outro, como diria Freud (1921). É um processo de transformação que acontece no interior do aparelho psíquico e vai constituir nosso Eu, pelo conjunto das identificações que vão se dando nas relações. Essas identificações serão carregadas não só do que é reconhecido pelo outro da relação, mas também por seus conteúdos inconscientes, advindos de sua história pessoal, a qual o sujeito não constrói sozinho. Sua história se ancora numa história familiar que o precede, advinda também de seus ancestrais. O processo de identificação, portanto, além de ser contínuo, encerra uma complexidade, em que o sujeito construirá a si mesmo dentro de um vínculo e no exercício de suas funções narcísicas e projetará seus impulsos, suas insatisfações e identificações.

No desenvolvimento do indivíduo, a primeira relação é com a mãe. Quando estudamos a relação mãe-bebê, os primórdios da constituição psíquica e o início da capacidade simbólica deste, tomamos a mãe como figura-espelho, a que devolve com seu olhar, a presença emocional do bebê. Assim, a mãe devolve um pouco de quem somos, levando-nos, se tudo correr bem e houver capacidade mental e de *rêverie*[1] da mãe (Bion, 1962), a "virmos a ser um ser" desde nossa origem.

---

1 *Rêverie*: acolhimento pela mãe dos estados nela projetados pelo bebê, de suas sensações e seus desconfortos; a mãe precisa ter espaço mental para recebê-los e capacidade de pensar para acolher a experiência emocional do bebê, compreender e dar significados a ela.

282 INDIVIDUALIDADE, CONJUGALIDADE, FAMILIDADE

Como diria Klein (1934), "a consciência da pessoa é um precipitado ou uma expressão de suas primeiras relações com seus pais" (p. 335). Os pais como primeiros objetos de relação serão introjetados pelo bebê e virão a constituir seus objetos internos, com os quais passará a contar para se relacionar no mundo. Como, além de impulsos de vida, os bebês também têm impulsos sádicos, quando estes não são satisfeitos, eles podem projetar na mãe essa insatisfação.

Considero, como Klein, a presença de duas realidades – a psíquica e a externa – e a fundamental importância dos primórdios da relação com a mãe para o acolhimento das projeções do bebê e a construção dos seus objetos internos, objetos estes que serão sentidos como criação do próprio *self*, dando origem à construção simbólica e, posteriormente, a um pensamento mais articulado, mais evoluído. Diz a autora:

> Desde o começo o ego introjeta "objetos bons e maus", sendo o seio da mãe o protótipo de ambos – dos objetos bons quando a criança o consegue e dos maus quando lhe é negado. Isso se deve a que o bebê projeta sua própria agressão sobre esses objetos, que sente maus e não somente porque frustram seus desejos: a criança os concebe como perigosos – perseguidores que ela teme irão devorá-la, esvaziar o interior de seu corpo, cortá-lo em pedaços, envená-lo, que, em resumo, planejam a destruição por todos os meios que o sadismo pode imaginar. Estas imagos,[2] que são um quadro fantasmaticamente deformado dos objetos reais sobre os quais se baseiam, são

---

2 Imago: "protótipo inconsciente de personagens que orienta de preferência a forma como o indivíduo aprende o outro: é elaborado a partir das primeiras relações inter-subjetivas reais e fantasmáticas com o meio familiar" (Laplanche & Pontalis, 1986, p. 305).

instaladas pelo bebê não só pelo mundo exterior mas,
pelo processo de incorporação, também dentro do ego.
Isto explica porque crianças muito pequenas passam
por situações de ansiedade. (Klein, 1934, pp. 335-336)

Assim, as fantasias, as ansiedades e as defesas se organizam, para Klein, dentro da posição esquizoparanoide (EP) ou dentro da posição depressiva (PD), causando estados mentais diferentes, que interferem na relação do eu com ele mesmo e com o outro ou outros, representando desta forma o processo: EP → PD. A posição EP promove estados de perseguição e ansiedades paranoides (que podem ser projetados no outro e levar a mal-entendidos, injustiças e confusões) e é caracterizado pela divisão (*splitting*) do objeto em bom e mau (objeto parcial). Já a PD se refere a um estado de integração do objeto (objeto total) e leva à compreensão e ao entendimento, promovendo crescimento. Ambas atuam durante toda a vida do sujeito, não sendo, portanto, progressivas e superáveis, nem se referindo a uma etapa do desenvolvimento. Por essa razão, a meu ver, devem sempre ser consideradas em ação tanto no indivíduo quanto no casal e na família.

Esses estados emocionais que geram ansiedade, confusão mental e estados de intensidade em geral são comunicados de um para o outro da relação, segundo Klein, por identificação projetiva, e estão nos relacionamentos o tempo todo. Para ela, referiam-se a conteúdos que não eram suportados pelo eu e necessitavam de acolhimento. Bion (1962) expandiu o uso do conceito de identificação projetiva para uma forma de comunicação que está presente a qualquer momento de uma relação, inclui qualquer tipo de comunicação, não só as que produzem excessos e incômodos, e isso podemos observar no campo do trabalho analítico. Também deu às posições EP e PD uma nova forma de serem vistas, enfatizando que entre elas há uma dinâmica contínua de interferências em que uma leva para outra e vice-versa, que apresentou com setas que vão e voltam: EP ↔ PD.

O indivíduo continua seu desenvolvimento, que pode ser observado pelas escolhas que fez e faz no decorrer de sua existência, e está sempre em movimento e transformação. A escolha do parceiro com quem vai formar o casal também passa pela continuidade de construção de sua identidade, processo que se dá, como já mencionamos, de forma consciente e inconsciente. Em geral, essa escolha é feita pela paixão e, na maioria das vezes, sob o domínio da imaturidade emocional, portanto, sofrerá transformações e revelará estranhezas no vínculo.

Essa construção da identidade sofre a influência de conteúdos não apenas de uma geração, mas de gerações anteriores, transmitidos de forma consciente, pela repetição de tradições, valores e expectativas da família, e de forma inconsciente, pelos conteúdos muitas vezes segredados, esquecidos, forcluídos, reprimidos da consciência, mas que, sabemos, estão presentes e são transmitidos.

Conjugalidade

Podemos conjecturar uma relação de casal em curso sob a ação de um ou outro tipo de estado emocional. Em geral, quando nos procuram, estão funcionando muito mais dentro de um campo recíproco de projeções e não conseguem se ouvir. Buscam no analista um mediador dessa turbulência, que possa dar algum significado à comunicação e, de preferência, definir quem tem razão. Como modelo de escuta, costumo ouvir a razão dos dois e tirar disso uma maior compreensão do estado em que o casal chega para o atendimento.

Dentro do campo das projeções, o eu que fala tem sempre razão, o problema é sempre o outro. Mas o casal constrói uma dupla entrelaçada e se sustenta assim. Como diria Freud, o drama singular do neurótico o faz buscar ajuda para se livrar do sintoma que o incomoda, mas espera do analista que faça seu trabalho sem que se altere seu jeito de ser. Com o casal percebo a mesma coisa: nesse jogo de projeções e fantasias, resistem à mudança e à desacomodação para novos arranjos e entendimentos na relação.

Torna-se, portanto, muito importante no atendimento de casal e família ter em mente esses pressupostos, para utilização no manejo clínico durante o trabalho. Podemos pensar na relação de casal em um momento de mais ataques, dominados por sentimentos de perseguição e projeções (PS) ou sob a ação de outras emoções (PD), que, embora sejam mais perceptivas, são mais dolorosas, criando um momento carregado de sentimentos de insegurança e medo no qual, em geral, apresentam-se mais fragilizados, cansados, tristes, até mesmo derrotados.

O casal sempre nomeia a razão para a procura da terapia de casal, aquela que conhecem, sobre a qual às vezes concordam, às vezes não, trazendo vértices diferentes da situação. Essa queixa/ sintoma é um ponto de partida para uma investigação. E, como um ponto de partida, conduz-nos ao interior do sujeito e da dupla ou grupo, quando se refere à família. Por ser assim, está entramada em configurações que farão pressão para mudanças na dinâmica do sujeito ou da relação e mudanças psíquicas, uma vez que não é possível passar por uma experiência emocional sem ser tocado por ela. As mudanças serão sempre aquelas de "escolha" de cada um, nem sempre úteis ao casal, às vezes mais defensivas, sempre dentro do que é possível para o casal.

O cônjuge que, como dito anteriormente, está em busca de seu próprio desenvolvimento, na construção da parceria conjugal, não chega a ter a especificidade da figura materna – um lugar de aco-lhimento incondicional, de qualidade de continência emocional. As parcerias se fazem na idade adulta, quando se supõe que haja mais condição de o indivíduo se discriminar do outro; mas o parceiro pode ser o espelho do outro em alguns momentos, e pode devolver pontos de vista distorcidos por sua subjetividade em outros. Aqui, observa-se o evento das projeções na dupla conjugal. Isso sem dúvida atinge positiva ou negativamente a autoestima dos parceiros e os aproxima ou afasta deles mesmos, criando confusões de identidade.

Tomando como exemplo uma vinheta de um casal no curso de um atendimento, poderemos compreender como acontecem esses desencontros e essas projeções na comunicação. Cito um casal que esteve em atendimento durante quatro anos.

Mara e Gil chegam animados para a sessão. Contam de seu final de semana, dizendo que foi bom. Parecem bem, mas estou à espera de que comecem a conversa: esse costuma ser o jeito de começarem nosso encontro. Lembro-me de que tiveram um desencontro na sessão anterior, não por ideias ou posições a respeito de um assunto, mas pela forma como se trataram. Mara coloca suas ideias mais à vontade, Gil é menos prolixo, mas se expressa bem. Desde há muito, queixa-se de se sentir desrespeitado e desvalorizado pela esposa, não o tempo todo, pois a considera companheira, mas de vez em quando, como aconteceu na última sessão. Ele ficou tão irritado que saiu da sala e não voltou.

Depois de nos cumprimentarmos, ficam em silêncio. Ele diz para ela começar, ela diz que não, que ele comece. Ele sorri. Ficamos em silêncio. Eu aguardo um pouco com eles e compreendo que há um pedido de ajuda. Usando a leitura desse momento (rêverie, uma receptividade) e minha capacidade de pensar, abro espaço para que a comunicação entre eles possa acontecer, trazendo minhas conjecturas imaginativas.

Analista: *Parece que estão aguardando que eu use minha imaginação para ajudá-los a começar.*

G: *Por favor.*

A: *Pode ter sido uma semana difícil, depois do nosso último encontro. Agora estamos juntos e podemos falar disso.*

G: *Foi difícil mesmo, eu precisei de uns três dias para falar do assunto, fico muito mal. A Mara tentou falar disso, mas eu não estava pronto, pedi que ela esperasse e ela aguardou.*

A: *E, quando sua raiva diminuiu, você conseguiu falar.*

G: *É isso, demora, me sinto muito desvalorizado, até humilhado quando isso acontece, quando ela me corta como fazia meu pai. Só conseguimos falar no domingo. Falei pra ela que é recorrente, quando eu falo, ela não escuta, e que eu não aguento isso, ela me desrespeita.*

Vemos nesta fala como as palavras de Mara foram acolhidas subjetivamente e promoveram sentimentos ruins de desvalia e memórias de dor.

A: *Você sempre fala do seu pai. Devia ser muito difícil pra você essa relação.*

G: *Era, muito. Só a ideia dele que era boa e certa, pra ele me aceitar com minhas ideias no trabalho ou em casa, era raro.*

Mara: *Mas eu não sou como seu pai. Eu respeito você, mas às vezes penso diferente. E você se irrita comigo.*

A: *Penso que sim, Mara. Gil recebe mal a forma como você entra na conversa. Lembra-o de seu pai, que quase o desconsiderava, e ele se irrita muito e não consegue ouvir mais nada. Você tem a sua ênfase ao colocar-se, que pode ser vivida como um volume.*

G: *Eu peço pra ela, ela sabe disso e não adianta.*

Uma escuta atenta, uma observação analítica, utilizando as projeções, pode nos levar a construir uma interpretação que sirva para promover conhecimento e estimular mudanças internas, além da percepção da alteridade.

A: *Você gostaria que ela cuidasse para você não sofrer mais com isso, as lembranças dolorosas que voltam na sua memória. Mas você pode ouvir uma ideia dela como algo que ela pensa e que não se*

288   INDIVIDUALIDADE, CONJUGALIDADE, FAMILIDADE

refere a você. Ouvir mais como o jeito dela e pensar que não é igual à fala do seu pai. Você aqui não é o filho. Toda vez que você sente como pessoal, isso te faz sofrer, ataca sua autoestima e ainda você fica sozinho, porque acaba afastando a Mara.

M: *Tenho aprendido a esperar que ele possa falar, estou controlando minha ansiedade, eu estou melhorando. Preferia que esses momentos dessas trombadas durassem menos tempo, mas eu sei que eu sou um pouco ansiosa e que ele é assim.*

A: *Vocês vão conseguindo conversar melhor, ouvindo e se percebendo mais. Estão aumentando o conhecimento de um e outro e pelo respeito vão ter uma conversa mais atual, não com esses pesos do passado.*

Gil sorri e diz que as coisas estão melhores.

Aqui vemos a importância de aguardar o momento em que surge algo na mente da analista que se conecta com os fatos que surgem na comunicação do casal, verbal e não verbal (expressões faciais, silêncio). Acredito que a intervenção deve sempre tentar não fechar o diálogo, dar continuidade às associações do casal. Leio a descontinuidade (cesura na terminologia de Bion) numa sessão como uma turbulência na comunicação do casal, ou pode ser resultante de uma intervenção do analista que promove mudança de curso ou interrupção. Considero ambas as hipóteses um ponto importante de observação para o processo terapêutico. São leituras que ajudam a caminhar no trabalho.

Foi de muita importância ter havido interesse de tantos psicanalistas – como Ackerman, Andolfi, Bateson, Pincus, Dare, Pichon-Rivière, Winnicott, Bion, Berenstein, Puget, Kaës, Spivacow, entre outros – em, partindo das ideias de Freud e de sua metapsicologia do aparelho psíquico, construir uma metapsicologia e um ensejo para uma prática de atendimento de casal e família. Todos eles perceberam, em sua clínica de atendimento psicanalítico individual, a falta de instrumentos para conhecer os meandros de uma relação, que, segundo todos eles, é muito mais que duas pessoas se relacionando, como se vê pela observação de fora.

Formam-se verdadeiros emaranhados nas relações, com configurações diferentes e mutáveis que se constroem por acordos conscientes e inconscientes. Nós, os psicanalistas, temos de procurar desvendá-los, levando em conta que somos envolvidos pelas transferências de cada um e do casal e pelo que podem despertar em nós – a contratransferência –, ambos fatores de ajuda e interferência em nossa observação. Embora nos procurem pedindo ajuda, o casal ou a família fazem uma união inconsciente para continuar funcionando como estão, colocando bastante resistência às intervenções do psicanalista. São como um time que treina junto há um bom tempo: têm seus "macetes" de funcionamento e já tiveram muitas vitórias, portanto, querem mudar só no que lhes interessa, têm pouca escuta para o novo e resistem a qualquer novo tipo de entendimento. Como a união sofre pressão do consciente e do inconsciente, relutam em mudar seu modo de se relacionar, mesmo quando reconhecem a necessidade, e resistem também à intervenção do analista.

A relação a dois se desenvolve dentro desse modelo de projeções e introjeções, para a construção da conjugalidade. Isso significa que não basta haver o casamento, há algo que precisa ser construído pelo casal. Poderíamos dizer, usando a linguagem de Ogden (2013), que é preciso haver uma cessão (parcial) da individualidade de Um do casal para dar lugar ao Outro, e que esse espaço é aquele em que o casal construiria uma terceira subjetividade, que não é nem Um nem Outro, mas contém os dois e virá a constituir o campo da relação.

Poderíamos tomar como analogia para compreender melhor a conjugalidade do casal um conceito da matemática: a noção de intersecção de conjuntos, tendo dois círculos como modelo que se superpõem em uma parte, em que cada círculo teria suas particularidades, representando a individualidade de cada um. Um círculo, nessa analogia, representaria a pessoa A, o outro círculo, a pessoa B, e a área comum criada pela intersecção, a parte AB, diria respeito aos dois, sem, contudo, deixarem de existir as áreas que correspondem a cada um – A e B, a existência pessoal e particular ou singular de cada um. Criariam, dessa forma, uma área comum, que corresponderia ao que seria criado no vínculo e que se refere aos dois do casal, como projetos, expectativas em relação ao futuro, entre os aspectos conscientes da relação e a todo o conteúdo inconsciente ainda não revelado.

Quando observamos um casal e suas alianças, tendemos a pensar que entre eles há uma parceria estabelecida com cumplicidade, sentimentos amorosos, atração física, objetivos comuns, planos futuros suficientemente bons que se sustentam sobre um compromisso de união e convivência. Considero esses fatores presentes e fundadores da conjugalidade – o "ser-junto" proposto por Thorstensen (2017). Um compromisso do casal em respeitar o proposto para a relação, que garante um clima de confiança, solidariedade, presença de um na vida do outro. Refiro-me aqui a uma relação não apenas calcada nas propostas conscientes, mas que aconteça nesse clima de parceria.

Acrescento aqui as ideias de Thorstensen (2017) quando diz que cada parceiro investe individualmente no vínculo do casal, por força da ligação que provém de Eros (pulsões de vida), que luta contra as tentações de desligamento. Esse investimento envolve a sexualidade no sentido amplo e no sentido conceituado por Freud em sua psicanálise: "a conjugalidade, espaço de busca do encontro e da repetição, não só de primitivos prazeres e ilusões como também desse sentimento inaugural de amparo contra os sentimentos de 'não ser'" (p. 399).

Esse sentimento de não ser nos leva a compreender que os aspectos negativos e destrutivos, os sentimentos de vazio inalcançáveis do ser, colocam em funcionamento o pacto denegativo (Kaës, 2007), isto é, o pacto inconsciente sobre o que deve ficar fora do vínculo do casal para que a relação se mantenha. Esses conteúdos negativos se incluem na conjugalidade, às vezes com muita força, e também se apoiam tanto nos primórdios como agora, na sexualidade. Temos de focalizar essa área da sexualidade conjugal e seus desencontros na relação do casal, área de muita desarmonia, frustração e sofrimento, como expressão de ataques ao vínculo (Bion, 1962), que podem pôr em risco o "ser-junto", pois a crença no vínculo estaria ameaçada (Thorstensen, 2017).

Buscar uma vivência respeitosa, com a crença no laço desse vínculo criado pelo casal, sem nunca borrar as fronteiras do eu de cada um, como diria Berenstein (1990), é uma meta difícil, mas deve ser almejada e é alcançável. Esse vínculo representaria, portanto, a existência de duas subjetividades compartilhando uma vida emocional e física, construindo o espaço potencial para o híbrido da dupla, desconhecido dos dois. Dessa forma, existir em sua individualidade não implicaria em Um afastar-se do Outro e afastaria a ameaça da entrada das angústias de separação, aniquilamento, fantasias ameaçadoras e desamparo, que promovem ao casal uma série de acomodações desgastantes e deformadas.

Gostaria de acrescentar algo que me parece estar inserido no campo da conjugalidade e que talvez seja um aspecto importante a ser destacado. Dentro desse espaço, deve estar presente o reconhecimento do outro e do que ele representa no vínculo, a experiência da própria vida pessoal de cada um ou sua individualidade, que traz ofertas de novas formas de ver e de viver os momentos da vida. Isso pode ser observado pela maneira como cada um existe em sua especificidade ao compor a parceria no vínculo, no exercício da vida cotidiana. Reconhecer, portanto, é admitir como verdadeiro o que se recebe que vem do Um, do si mesmo, ou do Outro, é dar vista às diferenças, que se combinam ou não dentro da parceria,

292 INDIVIDUALIDADE, CONJUGALIDADE, FAMILIDADE

sem negá-las. Inclui o reconhecer-se, no que o Um é e no que não é, e reconhecer o Outro da mesma forma, dando uma possibilidade de contato com o que é próprio do ser ou do que pertence ao outro. Pode contribuir dentro da relação do casal com a continuidade do desenvolvimento da identidade pessoal e da individualidade, uma relação comensal (Bion, 1970, p. 106).

O "não reconhecimento" da individualidade de cada um pode implicar o apagamento de partes do eu, o borramento das fronteiras do eu, e levar a uma situação ainda mais grave de desconsideração, negação e até destruição do que é próprio de cada componente do casal, quando a identificação projetiva é maciça. Pode transformar a relação do casal numa disputa, trazendo um clima de rivalidade e ódio, levando a estados confusionais ou relações destrutivas e abusivas, relações simbióticas ou parasitárias, relações que interrompem ou impedem o desenvolvimento pessoal da dupla (Bion, 1970, p. 106).

O reconhecimento do Eu pelo Outro interfere na construção da autoestima de maneira profunda e significativa. Isso acontece quando o Um é percebido pelo Outro, numa condição psíquica tal que lhe é possível ver suas qualidades, as quais ele propriamente reconhece não ter. Essa seria uma situação análoga à que a mãe suficientemente boa tem ao exercitar suas qualidades psíquicas, na condição de reverie; ou quando o psicanalista pode pôr em palavras compreensíveis, usando sua capacidade de pensar (função alfa), algo que escuta na relação analítica e que se refere ao paciente em questão. Um conteúdo verdadeiro, seja ele agradável ou não de ser percebido, mas que, por ser verdadeiro, não pode ser negado. A autoestima pode ser afetada ao sofrer distorções de leitura do Outro para com o Um, e, nessa condição, pode também levar à confusão das fronteiras do eu e promover relações abusivas.

A conjugalidade do casal não é estática: tem uma dinâmica e um movimento contínuo, que segue a linha de desenvolvimento do casal e dos indivíduos. Sob a ação da interferência da convivência, estar numa relação com um outro nos remete a nós mesmos e nos diferencia para perceber o outro. Isso podemos ver acontecer nas críticas ou nos apoios, na admiração do parceiro e nas identificações conscientes e/ou inconscientes. A ação desse compartilhar a vida pode promover mudanças nos elementos que dela participam, dependendo do grau de autoconhecimento de cada um do casal, do grau de maturidade que apresentam ao lidar com a vida de relação e com a vida externa e de como se inserem no mundo real.

E tomando novamente como modelo a relação mãe-bebê, poderíamos dizer que, no início do casamento, quando o casal está geralmente sob o efeito da paixão, essa intersecção dos dois poderá ser vivida ou sentida como se dois fossem um, uma etapa de tal identidade que a união de ambos pode bastar a eles, estado semelhante ao de fusão. Momento de idílio, tolerância, desejo de agradar, de estar junto, de ter o mesmo sonho, momento de muito gosto em partilhar a sexualidade. Aqui veríamos uma vivência quase puramente narcísica – "eu amo meu parceiro porque ele me ama e me faz feliz e vice-versa e nos bastamos". Essa vivência pode ser bastante observada na relação inicial do bebê, quando a mãe está inteiramente à disposição dele para compreendê-lo, interpretá-lo e logo se antecipar às suas necessidades, oferecendo a ele a vivência de que ele é o mais importante e precisa ser atendido em suas necessidades físicas e emocionais. Essa relação tem seu tempo de duração e depois deve evoluir para uma de autonomia e troca.

Mas, à medida que o tempo passa, a busca de cada um do casal pelo espaço pessoal é inevitável, pois ali onde vivem é a sua "casa", no sentido material e emocional, é o lugar onde o Eu precisa do espaço para a sua própria privacidade e existência. Disso o casal só se dá conta como um problema depois de um tempo de convivência, quando passa a paixão e entram na continuidade de sua vida amorosa. Seria a delimitação de uma zona de liberdade de cada um, portanto, de escolha pessoal, que pode ou não agradar o parceiro. Esse espaço pessoal não pode ser suprimido, com perigo de invasão ou destruição daquilo que é encarnado por cada sujeito e que pertence somente ao eu. Seria equiparável à etapa de separação-individuação, em que o bebê se separa da mãe e se torna um sujeito (Mahler, 1982), a dupla sai de uma relação simbiótica e se inicia uma relação comensal, de troca. Caso isso não aconteça, haverá a sobrecarga de um, o borramento das fronteiras, a possibilidade de opacidade de um eu ou outro, a confusão de identidades. Daqui poderíamos tirar sinais para a compreensão dos conflitos do casal e da conjugalidade, como o uso de projeções e fantasias, ou pelo menos teríamos outro ponto para observação e intervenção no trabalho do casal.

Em nossa prática clínica, percebemos que a conjugalidade depende muito da maturidade dos cônjuges, pois sofrerá muita interferência das famílias de origem, uma vez que cria uma área de pertencimento privativo do casal em relação às suas origens. Pode ser que as diferenças afetem pouco a área da convivência até que se apresentem como necessidades da vida interior, quando podem vir a ser algo invasivo, disruptivo e destrutivo na relação. Esse é um aspecto que considero extremamente importante para a vida do casal, além, claro, do afeto que os une, que é condição para a vida da dupla, mas que tenho observado em minha prática clínica que não é o suficiente para mantê-los unidos.

A meu ver, "aprender" a conviver é primordial para a relação do casal. Quando cada um abre suas malas internas e vai se expondo, vão se acentuando as diferenças de formação e dos modelos familiares de cada um. Isso pode afetar a relação do casal se a conjugalidade não tiver se constituído "suficientemente bem" (Winnicott, 1990a). Esse aspecto tomará proporções mais significativas quando o casal estiver frente a frente com o educar dos filhos, pois poderá haver a apresentação de seus conceitos de vida, a revivescência de suas faltas e seus traumas como filhos, e a parentalidade poderá funcionar como um espelho de si mesmos. Tomando cada um a si mesmo como referência, podem seguir pela repetição do que receberam dos seus familiares, ou pelo oposto, ambas as posições podem ser uma defesa para não perceberem as faltas em sua trajetória. Sem refletir sobre o significado de suas experiências pessoais e sua formação, é o que seria possível a cada um deles. Mais uma vez ressalto a importância do autoconhecimento de cada um do par conjugal: o desenvolvimento da capacidade de suportar a própria dor, o aumento do espaço interno de acolhimento e a construção de novos objetos internos para suportar o desconhecido, as incertezas que sempre estão por vir, quando deixamos entrar o novo.

Se o casal constrói esse espaço potencial de relação, como denomina Winnicott (1990b) na relação mãe-bebê, aqui uso para definir o espaço da conjugalidade, em que se abre o campo para o advir da família, a vinda dos filhos, quando o casal assim o deseje. É claro que o aumento dos elementos de um grupo promove desacomodação e impõe movimento e mudança para a integração do novo. Como o giro de um caleidoscópio, a vinda do novo traz novas configurações e, no caso do casal, novas funções: até agora eram cônjuges, agora passarão a ser também pais. Podemos intuir o aumento da complexidade na convivência e no tratamento das relações.

Acredito muito, como já citei, que nossa posição como analistas deve ser a de sempre observar a intersubjetividade do casal levando em conta os aspectos intrassubjetivos de cada um, em busca de compreender esse jogo de interferências tanto do casal em cada um dos parceiros como de cada subjetividade na relação do casal.

Também precisamos ter em mente quais teorias usamos enquanto analistas de casal e família. Elas são diferentes e constroem o estilo de trabalho. Em minha forma de ver, devem ser familiares, incorporadas e conter identificação por inteiro do analista. Embora todas sejam importantes para a compreensão e a prática clínica, destaco

296 INDIVIDUALIDADE, CONJUGALIDADE, FAMILIDADE

dois grandes modelos que uso como referência, mais apoiados nas teorias de Klein, Winnicott e Bion: a relação mãe-bebê, com todas as suas especificidades (*rêverie*, função alfa, interpretação, identificação projetiva), e o mito edípico (desde a cena primária e as preconcepções), em que observo, entre outros, os sentimentos de ser incluído/excluído e a capacidade de suportar as frustrações. Acrescento também como imprescindível no entendimento das relações todas as teorias vinculares, que ressaltam as alianças conscientes e inconscientes e a transgeracionalidade, que inclui não só as famílias de origem e ancestrais, mas o caminho histórico da humanidade, incluindo as condições da cultura vigente no momento, a filogênese e a ontogênese. Conto ainda com nossos instrumentos de observação – a transferência, a contratransferência e as transformações na fala e no clima da sessão (cesura),[3] em sua continuidade e descontinuidade. Também considero sempre o narcisismo e sua construção subjetiva, sua evolução e sua deformação, observando a capacidade da dupla conjugal de empatia, compreensão e desenvolvimento emocional, ou, em outras palavras, sua capacidade de abrir mão de seu narcisismo para ouvir o outro. Por fim, considero muito importante observar quais forças estão em jogo – de vida ou morte, de construção ou destruição (Eros ou Thanatos), pois isso pode trazer cenas diferentes para a sessão.

Familidade

Quando o casal decide que deseja ter filhos, vai deparar com grandes mudanças, especialmente porque a chegada do bebê protagoniza a cena do casamento. Entram em ação novas funções para serem

---

3 Cesura: termo utilizado primeiramente por Freud (1926) para falar da "cesura do nascimento", um corte, uma mudança, que faz a passagem de um estado a outro (aquoso para aéreo), e posteriormente por Bion (1963) para compreender o vínculo, observando o que muda e o que permanece após cada fala, cada intervenção.

exercidas na família: função paterna e função materna, agora dirigidas à criança, embora, a meu ver, presentes desde sempre na relação do casal. É o início da parentalidade: o casal conjugal incorpora o casal parental.

Podemos chamar esse casal que constitui uma nova família, como Meyer (1983), de nuclear, ao qual o autor se refere com as seguintes palavras: "*É no interior, através de seus participantes, que podem ser feitas tentativa no sentido de trazer à tona, para recuperá-los, os objetos temidos e amados, conflitantes, ambivalentes, bons e maus, que controlam os objetos do mundo interior e que se originaram na família ancestral*" (pp. 21-22). Isso significa que o indivíduo introjeta objetos do mundo externo (o seio, a mãe, o pai) e também sua relação com ele (mãe-bebê, pai-bebê, pai-mãe, nós), isto é, percebe os objetos como capazes de se relacionar e se sente incluído ou excluído.

Concordo com Meyer e, por isso, acrescento que internalizamos também o objeto "relacionamento conjugal", de forma inconsciente, o qual modelará a qualidade das interações interpessoais da unidade familiar. Segundo o autor, esse objeto vai constituir a "familidade",[4] que, por sua vez, sofre a ação das distorções da percepção emocional subjetiva. O que é internalizado não é o relacionamento real, mas como este é percebido, ou seja, submete-se à subjetividade do sujeito. E essa ação interna e muitas vezes inconsciente interfere na maneira como o casal se relaciona. Considero esse mais um ponto importante de observação no atendimento psicanalítico de casal e família.

Temos observado em nossa prática clínica que, ao entrar na relação do casal a nova função – a parentalidade –, acontece um certo afastamento que põe de lado a conjugalidade, ou pelo menos a suspende por um tempo. Faz-se, em geral, um hiato no encontro

---

4 Familidade: "senso de ter uma família, como ser uma família, ser família" (Meyer, 1983, p. 57).

sexual do casal e há uma alteração no campo da intimidade. Há um novo foco para ambos, e a mulher, nos primeiros meses do bebê, volta-se inteiramente para ele e a amamentação. Como diria Winnicott, o pai tem seu lugar de importância muito mais no acolhimento e na sustentação emocional da mãe que junto ao bebê. E, como excluído, tem de voltar depois de um tempo, até para auxiliar no corte do idílio que se forma na relação mãe-bebê e se incluir como terceiro, ensejando o "renascimento" do casal sexualizado.

A distância que se cria entre os cônjuges nesse momento não impede que eles continuem seu desenvolvimento, o que se dá de fato. As transformações, que são muitas, não acontecem só externamente; estas são mais visíveis, mas ocorrem também de modo silencioso, internamente, e podem causar mal-estar no retorno da convivência do casal. Muitas vezes, quando se reencontram, "estranham-se", perdem a familiaridade, e principalmente se esgarça a área da intimidade. Esta tem de ser reconstruída e acolher o novo das transformações que ocorreram nesse período para ambos. Esse momento pode trazer tensões e favorecer muitas fantasias a respeito dos comportamentos de ambos do casal. Se o espaço de diálogo durante esse período tiver sido perdido, o tema central fica sendo os filhos. Não sabem mais falar de si mesmos e se iniciam as queixas, em que um aponta para o outro; não falam mais de si na primeira pessoa, mas do outro, na terceira pessoa – ele/ela.

A rivalidade do casal muitas vezes aparece na diferença de como querem educar os filhos, tema que se torna central quando eles nascem e pode se constituir numa defesa no confronto conjugal. Discutem pelos valores que querem passar aos filhos, e não pelas diferenças que percebem na relação conjugal; fazem o confronto por meio de outro tema. Além disso, no tema educação de filhos, manifestam-se apoios e apegos de um ou outro às famílias de origem. As discussões podem tomar o rumo de se sentirem ameaçados em sua individualidade, quando tem de defender valores a que cada um ou os dois se apegaram para existir, valores de suas famílias de origem. Isso demonstraria que não puderam considerar que constituem um novo campo de relações, que o "terceiro" (Ogden, 2013) não foi construído. Esse terceiro teria de ser algo construído no diálogo, na troca e no assentamento dos valores de cada um, para a construção de valores dessa família atual, fruto de seu desejo e sua reflexão.

A família, no exercício de suas funções, deve ser capaz de conter a parte imatura da personalidade, permitindo a contenção do objeto; isso levaria ao desenvolvimento e à comunicação entre os membros. Caso contrário, pode se dar uma comunicação projetiva, intrusiva, trazendo à tona conflitos intrapsíquicos, que se transformam em conflitos interpessoais.

Os membros da família podem crescer e se ajudar mutuamente, ou podem repetir e projetar no mundo externo a estrutura do mundo interno de cada um, convertendo os objetos externos, o parceiro ou os filhos, em prolongamentos dos objetos internos, impedindo dessa forma um encontro mais direto com a realidade. A vida familiar assim descrita pode gerar uma confusão entre o dentro e o fora familiar, entre interpessoal e intrapsíquico, entre o passado e o presente, entre o mundo da percepção e o mundo do significado.

Para exemplificar o que acabo de mencionar, cito uma vinheta clínica de um atendimento de família do interior do estado, que teve a duração de aproximadamente um ano.

A família é composta por Clarice, a mãe, João, o pai (idade de ambos próxima aos 50 anos), e Tom, o filho, com 29 anos quando me procuram. São uma família de classe média. Tom, na época, havia começado a namorar uma moça que se construiu num mundo muito diferente do seu, com quem depois de um curto tempo decide morar, mudando-se para a casa dela, que fica numa comunidade. Só notifica os pais quando já está decidido e sai imediatamente de casa. Segue um trecho da sessão já em curso, a qual foi reconstruída apenas com memórias da analista e, certamente, pode conter deformações do conteúdo original.

Analista: *Bem, parece que seus pais "estranharam" esse seu jeito de sair de casa, Tom. Foi o jeito que você encontrou de se separar deles – de uma forma cortante?*

Tom: *Eu sou assim, sigo a minha cabeça, não dá para conversar.*

Clarice: *Como não? Sempre conversamos.*

T: *Eles queriam que eu fizesse as coisas do jeito deles, mas não dá, eu tenho que dar o passo com o que eu posso e é isso que eu posso agora. Minha mãe é preconceituosa.*

C: *Não é preconceito, lá onde você mora é perigoso. Fico com medo.*

João: *E depois do que aconteceu com a sua mãe e a Lu, você ter ido para lá, foi esquisito.*

A: *Seus pais esperavam outra atitude de você, mas percebo sua firmeza nessa decisão. Acha que pode ter encontrado uma forma de discutir o que eles pensam sobre a vida e você?*

Tom se emociona, seus olhos enchem de lágrimas. Por instantes, a raiva foi substituída pela dor.

T: *Acho que sim. Meu pai muitas vezes me disse: "vire-se", e eu não sabia o que fazer. Agora estou me virando.*

Vemos aqui como a condução de uma sessão pode levar a uma mudança, de uma narrativa defensiva e raivosa ao sentimento subjacente. Além disso, mudamos o vértice do encontro para algo que me pareceu naquele instante interditado na relação familiar: olhar para as pessoas; tudo parecia gerar em torno de atitudes esperadas pelos pais e da resposta do filho de acertar ou errar.

Tom queria deixar de ser menino e ser homem, embora desse a entender que não sabia exatamente o que seria "ser homem". Seguia por tentativas e erro, como um menino desamparado.

Ao atender uma família, temos de ter uma ampliação da escuta e esperar que a incerteza e a paciência (capacidade negativa) entrem como instrumentos auxiliares e nos guiem, até que encontremos um caminho que nos permita nomear algo que incentive mais conversa ou que possamos acessar os significados inconscientes da comunicação (Bion, 1970).

Considero o trabalho de casal e família de grande alcance na psicanálise como investigador dos processos psíquicos inconscientes, um sinalizador preventivo de agravamentos emocionais individuais, uma experiência para preparar os indivíduos para viver em grupo e em sociedade. E, por isso, penso ser de extrema importância para o psicanalista, tanto no atendimento individual como no atendimento de casal e família, o estudo permanente e as discussões em grupo com outros profissionais, o preparo emocional contínuo pela análise e a reflexão de seu papel sociocultural, uma vez que está inserido em um mundo. Incluo também a responsabilidade de respeitar a alteridade e as condições emocionais tanto do casal como dos integrantes de uma família, conduzindo com respeito o ritmo e a possibilidade de alcance de todos. Quero dizer, sem construir um ponto de chegada para o trabalho, mas se mantendo em presença viva para acolher as experiências emocionais que emergem em cada encontro.

Referências

Berenstein, I. (1990). *Psicoanalizar una familia*. Buenos Aires: Paidós.

Bion, W. R. (1962). *O aprender com a experiência*. Rio de Janeiro: Imago, 2003.

302 INDIVIDUALIDADE, CONJUGALIDADE, FAMILIDADE

Bion, W. R. (1963). *Elementos de psicanálise*. Rio de Janeiro: Imago, 2004.

Blini de Lima, C. B. (1991). *A aliança familiar na adaptação escolar ineficaz*. Dissertação (Mestrado), Instituto de Psicologia da Universidade de São Paulo.

Blini de Lima, C. B. (1997). *O atendimento psicanalítico de crianças em família: o sintoma familiar*. Tese (Doutorado), InstituTo de Psicologia da Universidade de São Paulo.

Freud, S. (1914/1926). Introdução ao narcisismo. In S. Freud, *Edição Standard Brasileira das Obras completas de Sigmund Freud* (Vol. IX). Rio de Janeiro: Imago, 1980.

Freud, S. (1921). Psicologia de grupo e análise do ego. In S. Freud, *Edição Standard Brasileira das Obras completas de Sigmund Freud* (Vol. XVIII). Rio de Janeiro: Imago, 1980.

Kaës, R. (2007). *Um singular plural: a psicanálise à prova do grupo*. São Paulo: Edições Loyola, 2010.

Klein, M. (1932). *Psicanálise da criança*. São Paulo: Mestre Jou, 1981.

Klein, M. (1934). Notas sobre alguns estados esquizoides. In M. Klein, *Contribuições à psicanálise*. São Paulo: Mestre Jou, 1981.

Laplanche, L., & Pontalis, J.-B. (1986). *Vocabulário de psicanálise*. São Paulo: Martins Fontes.

Meyer, L. (1983). *Família: dinâmica e terapia – uma abordagem psicanalítica*. São Paulo: Brasiliense.

Mahler. M. (1982). *O processo de separação: individuação*. Porto Alegre: Artes Médicas.

Ogden, T. H. (2013). *Reverie e interpretação: captando algo humano*. São Paulo: Escuta.

Thorstensen, S. (2017). *A indisponibilidade sexual da mulher como queixa conjugal: a psicanálise de casal, o sexual e o intersubjetivo*. São Paulo: Blucher.

Winnicott, D. W. (1990a). *O ambiente e os processos de maturação*. Porto Alegre: Artes Médicas.

Winnicott, D. W. (1990b). *Natureza humana*. Rio de Janeiro: Imago.

Winnicott, D. W. (1999). *Tudo começa em casa*. São Paulo: Martins Fontes.

13. Atendimento presencial e a distância de casais e famílias

Ruth Blay Levisky

Breve histórico pessoal

Minha primeira formação foi em Ciências Biológicas. Pertenci à primeira turma de Pós-Graduação em Genética Humana da Universidade de São Paulo (USP), onde defendi mestrado em 1971 e doutorado em 1973 sobre "Aconselhamento genético de famílias com afetados por Distrofia Muscular Progressiva". Nessa época, o tema de minhas teses foi como transmitir o risco de repetição dessa doença hereditária para as famílias, fardo este muito pesado. Deparei com conflitos conjugais e familiares com os quais não sabia lidar: casais que acusavam o responsável pela transmissão da doença, a culpa de quem transmitiu o gene, além de casais que desenvolviam mecanismos de negação, apoiados pelos destinos divinos – "Deus quis assim e essa é a nossa cruz".

Senti que não tinha condições para lidar com esses conflitos. Fiz Psicologia e, ao mesmo tempo, formação em Psicanálise de Grupo, pois na época ainda não existia especialização na área de família. Batalhei muito para encontrar minha identidade profissional.

Fiz análise didática em psicanálise de grupo, análise individual e supervisões, que contribuíram para vivenciar e perceber aspectos inconscientes de minha personalidade, para um maior conhecimento de mim mesma e, consequentemente, para o desenvolvimento de minha função analítica. Dei aulas no curso de formação em Psicoterapia Analítica de Grupo, no Núcleo de Estudos em Saúde Mental e Psicanálise das Configurações Vinculares (NESME), no curso de especialização em Terapia Familiar da Coordenadoria Geral de Especialização, Aperfeiçoamento e Extensão (Cogeae) da Pontifícia Universidade Católica de São Paulo (PUC-SP), e no curso de Psicologia da PUC-SP. Sou membro da Associação Internacional de Psicanálise de Casal e Família e fiz parte do conselho coordenador e fiscal desde sua fundação.

Hoje, sou psicanalista de casais e famílias e tenho me dedicado à expansão dessa área de especialização em nosso país, organizando eventos, congressos, publicações e grupos de estudos, além de ter participado da criação da Associação Brasileira de Psicanálise de Casal e Família (ABPCF), da qual fui presidente desde sua fundação, em 13 de maio de 2017, até maio de 2021. Secretária adjunta da ABPCF na gestão 2021-2023. Uma das organizadoras do *Dicionário de psicanálise de casal e família*, publicado pela editora Blucher em 2021. Esse foi meu percurso.

Introdução

Quais os motivos conscientes e inconscientes para um paciente procurar ajuda psicoterápica? Como foi o seu encaminhamento? Essas são perguntas que o analista procura compreender nas primeiras sessões.

O paciente, de forma geral, busca análise para lidar com seu sofrimento e com sua dor mental. Independentemente do tipo de atendimento psicoterápico, presencial ou a distância, é função do analista abrir espaço para escuta e acolhimento e para tentar compreender questões emocionais que impedem transformações e desenvolvimento dos pacientes.

Nas primeiras entrevistas, o analista busca criar condições para um início de interação, ouvir histórias de vida, demandas e queixas trazidas pelos pacientes. O clima emocional formado entre analista e pacientes, os aspectos transferenciais e contratransferenciais que emergem na relação serão responsáveis pelo desenvolvimento de vínculos afetivos entre eles, seja nas terapias presenciais ou de modo remoto.

Temos a falsa ideia de que o atendimento a distância é uma experiência recente. Sabe-se que Freud (1909) analisou o pequeno Hans por meio de cartas que trocava com o pai do menino. Recebia do pai informações sobre as dificuldades e os conflitos do garoto e o orientava sobre como lidar e compreender o filho. Poderíamos dizer que Freud, com os recursos da época, já fazia atendimento a distância e talvez tenha sido um dos primeiros psicanalistas a incluir a família no tratamento da criança. Freud também compartilhava suas ideias, por meio de cartas, com alguns colegas como Fliess, Breuer, entre outros. Seria o início das supervisões a distância? Atualmente, a apresentação de trabalhos em congressos, a discussão de experiências com colegas, as supervisões, sejam presenciais ou a distância, e a publicação de artigos em revistas e livros especializados são formas utilizadas para compartilhar e divulgar ideias no meio científico.

Winnicott, enquanto pediatra (antes de se tornar psicanalista), usou o rádio para orientar as famílias sobre problemas cotidianos com crianças e adolescentes.

Bion (1975) iniciou o trabalho com grupos terapêuticos durante a Segunda Guerra Mundial, com soldados internados num hospital do exército, trabalho também inovador para a época. Percebeu que esse tipo de atendimento trazia melhoria mais rápida dos sintomas desses pacientes internados. A partir dessa experiência, o autor escreveu o livro *Experiências com grupos*, em que discutiu os pressupostos básicos, as teorias psicanalíticas sobre dinâmicas grupais e identificou vários tipos de modelos relacionais presentes nos grupos terapêuticos, conhecimento usado até hoje por muitos psicanalistas.

O uso do conhecimento psicanalítico no meio social é outra prática exercida por algumas instituições e profissionais, que saem de seus consultórios e prestam serviços à comunidade (Levisky, 2007, 2014).

Os meios e os locais usados para atendimentos, trocas de experiências e orientações foram se transformando ao longo do tempo, dependendo do momento cultural e da necessidade. A verdade é que o tempo passa, os dispositivos de comunicação mudam, mas a necessidade do homem de compartilhar ideias, ouvir e pensar junto com o outro é milenar.

O processo analítico

A psicanálise trabalha com materiais simbólicos presentes no mundo interno dos pacientes; é um processo investigativo no qual o sujeito precisa de tempo de elaboração para abrir espaço mental, necessário para ressignificar o material reprimido. Daí Freud (1896) ter escrito numa carta a Fliess as seguintes reflexões:

> *Tu sabes que trabalho com o suposto de que nosso mecanismo psíquico se origina por estratificação sucessiva, pois de tempo em tempo o material pré-existente das ondas mnêmicas experimenta um reordenamento, produzindo novos arranjos, uma re-transcrição. Todo passado não pode ser transformado em recordação. (p. 298)*

As memórias oriundas de nossas vivências ficam registradas e impressas em nosso mundo mental e são transmitidas para outras gerações por meio de heranças transgeracionais. As fantasias e esses registros mnêmicos podem ser transmitidos ou permanecer encriptados no inconsciente, vindo a se manifestar por meio de sintomas que podem ou não ser elaborados e transformados ao longo da vida. Os psicanalistas trabalham com esse valioso e misterioso material psíquico para tentar levar o sujeito a ter maior conhecimento de si, do seu modo de funcionamento mental, e, assim, encontrar meios para ajudar os pacientes a lidar com seus conflitos (Blay Levisky, 2019).

A psicanálise vincular amplia a compreensão da psicanálise clássica para entender que o funcionamento mental é resultante da intersecção das instâncias intrassubjetiva, o mundo interno do sujeito, intersubjetiva, o mundo das relações entre sujeitos, e trans-subjetiva, o mundo da cultura (Puget & Berenstein, 1994; Kaës, 2015).

O ser humano precisa do outro para compartilhar afetos, para não viver a solidão nem o desamparo. Quem não vivencia esse acolhimento nas fases precoces de seu desenvolvimento carrega marcas profundas ao longo da vida. A necessidade de contato com o outro é fundante no psiquismo humano.

Atendimento presencial

Nos atendimentos presenciais, o analista capta aspectos sensoriais que emergem na relação de modo mais natural e com maior facilidade, se comparados aos atendimentos de modo remoto. Gestos, odores, expressões corporais, ritmos respiratórios, olhos marejados de lágrimas, voz embargada, o colorido e o modo de se vestir dos pacientes são mais facilmente perceptíveis na presença e representam um meio de comunicação não verbal, muito útil para observação do analista. Nos atendimentos virtuais, os referenciais podem ser os mesmos do atendimento presencial, embora observados de outras maneiras; os *settings* escolhidos pelos pacientes, muitas vezes estranhos para nós, são os locais possíveis para eles terem momentos de privacidade e os cuidados que o analista teve que aprender para atender seus pacientes nessa modalidade.

O atendimento no consultório propicia a construção de um *setting* diferente do virtual, em que os pacientes são atendidos das mais variadas formas e lugares. O *setting* representa simbolicamente um envoltório psíquico, com função de acolhimento do paciente, que encontra um espaço para dividir suas angústias e fantasias com o analista.

A psicanálise, em seu início, priorizou a importância do atendimento num mesmo ambiente profissional, para a preservação do "*setting* analítico". Alguns analistas, vindos principalmente da escola inglesa, colocavam a necessidade de criação desse espaço, o mais "neutro" possível, para evitar interferências vindas do meio externo.

Contudo, o mais importante é a preservação do *setting* interno, de um *setting* mental, em que o analista seja capaz de manter sua função analítica, independentemente do local físico. Uma vez que as capacidades de *rêverie*, de escuta e do ato interpretativo do analista estejam internalizadas, o lugar físico não assume grande importância.

A comparação entre sessões presenciais e online é bastante complexa, pois até o momento temos maior experiência de atendimentos presenciais do que de virtuais; no futuro, se a terapia de modo remoto ocupar maior espaço na clínica, quem sabe possamos vir a ter dados de comparação entre esses dois tipos de atendimentos No momento, podemos dizer que são experiências diferentes, mas com aspectos similares.

Atendimento a distância

Com a vinda da pandemia da covid-19, tivemos de nos adaptar e criar condições para a continuidade do trabalho analítico; houve a mudança do *setting* de nossos consultórios para outros espaços.

Essa nova experiência ocasionou muita reflexão da parte dos analistas para lidarem com transformações internas e externas, com novas compreensões e aprofundamentos teórico-técnicos. Os profissionais precisaram se adaptar às necessidades impostas pelo meio e reformular seu modo de atender pacientes, criar uma outra experiência para dar continuidade ao seu trabalho.

Puget (2006) disse:

> *Pensar advém também como resposta ao efeito de um acontecimento novo ou de uma presença que se impõe e excede a organização anterior. Este excesso terá vários destinos: ou será incorporado em uma organização que já está lá, apesar de saber que nada será como antes, ou determina a produção de uma nova organização independente. Inaugura-se um novo trajeto. (p. 8)*

Nesse novo caminho, como é "estar perto" no trabalho a distância?

"Estar perto" hoje envolve presença e ausência ao mesmo tempo. Ficamos separados uns dos outros pelo distanciamento físico e pelo uso de máscaras, mas "perto" afetivamente, de modo virtual. O contato com o outro, mesmo com amigos e parentes, tornou-se ameaçador, pela fantasia de ser contaminado e de contaminar os outros. Sentimos falta e revolta diante da imposição do isolamento e, ao mesmo tempo, necessidade de uma cooperação ética com o outro;

os encontros virtuais se tornaram fundamentais para a continuidade do nosso trabalho e para abrir possibilidades de comunicação com familiares e amigos.

Temas sobre isolamento, sentimentos de impotência, imprevisibilidade e angústias catastróficas emergiram com frequência nas análises durante a pandemia. Curiosamente, esses sentimentos também estiveram presentes na mente dos analistas. Como consequência dessa superposição, o analista pode, em alguns momentos, acabar se afastando de sua função analítica (Puget & Wenders, 1982). Mundos superpostos de fantasias e afetos que ao mesmo tempo aproximam, afastam e identificam analistas de pacientes.

A presença-ausência é um acontecimento que também produz uma relação diferente da presencial, possivelmente com outra organização mental. Ainda não sabemos nomeá-la, mas observo que ela constrói um espaço psíquico vincular "entre" os sujeitos.

Evidentemente, o atendimento a distância não é para qualquer tipo de paciente. A observação da linguagem não verbal se torna mais difícil no atendimento remoto, especialmente nos casos de pacientes com deficiências auditivas e visuais, uma vez que fica mais complicado apreender as comunicações labial e gestual a distância. Em pacientes graves, com pouca capacidade de simbolização, o distanciamento físico dos corpos e mentes pode trazer dificuldades complexas. Nos casos de violência doméstica, drogas ou patologias psicóticas, também é mais difícil realizar o atendimento online.

Estamos diante de uma série de questões em aberto, sem respostas, mas que nos levam a estar atentos como observadores e pesquisadores de um assunto em desenvolvimento.

A capacidade para lidar e se adaptar às situações inusitadas, como a pandemia, varia com a subjetividade dos sujeitos e com fatores socioeconômico-culturais. Alguns colegas têm sofrido muito com essa nova modalidade de atendimento; outros se adaptaram ou até já tinham alguma experiência anterior à pandemia.

O atendimento virtual, por ser uma experiência diferente, exige do analista a capacidade de reconfigurar o seu *setting* interno e desenvolver condições para trabalhar com suas defesas e com as dos pacientes diante dessa nova vivência. A experiência online abriu um campo de pesquisa novo e interessante para ser aprofundado (Blay Levisky, 2021).

O fato de o corpo real estar ausente no atendimento online não impede a presença das trocas afetivas. A construção de ligações afetivas nesse modo de atendimento está diretamente relacionada ao modo como a dupla analista-paciente lida com suas resistências para viver experiências novas (Blay Levisky, 2021).

Será que a imposição do isolamento criaria uma via diferente para a formação de vínculos?

Na bibliografia, encontramos diferentes modos de definir o processo de construção vincular. Partindo das ideias de Kaës (2009, 2015), ele definiu vínculo como o espaço entre sujeitos, dotado de realidade psíquica específica, construído pelas relações afetivas entre esses sujeitos, principalmente por meio das alianças inconscientes que o organizam.

Puget e Berenstein (1994) entendem que o conceito de vínculo é distinto da noção de representação e de relação de objeto; esses dois últimos levam em conta apenas o mundo interno do sujeito, enquanto a construção do vínculo, compreendida pela psicanálise vincular, se estabelece na presença, "entre" a relação de dois egos, no espaço intersubjetivo.

Correa (2013) coloca que a formação do vínculo parte de processos identificatórios diversos, ligados a mecanismos especulares, adesivos, introjetivos e projetivos, vivenciados nas primeiras experiências com a família pelos contatos visual e verbal com os pais, que vão despertar e encontrar ressonâncias fantasmáticas nas relações entre eles. A realização dos desejos e a frustração dos pais, bem como os pactos e as alianças inconscientes, são processos necessários e imprescindíveis para a transmissão psíquica entre gerações.

Moreno (2002) diferencia vínculo de conexão virtual; essa última seria uma ligação que se estabelece com o outro de modo remoto, em que o contato ilusório e onipotente permite aos envolvidos na relação dar ou não continuidade à sua comunicação com o parceiro, dependendo de sua vontade naquele momento.

Berenstein (2007) diz que a relação virtual se assemelha à relação de objeto, em que o sujeito, por meio da tela do computador, estabelece projeções sobre o objeto virtual, de modo que o objeto da tela fica em posição intermediária entre presença e ausência. Por meio dessa presença virtual e dessa ausência real, percebe-se a sensação que um sujeito desperta no outro.

No *Dicionário de psicanálise de casal e família* (Blay Levisky, Dias & Levisky, 2021), no verbete "vínculos", discuto de modo mais abrangente os vários tipos de vincularidades que podem ser construídos nas relações entre sujeitos. É um campo de pesquisas em aberto.

Durante alguns anos, usei a diferenciação proposta por Moreno (2002) entre relação vincular, que acontece na presença entre sujeitos, e conexão virtual, aquela que ocorre de modo remoto. Mas, com a experiência de atendimento online durante a pandemia de covid-19, esse conceito foi se transformando e, atualmente, observo que a relação virtual também desenvolve uma qualidade vincular que tem permitido que vivências clínicas de atendimentos online, seja de casos novos ou antigos, apresentem possibilidades de simbolização dos conteúdos emocionais, de desenvolvimento de intimidade e de trocas afetivas. Essa experiência de atendimento a distância tem possibilitado novas apreensões e percepções, o que me leva a pensar que, independentemente de a relação ser presencial ou de modo virtual, desenvolvem-se vínculos, talvez com naturezas distintas.

Tive a oportunidade de entrevistar, por e-mail, um casal que se conheceu primeiramente pela internet e, depois de contatos pessoais, casou-se, dando o seguinte depoimento: "Primeiro a conheci por dentro, só depois que vi a casca. Quando nos encontramos já tínhamos uma intimidade e tudo isso era muito estranho!". Essa colocação me levou a refletir que a intimidade também sofre influências e transformações vindas do meio e apresenta uma gama de expressividades que variam com a cultura e com as vivências do sujeito, durante o seu processo de desenvolvimento (Blay Levisky, 2014, 2017).

A partir dessa experiência, defini o conceito de "complexo íntimo", ou seja, um conjunto de múltiplas expressões da intimidade, que sofrem transformações dependendo das características de personalidade do sujeito, das vivências internalizadas, do contexto e do momento histórico, social e cultural (Blay Levisky, 2017). Essa ideia me faz levantar a hipótese de haver um "complexo vincular", ou seja, expressões diferentes de construções vinculares, que podem variar de acordo com a experiência vivenciada entre os pares, seja ela na presença ou virtualmente, com as histórias individuais e com as subjetividades dos envolvidos, impostas e atravessadas pela realidade externa. São vivências afetivas que se entrelaçam e constroem tramas complexas e mutáveis dependendo das histórias, das vivências pessoais e do contexto histórico-cultural dos sujeitos.

É interessante observar que, nas psicoterapias online, os corpos "presentes-ausentes" têm criado atalhos afetivos fundantes para viver o espaço "entre" pacientes e analistas. O que não sabemos é se os vínculos construídos nas relações virtuais apresentam a mesma natureza psíquica daqueles formados na presença.

Atendimento de casos novos na pandemia

Antes da pandemia, existia uma discussão quanto a atender remotamente pacientes novos sem encontros presenciais prévios, pela falta de uma construção vincular. Mas, nas terapias presenciais, muitas vezes vivenciamos com nossos pacientes resistências e transferências negativas que dificultam o processo analítico e a construção vincular.

Mas o que estamos observando hoje com a vinda da pandemia?

Tenho tido uma experiência muito positiva no atendimento de casais e famílias que me procuraram pela primeira vez durante a pandemia. Tenho a impressão de que, por não terem outra opção ou estarem vivendo um regime de urgência, os pacientes já vêm com disponibilidade para o trabalho analítico; a busca de ajuda para lidar com seu sofrimento e sua dor mental pode facilitar a criação de um clima favorável para o trabalho de análise, seja ele presencial ou a distância.

Durante esse período de pandemia, sinto-me inclinada a ser mais flexível quanto às mudanças contratuais, uma vez que todos estamos nos adaptando a um novo modo de lidar com a vida e com os imprevistos. Questões financeiras e solicitações para mudanças de horários têm sido situações relativamente frequentes nas análises, diante das quebras contratuais que muitos pacientes estão sofrendo nos seus trabalhos.

Trechos de sessão online de um caso novo[1]

Na primeira sessão do casal, as crianças ficavam o tempo todo entrando e saindo da sala. Perguntei se gostariam de pensar em outro

---

1 Os dados do caso clínico apresentado foram modificados para não reconhecimento dos pacientes.

horário, em que pudessem estar mais tranquilos. Surpreendentemente, me responderam que não era necessário: "família é assim, todo mundo junto". Pensei: não discriminam o espaço do casal do espaço da família!

O marido conta que desde a adolescência, quando seus pais se separaram, ele ocupou o lugar de esposo da mãe e pai dos irmãos menores, fenômeno conhecido como "parentalização" (Féres-Carneiro et al., 2019). Sua mãe, apesar de ele estar casado e ter filhos, até hoje deseja que ele continue a ocupar esse lugar e função. Queixa-se que ele mudou muito após seu casamento e culpa a esposa pelo seu afastamento da família. Quando a mãe vem visitá-los, quer orientar o que comerão e até o lugar onde os móveis ficariam melhor. Uma invasão muito incômoda para o casal. Ele diz: "não consigo dizer não para minha mãe. Acabo brigando com minha mulher e depois sinto-me culpado".

A esposa conta que, na sua família de origem, sentia-se rejeitada e surgiam rivalidades com seus irmãos, que eram vistos pelos pais como os filhos certinhos e ela, a "ovelha negra". Ela sentia ciúmes e muita raiva.

Assim, o casal possuía uma autoestima rebaixada, que era reproduzida na relação entre eles por uma repetição inconsciente de modelos internalizados de agressões e inseguranças, vindos de vivências com suas famílias de origem.

Temos trabalhado questões ligadas à dependência de suas famílias de origem e à construção de modelos de autonomia e de identidade da nova família e de cada um deles. O trabalho analítico tem se aprofundado, mesmo durante a pandemia. A possibilidade de o casal se sentir ouvido, acolhido e ter um espaço de reflexão tem contribuído para o desenvolvimento de limites e de modelos parentais, com funções, lugares e diferenças geracionais mais bem definidos, bem como para uma melhoria na qualidade relacional entre o casal. A análise tem contribuído para abrir espaço de conversas e reflexões, vivências que anteriormente eram carregadas de agressões mútuas.

Minha experiência com alguns casos novos atendidos online tem mostrado boa capacidade de simbolização, fato que me leva a pensar que, se nosso encontro fosse presencial, talvez acontecesse o mesmo. Acredito que, quando os casos apresentam resistências à análise, elas poderão estar presentes nas duas modalidades de atendimento. Lanço a hipótese de que o aprofundamento da análise fica facilitado quando a relação transferencial entre analista e família é positiva e quando há uma disponibilidade para viverem juntos o processo analítico, independentemente de o atendimento ser na presença ou a distância.

De qualquer maneira, é fato que esse aumento nos atendimentos virtuais tem trazido muitas mudanças, dúvidas, reflexões e revisão de nossos valores e de formas de viver.

Como será a volta ao trabalho presencial?

Muitos profissionais já estão voltando para seus consultórios, tomando todos os cuidados de prevenção necessários. Cada profissional tem combinado com seus pacientes a melhor forma para realizarem essa volta e se sentirem mais seguros e à vontade para o encontro. Mas alguns pacientes e analistas não querem voltar para o consultório.

Muitos pacientes e analistas têm proposto atendimentos mistos, presencial e a distância, pela facilidade de otimizar o uso de seu tempo. Muitas empresas também estão implantando mudanças na forma de trabalhar. O mundo muda e nossos valores estão sendo revisados. Só teremos condições de avaliar os impactos dessa experiência daqui a algum tempo.

Referências

Berenstein, I. (2007). *Del ser al hacer: curso sobre vincularidad.* Buenos Aires: Paidós.

Bion, W. R. (1975). *Experiências com grupos.* Rio de Janeiro: Imago.

Blay Levisky, R. (2014). Amores reais e virtuais: estamos falando da mesma coisa? In R. Blay Levisky et al. (Orgs.), *Diálogos psicanalíticos sobre casal e família: vicissitudes da família atual.* São Paulo: Zagodoni.

Blay Levisky, R. (2017). Expressões da intimidade nos vínculos: interferências na cultura. *Ide,* (63), 41-58.

Blay Levisky, R (2019). O tempo e as relações familiares nos espaços reais e virtuais: impactos da cultura. In II Colóquio Poiesis. *Anais...* Lisboa, 28 set.

Blay Levisky, R. (2021). Reflexões sobre os impactos da pandemia do Coronavírus nas relações afetivas e no atendimento psicoterápico de casais e famílias à distância. *Passages de Paris,* (19).

Blay Levisky, R., Dias, M. L., & Levisky, D. L. (2021). *Dicionário de psicanálise de casal e família.* São Paulo: Blucher.

Correa, O. B. R. (2013). *Crises e travessias nas diversas etapas da vida do casal e do grupo familiar.* Petrópolis: KBR.

Freud, S. (1896). Correspondencia de Sigmund Freud a Wilhelm Fliess In S. Freud, *Obras Completas de Sigmund Freud (1896-1908)* (p. 298). Buenos Aires: Amorrotu, 1986.

Freud, S. (1909). Analisis de la fobia de un niño de cinco años. In S. Freud, *Obras completas de Sigmund Freud* (Tomo II, pp. 1364-1373). 3a ed. Madrid: Biblioteca Nueva.

Féres-Carneiro, T. et al. (2019). L'enfant parentié: maturation psychoaffective et context familial. *Revue de psychothérapie psychanalytique de groupe,* 72, 87-200.

Kaës, R. (2009). *Les aliances inconscientes*. Paris: Dunod.

Kaës, R. (2015). *L'extension de la psychanalyse: pour une métapsychologie de troisième type*. Paris: Dunod.

Levisky, D. L. (2007). *Adolescência e violência: ações comunitárias na prevenção: conhecendo, articulando, integrando e multiplicando*. 3a ed. São Paulo: Casa do Psicólogo.

Levisky, D. L. (2014). Gênese da violência: necessidade de limites na família, escola e sociedade contemporânea. In R. Blay Levisky et al., *Diálogos psicanalíticos sobre família e casal: as vicissitudes da família atual* (pp. 71-86). São Paulo: Zagodoni.

Moreno, J. (2002). *Ser humano*. Buenos Aires: Libros del Zorzal.

Puget, J. (2006). Penser seul ou penser avec. *Revue de psychothérapie psychanalytique de groupe*, (46), 31-40.

Puget, J., & Berenstein, I. (1994). *Psicanálise do casal*. Porto Alegre: Artes Médicas.

Puget, J., & Wenders, L. (1982). El mundo superpuesto entre pacientes y analista: revisitando al cabo de los años. *Psicoanálisis*, *IV*(3), pp. 503-532.

14. Pandemia: pulsão invocante[1]

Rosely Pennacchi

Duas epigrafes são necessárias no momento:

Nada surgirá que não se adapte.

Adorno

Não podemos percorrer novas terras com mapas velhos.

Giardelli

O desamparo

A covid-19 provoca um susto, um transbordamento, algo difícil de nomear. Em *Além do princípio do prazer*, Freud (1920) ressalta que certos acontecimentos provocam um *quantum* de energia que rompe e ultrapassa as barreiras protetoras dos mecanismos psíquicos do sujeito, colocando em movimento todas as medidas defensivas possíveis. Em *Inibição, sintoma e angústia* (1926), destaca que a

---

1   Este texto foi escrito no mês de junho de 2020, em plena pandemia.

angústia é a reação ao desamparo original. A angústia surge como sinal do eu, está do lado da restauração do eu diante do perigo. Além do vírus, outra questão é a economia do país escancarando os problemas na educação e na saúde e as características do povo brasileiro. Muito teríamos a dizer nesse aspecto, mas voltemos para a psicanálise.

Em vários registros, nossa vivência é de desamparo. O desamparo é uma experiência fundamental da condição humana e, em torno dela, constitui-se a posição do sujeito no laço social. Para Freud, o estado de desamparo é um conceito referencial. É o protótipo das situações traumáticas, geradoras de angústia no adulto, pois traz a impotência do desamparo infantil originário.

Pensaremos na angústia enquanto afeto: não que a angústia seja o protótipo do afeto, mas é o protótipo do enigma que é o afeto. Tanto para Freud quanto para Lacan, a angústia é um afeto que funciona como sinal. Para Freud, é a manifestação de um perigo interno ou externo. Para Lacan, é o afeto sentido pelo sujeito ao se defrontar com o desejo do Outro.

Todo sinal de perigo induz um estado de alerta: atenção sensorial e tensão motora mobilizam as capacidades de resposta a esse perigo pelo combate ou pela fuga, segundo as circunstâncias.

Atualmente, o que nos cerca não fornece escora nem referências simbólicas que possam nos ajudar com a negatividade inerente às aflições singulares. O que estamos vivendo não só multiplica os traumas, mas também as condições de angústia.

Já em seu texto *O mal-estar na civilização*, Freud (1929) ressaltou que, ao entrar no mundo do limite, no mundo civilizado, o homem ganha, mas também perde muito. Saberá que pertence a um grupo, mas entrará em contato também com a castração e com a morte. Nele restará sempre a lembrança do eu primordial ilimitado e uma reivindicação, que nenhum recalque poderá apagar, contra tudo que se apresente como imperativo de renúncia.

O homem é jogado sem proteção num mundo em que não resta outro recurso a não ser apelar para o "Outro".

O isolamento

Christopher Lasch, com seu livro *O mínimo eu: sobrevivência psíquica em tempos difíceis* (1990), é boa inspiração para este assunto.

Estamos vivendo um momento de transbordamento pulsional. O isolamento escancara a marca da solidão, a tristeza, os questionamentos sobre a vida e traz à tona toda a gama de fantasias. Uma avalanche de desprazer invade o eu, e o desamparo invade os seres.

Citando o autor, "Em uma época carregada de problemas, a vida cotidiana passa a ser um exercício de sobrevivência. Vive-se um dia de cada vez" (p. 9). A individualidade transforma-se numa espécie de bem de luxo, fora de lugar em uma era de iminente austeridade. A individualidade supõe uma história pessoal, amigos, família, um sentido de situação. Sob assédio, o eu se contrai num núcleo defensivo, em guarda diante da adversidade. O equilíbrio emocional exige um eu mínimo, não o eu soberano do passado. "O eu mínimo ou narcisista é, antes de tudo, um eu inseguro de seus próprios limites, que ora almeja reconstruir o mundo à sua própria imagem, ora anseia fundir-se em seu ambiente numa extasiada união" (p. 12).

No decorrer do livro, o autor mostra como como a vida privada também ficou empobrecida, porque, embora liberada dos constrangimentos externos, ficou exposta à tirania das ansiedades e fantasias internas. Entregue às suas fantasias internas, o sujeito encontra-se mais do que nunca desamparado e entregue ao seu próprio engendramento.

Muito além do isolamento: desafios para o ofício do analista

Além do isolamento, muitas outras vulnerabilidades se apresentam neste momento.

Com isso, vários desafios se colocam para o ofício do psicanalista. O nosso trabalho se impõe buscando fazer contornos possíveis.

Tentamos fazer metáforas: circular vídeos, esquetes humorísticos, às vezes ridículos, mensagens de otimismo. Muitas situações que estamos vivendo não se sujeitam ao trabalho psíquico nem aos domínios da representação; estamos, pois, atravessando um momento de urgência subjetiva.

Analisabilidade em tempos de covid-19

Penso que o dispositivo tecnológico do qual dispomos não impede que exerçamos o trabalho. Precisamos adaptar nossa percepção. Pensar, por exemplo, na evolução do cinema. Os filmes antigos nos parecem agora lentos e simplórios.

A abertura para a diferença e as novidades é importante. Nosso ofício envolve arte e ciência. Precisamos nos deixar surpreender. Neste momento, as formas de sensibilização são outras. As novas formas tecnológicas podem gerar resistência no analista. Podemos pensar em especificidades ao falar ao telefone, por Skype, ou por mensagens.

Precisamos também nos adaptar aos clientes. Alguns não gostam de falar ao telefone, outros não sabem manejar as novas tecnologias.

Para alguns, a privacidade mostra-se impossível, dadas as condições das casas e até mesmo dos recursos tecnológicos (faltam aparelhos ou dispositivos).

Quanto às mensagens escritas, como saber se o paciente está chorando ou corrigiu uma palavra que seria um ato falho?

No começo, dada a dificuldade com a tecnologia, senti mais cansaço. Com o passar das semanas não canso tanto, mas percebo que as sessões são mais curtas e até mais objetivas, se pudéssemos usar esse termo: "Vamos direto ao ponto".

Em minha reflexão sobre o *setting*, pensei em como o consultório é confortável, tranquilo e calmo!, além de protetor, em tempos de normalidade. Pensei que na telinha pareço uma figura envelhecida. Questões narcísicas sérias estão presentes e precisam ser ultrapassadas.

Minha experiência com as supervisões foi ótima!

Suporto bem o silêncio do paciente. Digo: "Estou quieta esperando você falar".

Sobre a neutralidade, muito a discutir. Pode ser uma armadilha!

Pensei na formação de novos analistas e na prática deles agora.

Alguns pacientes ficam deitados como se estivessem reclinados no divã.

Assuntos que não eram falados agora são.

Algumas pessoas disseram não à tecnologia; pacientes mais idosos apresentam maior dificuldade.

Pensando agora nos meus pacientes. Avisei meus clientes pelo telefone como seria daí em diante: online ou por outra via. Entrei em quarentena sem encontrá-los A separação não foi trabalhada... Precisava?

326 PANDEMIA: PULSÃO INVOCANTE

O real da pandemia precipita uma simbolização diferente? Surgirá um novo simbólico? Uma nova gramática, uma nova linguagem atravessada pela tecnologia, ainda mais pela imagem, está sendo construída? Uma nova semiótica?

Presença da imagem e ausência do objeto? Que tipo de subjetividade gerará? Quais serão as ancoragens da castração?

Percebo que algumas questões estão sendo resolvidas mais rapidamente.

Pensei no texto "O tempo lógico e a asserção da certeza antecipada", texto de 1945 em que Lacan, com base numa questão lógica, faz uma reflexão sobre o tempo. Discrimina o instante de olhar, o tempo de compreender e o momento de concluir.

Lacan apresenta o sofisma dos três prisioneiros. Introduz a função da pressa e depois traz isso para a sessão analítica. Nesse texto, Lacan também propõe o "tempo lógico", um exercício lógico que trará consequências para a direção da cura, trabalhará com a escansão das sessões, isto é, sessões sem tempo fixo (tradicionalmente seriam de 50 minutos).

Fica clara a posição do analista, não passivo, não abrigado atrás de um contrato de duração. A postura seria "não sossegar", "posição de esgrima", preocupação constante com a estrutura do discurso, e não com as historinhas nele embutidas.

Aos casais, a pandemia trouxe uma especificidade: alguns que brigavam pararam de brigar, alguns que se davam bem começaram a brigar. Ao atender casais, acho interessante como a mulher tira a câmera do marido ou fica na frente dele, ou, se ele não fizer parte da sessão, por ser individual, chama o marido, que não pode fugir da situação.

As crenças que regem a vida do casal no momento passam por uma revisão necessária em virtude da divisão dos trabalhos domésticos, das crianças em casa, do confinamento. Preconceitos e inflexibilidades se tornam muito evidentes pela convivência inin-terrupta. No entanto, neste momento, os casais estão tendo a opor-tunidade de transformar o sintoma incomodativo do vínculo em algo produtivo para ambos, dados os problemas graves e concretos que estamos atravessando.

Aproveitei para refletir sobre os três espaços subjetivos: inter, trans e intra, pensando na privacidade da família e na realidade da doença e das mortes.

No trabalho com crianças (uma menina de 10 anos), estou numa experiência inicial: começamos a trocar receitas de bolo de micro--ondas, só por mensagens, ela não quer aparecer, pois está de pijama.

Atendimento online

Oferecemos atendimentos online, por telefone, com câmera e sem câmera.

Lacan (1958), em seu texto "A direção da cura e os princípios de seu poder", diz que o analista oferece sua pessoa. Nesse momento não podemos oferecer nossa pessoa física, oferecemos a voz e, às vezes, a imagem. Mais do que nunca, é preciso repensar o desejo do analista e a ética na psicanálise.

Os quatro conceitos fundamentais da psicanálise, pilares do trabalho analítico: transferência e contratransferência, pulsões, repetição e inconsciente continuam os mesmos, mas apresentarão especificidades que não conseguimos avaliar no momento em que estamos imersos no problema.

Temos para pensar:

- O real das mortes: a irrepresentabilidade da morte no inconsciente.

- Como será depois? A reiteração simbólica da história vivida: confinamento, hábitos, manias, medos, novas incertezas, segurança...
- Temas como *setting*, neutralidade e silêncio do analisante podem trazer reflexões específicas no atendimento online.
- Alguns disseram não à tecnologia. Não a quê? A quem?
- A questão da ética e do desejo do analista.
- A questão da voz e do olhar.

Para fins didáticos, "isolei" os dois últimos temas para reflexão: a ética e a pulsão invocante.

Ética

Patrick Guyomard, em entrevista de 13 de janeiro de 2019, reflete a respeito do que é a ética. Destaca que, para Freud, o tema não era secundário, mas pouco problematizado. Afirma que Freud renunciou à hipnose, em primeiro lugar porque nem todo mundo era hipnotizável, em segundo porque não queria colocar os clientes em estado de sugestão. Não queria que a psicanálise fosse uma visão de mundo. Suas referências éticas estavam ligadas ao seu trabalho de médico e de cientista. Dedicava-se ao seu ofício, aceitava correr riscos, desenvolvia seu trabalho quase no registro de paixão.

Segundo Guyomard, Lacan mudou um pouco as coisas: em 1959/1960, produziu um seminário sobre a ética da psicanálise, em que reflete acerca do desejo do analista por considerar que esse desejo possa ter implicações éticas na direção da cura.

Sabemos que, muitas vezes, Lacan coloca frases que provocam muitas polêmicas e discussões. Nesse seminário, escreveu uma frase entendida por ele como máxima ética da psicanálise: "não ceder de seu desejo". Surge na corrente lacaniana à importância do desejo, a ética do desejo, uma ética que coloca o desejo como valor supremo.

Na análise, o desejo do analista orienta as coisas. A psicanálise é uma prática da palavra. A famosa expressão "*Che vuoi?*". O que querem de mim? O que esperam de mim? Para Lacan, por inspiração de Hegel, o desejo é sempre desejo do Outro, então, interrogar seu próprio desejo é interrogar o desejo do Outro.

Guyomard (2019) apresenta de modo claro o que Lacan entende por desejo do analista, verdadeiro ponto ético do trabalho analítico. Para Lacan, o analista é animado pelo seu desejo, condição necessária para que a cura tenha lugar. O desejo do analista e o desejo do analisante não são simétricos. Lacan reverte essa perspectiva.

Assim o faz também com os fenômenos da resistência à cura. Lacan dirá que a resistência está do lado do analista. O analista precisa cuidar mais de suas resistências do que tentar anular as do cliente. O inconsciente não resiste, ele insiste. E busca afirmar-se, dizer-se, repetir-se até fazer-se entender.

Lacan propõe que se pratique a "*docta ignorantia*".[2] Inspira-se em Nicolau de Cusa, filósofo místico do XV,[3] para quem não resta ao homem outra atitude a não ser a socrática, "só sei que nada sei".

---

2 "a douta ignorância" enquanto possibilidade é buscar a verdade, "é assim, simultaneamente um ponto de chegada e um ponto de partida. É um ponto de chegada sobre a condição humana perante a verdade" (Cusa, 1988, p. 89). Continuando com Cusa, "a douta ignorância não é pois, negação do conhecimento, mas a experiência-limite das suas possibilidades, que permite reconhecer o caracter conjectural de qualquer formulação e definir o processo cognoscitivo pela sua dimensão progressiva e inconclusiva" (p. 89). Cusa demonstra como a verdade é encontrada por etapas aproximativas.

3 Para Cusa (1988), "a verdade irrompe na disponibilidade manifestada pelo homem para acolher a gratuidade das múltiplas manifestações" (p. 86); "estando sempre ausente e ao mesmo tempo presente" (pp. 89-90); "É, pois, necessário que o intelecto se torne ignorante e se coloque na sombra" (p. 116). Isso me faz pensar na atenção flutuante.

Isso aponta para novas considerações sobre a neutralidade do analista. Em Lacan, essa questão é no mínimo paradoxal. Por um lado, ele fortalece a compreensão do que a função de analista deve cuidar, ou seja, da reserva, da abstenção e da suspensão de juízos, mas, por outro, dá sentido à técnica ativa ao instituir a variação da duração e da frequência das sessões, estabelecer a teoria e o uso da escansão e do corte interpretativo e a intervenção do analista numa pluralidade de registros.

Lacan sempre reconheceu o lugar da interpretação e do trabalho do analista em cada sessão. Sempre fez uma leitura crítica da contratransferência, sem romper com a perspectiva freudiana.

O pensamento de Lacan sobre transferência atravessou várias etapas. A primeira abordagem detalhada foi em "Intervenção sobre a transferência", em que Lacan (1951) expõe uma teoria dialética da dinâmica da transferência na cura, atribuindo à transferência uma nota de paralisia no trabalho analítico, na qual o analista não pode ficar retido, com o risco de estagnação do próprio processo.

Será na releitura da análise de Dora, feita em vários momentos, que Lacan atribuirá muitos dos impasses dessa cura aos preconceitos de Freud. Lacan vai mais longe e se propõe a interpretar, a partir do envolvimento de Freud, a transferência de Dora nesse momento da cura e de sua decisão de interromper o trabalho analítico.

Sabemos que o próprio Freud admitiu o fato de estar tão identificado com o Sr. K que acabou por encarná-lo excessivamente, deixando de poder ser seu substituto temporário.

Em virtude do seu excesso de identificação com o Sr. K, Freud não consegue identificar os traços em comum nem se deixar guiar por eles até o verdadeiro objeto de interesse e de amor de Dora. Freud insiste demais no amor que o Sr. K inspira em Dora e vê aí o amor sexual por outro homem que não o pai.

A identificação de Freud com o Sr. K criou essa paralisia. A contratransferência de Freud foi um desencontro, talvez inevitável e que ele não conseguiu desfazer, pois, de certo modo, já estaria predisposto a ocupar esse espaço.

Lacan convida a considerar que a transferência de Dora se relaciona à contratransferência, definida como a soma de preconceitos, paixões e embaraços da própria pessoa do analista e que lhe escapam.

Para Lacan, a transferência tem sempre o mesmo sentido, o de indicar os momentos de impasses, mas também o de servir de orientação ao analista. O desejo e as expectativas do analista possuem efeitos de indução sobre a transferência.

De fato, pelo viés da transferência e seus efeitos, recoloca-se a questão da contratransferência, em sua dimensão consciente e inconsciente, elementos importantes para se refletir a ética do analista no exercício de seu ofício.

Pulsão invocante

Nos atendimentos online, o que ouvimos com frequência é: "Você me ouve?". Com essa questão, inicio minha outra reflexão sobre *voz-pulsão invocante*.

No texto "Função e campo da palavra e da linguagem", Lacan (1953) mostra como a palavra perdeu sua função e a extensão de seu domínio. Talvez seja agora o momento, a partir das tecnologias de que dispomos, de repensar o valor da palavra e seus efeitos diretos.

Mais do que nunca, essas novas configurações tecnológicas demarcam com mais rigor o campo da palavra. Configurações novas pedem demarcações mais apuradas. Não temos a presença física do analista, mas a escuta se efetua de modo privilegiado.

A voz inaugura a psicanálise e estabelece a cura pela palavra, reconhecendo seu valor. A presente seção tem como propósito pensar a voz, recurso mais usado nos atendimentos do momento atual.

A escuta, em maior extensão, precisará ser repensada.

Escuta flutuante e associação livre. Belo par!

Freud ouviu as histéricas, elas o obrigaram a ouvi-las. Deixou de lado o uso da sugestão no tratamento de sintomas histéricos, tal era a condição possível, e a fim de passar da simples atenuação dos sintomas a uma clínica verdadeira baseada na causalidade psíquica. Freud, ao se calar e escutar as histéricas, fez emergir a voz como objeto pulsional.

O recurso de que o analista dispõe é a escuta, portanto, a palavra do analisante. Aos olhos de Freud, desde o começo, a tarefa do analista consistiu em restabelecer os espaços em branco da lembrança e os nós lógicos perdidos no discurso do analisante.

No último capítulo de "Variantes da cura-tipo", Lacan (1955) aborda a questão da interpretação a partir da palavra. Ele começa definindo a palavra como ato que supõe, enquanto tal, um sujeito que não somente recebe do Outro sua verdadeira mensagem de forma invertida, como também é transfigurado por essa mensagem.

Lacan extrai o objeto voz e o inclui na própria dinâmica de tornar-se sujeito. O sujeito nasce na relação com a voz do Outro. Lacan acrescentou à lista das pulsões apresentadas por Freud a pulsão invocante.

Freud faz uma revolução semelhante à de Copérnico. O cogito cartesiano é subvertido. Copérnico agrediu o narcisismo da humanidade e Freud rompe com a coincidência entre verdade e saber, pois supõe outro saber, o saber inconsciente. A famosa frase "eu vos trago a peste" é do conhecimento de todos.

Os trabalhos de Freud vão contra as teses organicistas que consideravam o corpo independente do psíquico. Um lapso, um jogo de palavras, pode trazer à tona um sintoma, isto é, algo inconsciente. O inconsciente é acionado por meio da escuta flutuante do analista. Por meio de suas formações, sonhos, atos falhos, tropeços, sintomas, o inconsciente se faz conhecer tal qual um tecido urdido por histórias, através de cadeias de significantes.

A escuta do analista promove uma decifração do material falado, pela voz, enquanto manifestação do inconsciente do analisante. Para Lacan, não existe metalinguagem: a verdade do sujeito surgirá nos tropeços, nos mal-entendidos.

A linguagem habita o homem e o homem é homem porque fala. O homem só existe enquanto está inserido na ordem da linguagem. Freud, segundo Lacan, antecipou essas informações em seus textos "Os chistes e sua relação com o inconsciente", "Psicopatologia da vida cotidiana", "História de uma neurose infantil [O Homem dos Lobos]" e "Observações sobre um caso de neurose obsessiva [O Homem dos Ratos]". A leitura desses textos sob a mirada lacaniana é muito esclarecedora.

Os desenvolvimentos de Lacan sobre a voz são poucos comparados aos que dedicou à questão do olhar (pulsão escópica).

Freud e as pulsões

Para o fundador da psicanálise, a pulsão é um conceito fundamental, porém obscuro. A pulsão ocupa uma região de silêncio. Refere-se ao corpo e não é corpo, está além da linguagem, mas a pressupõe. Freud dirá que a teoria das pulsões é a sua mitologia; está na fronteira entre o psíquico e o físico.

A pulsão aparece como desarranjo, como discordância essencial da sexualidade humana. O conceito de pulsão especifica a sexualidade

334 PANDEMIA: PULSÃO INVOCANTE

humana, isto é, aponta para o modo particular de lidar com o sexo. A sexualidade é, portanto, a qualificação essencial do desejo. O desejo é uno, as pulsões são aspectos parciais nos quais o desejo se realiza. Cada pulsão tem seu desejo parcial e sua zona erógena específicos. Exemplo: pulsão oral, em que os lábios são zona erógena e o seio é objeto parcial.

A pulsão se constitui pela demanda do Outro (*Che vuoi?*). Pulsão não é estímulo. A pulsão não provém do exterior, e sim do interior.

Desejo é diferente de pulsão, porém ambos pertencem ao território do Outro. As pulsões são sempre manifestações parciais, sempre manifestações de uma única força que é o desejo. O desejo é constante em sua pressão e eterno em sua busca. Desejo é diferente de necessidade.

Nos *Três ensaios sobre a teoria da sexualidade*, Freud (1905) já anuncia que, para o ser falante, o órgão da necessidade se torna órgão de prazer e o objeto tem grande plasticidade e é o mais variável da pulsão.

O núcleo do inconsciente é constituído por representações da pulsão, isto é, por moções de desejos. Freud preocupou-se em intercalar sua noção de pulsão entre a necessidade e o desejo.

A pulsão introduz uma qualificação na simples necessidade orgânica, isto é, o erótico. Ela é uma força constante no organismo que tende a suprimir todo estado de tensão. Ela só intervém no psiquismo consciente ou inconsciente mediante uma representação.

Lacan designa a necessidade enquanto falta. A necessidade orgânica está ligada a essa falta radical que resulta da saída do ventre materno.

A pulsão é canalizada pelas "zonas erógenas", que são as válvulas abertas para o exterior. Assim, em Freud, a pulsão é a qualificação erótica da necessidade, mas, para Lacan, ela se espalha, localiza-se no organismo de maneira mais precoce, antes de qualquer representação no psiquismo.

Dada a prematuridade do *enfans*, a necessidade é implacável. Suas pulsões são organizadas pelos desejos dos outros que estão ao seu redor e cuidam dele. Ao nascer, dependemos totalmente das pessoas que cuidam de nós. Dependemos do apelo que lançamos aos que nos circundam e de como eles reagem a isso. Nesse encontro com o outro, com a alteridade, é que viramos "gente".

Assim, a partir do outro, entramos no mundo da linguagem e também no mundo dos desejos. Essa entrada no mundo simbólico, ao mesmo tempo que nos dá a condição de humanos, também nos marca com o sentimento de falta.

Somos o *falo* da mãe, por algum tempo a completamos, e isso faz com que fiquemos eternamente na nostalgia dessa completude, na busca incessante de objetos-prótese que nos completem. Instaura-se, portanto, nossa demanda de amor, presos, verdadeiros reféns da opinião do outro.

Exemplificando, a sede é uma necessidade. Essa necessidade cria um mal-estar no corpo que provoca choros, gritos. A criança não fala, a mãe ou quem cuida dela supõe que seja sede. Essa demanda é endereçada a quem está próximo e precisará dar suporte a essa situação. A mãe pega, embala, pergunta ao bebê o que ele quer, mas, ao lembrar que ele não fala, nesse momento a mãe precisa ser presença, continente, amante e dar água.

O sofrimento ligado à necessidade de ser amparado e acarinhado pelo outro se transforma em demanda de amor. A necessidade fica então "contaminada" pelo carinho. O que era grito vira apelo, água vira amor, carinho e atenção. As funções se aglutinam e se sobrepõem.

Lacan (1971) assim se expressa ao falar de desejo: "O desejo se produz em algum lugar para além da demanda" (p. 629).

336   PANDEMIA: PULSÃO INVOCANTE

O desejo se produz para além da demanda e esta jamais pode ser satisfeita, pois invade e subtrai o desejo, mas, como não tem capacidade de completá-lo, o faz renascer cada vez mais frenético. Ao ser recalcada, a pulsão passa a ser desconhecida, sendo então substituída por símbolos, por linguagem, exatamente em virtude da demanda.

As demandas, sempre insatisfeitas, remetem aos desejos sempre recalcados e estes tecem entre si um texto de muitas associações. Um texto cada vez mais indecifrável à medida que outras demandas e outros desejos nele vêm se enlaçar ao longo da vida.

O papel da voz do outro no nascimento do sujeito

Quando a criança chora, a mãe interpreta esse choro como demanda.[4] Desde os primeiros dias, a criança passa a depender de Outro cuja conduta procede da linguagem. A mãe responde ao grito, pois o interpreta como demanda. Ao supor uma demanda, um pedido, envolve a criança no campo da linguagem. Então, o desejo advém, além da demanda, como falta de um objeto.

O filho se constituirá como sujeito desejante pelo corte desse objeto. Para Lacan, a questão é sempre a falta do objeto. A excitação real do sujeito, ao perseguir o que o satisfaz, terá um ponto de apoio, uma falta e um fantasma que, de certo modo, faz fundo para essa falta e ressurgirá na vida sexual do sujeito. A excitação real do sujeito cerca um objeto aparentemente inatingível e constitui a pulsão.

---

4   Demandar: (1) tentar obter, através de pedido ou exigência; reivindicar, reclamar; (2) apresentar necessidade de; precisar de; (3) perguntar; inquirir, indagar; (4) partir em busca de; procurar; (5) mover-se em direção a; encaminhar-se; (6) etimologia: lat. demando, as, ávi, átum, áre 'recomendar' com alt. de signf. para 'pedir, solicitar' no român. (Houaiss, 2001).

Por sua prematuridade, a criança, a partir da tensão endógena, solta um grito. A princípio, esse grito não é apelo ou chamamento, é apenas uma expressão vocal de sofrimento. O grito só se tornará apelo pela resposta da voz do Outro que introduz seu desejo: "O que *você* quer que eu deseje, que *eu* queira de você?". Aqui, o sujeito é chamado a ser. Para ele ter existência, é preciso que o Outro o chame, o nomeie. Pela invocação do Outro, o grito entra em outro registro.

A voz do Outro introduzirá o *enfans* na fala e o fará perder para sempre o imediatismo da relação com a voz enquanto objeto. A voz do Outro invoca o sujeito, sua fala o convoca. O Outro responde ao grito do *enfans*, chamando-o a advir como sujeito. Ao perder a voz como objeto, o *enfans* se torna invocante, dá início ao seu processo de subjetivação e entra na corrida para se tornar desejante.

Desejo do sujeito falante é desejo do Outro

Agora estamos em condições de compreender uma das afirmações de Lacan: o desejo do homem é o desejo do Outro. Referindo-se a Hegel, a fórmula se aclara:

> *O desejo do homem se constitui sob o signo da mediação, é desejo de fazer reconhecer seu desejo. Tem por objeto um desejo, o desejo do outro, no sentido de que o homem não tem objeto que se constitua por seu desejo sem alguma mediação, o que aparece nas suas necessidades mais primitivas, por exemplo, no fato de que mesmo sua comida deve ser preparada . . . (Lacan, 1971, p. 181)*

O homem deseja que o outro o deseje: ele quer ser aquilo que falta ao outro, ser a causa do desejo do outro. Ao falar do outro,

338 PANDEMIA: PULSÃO INVOCANTE

Lacan fala do semelhante, do próximo. Ao falar do Outro, refere-se a algo mais radical.

Lacan (1971) se exprime em termos hegelianos mesmo ao se referir a Freud: "O desejo do homem encontra seu sentido no desejo do outro, não tanto porque o outro detenha as chaves do objeto desejado, mas porque seu primeiro objetivo é ser reconhecido pelo Outro" (p. 268).

O vínculo do desejo com a sexualidade é suspeitado por Freud, bem como seu reconhecimento pela palavra. O vínculo do desejo com a palavra de um sujeito se torna o fio condutor de sua obra clínica, como confirma *A interpretação dos sonhos*. O sonho é a realização disfarçada de um desejo infantil recalcado. Sob os disfarces impostos pela censura, o desejo aparece na linguagem. O sonho mascara o desejo sob imagens enigmáticas, inofensivas ou angustiantes. Qual a natureza do desejo? Todo o trabalho clínico de Freud responde a essa pergunta.

O desejo é o cerne da existência humana e a preocupação central da psicanálise. Quando falamos em desejo, referimo-nos a desejo inconsciente, que, por ser inconsciente, é inteiramente sexual. Entendemos o papel da sexualidade como força (não somente biológica), que sustenta a relação do sujeito com o Outro (Lacan, 1979).

O desejo surge num contexto intersubjetivo estruturado pelo Outro, pelo campo da linguagem e do inconsciente.

Quando Lacan inicia suas reflexões sobre a voz, evoca *O Grito*, do pintor Edvard Munch. Um grito que não ouvimos. Como já foi dito, o estatuto da voz para a teoria psicanalítica no que tange à constituição da subjetividade do *enfans* foi pouco desenvolvido por Lacan. Ele elaborou essa questão a partir de sua clínica da psicose. Pensar na relação do bebê com a mãe (ou quem cuida dele) facilita a compreensão. A questão não está no que a mãe diz, mas na forma de dizer.

Em seu texto de 2011, Catão afirma: "a voz não se confunde com o som, mas não o dispensa" (p. 6); a autora fala de dois movimentos no bebê, operações constitutivas do sujeito: alienação e separação.

A voz tem valor como prosódia (emissão de sons da fala, isto é, acento e entonação) e musicalidade. Num segundo momento, pela operação de separação, a voz se constitui como objeto *a* da pulsão. Para que o bebê constitua uma voz própria e desejo fundador do inconsciente, é preciso que a sincronia com a mãe se rompa produzindo um resto que se apresente como enigma do desejo do Outro.

Também são interessantes os comentários de Vorcaro (1997) fazendo referência, nesse contexto da voz, ao jogo do *fort-da*. Nesse jogo, a criança podia operar uma alternância.

A voz marca um vaivém rítmico e conjuga ausência e presença. Primeira dialética simbólica, eixo central da relação mãe e criança. Evoca-se com esses dois termos, *Fort-da*: ritmo, repetição, aparecimento de falta, de buracos.

O jogo do carretel, cena paradigmática descrita por Freud em *Além do princípio do prazer* (1920), é a descrição do seu netinho brincando ritmicamente com um carretel. Freud descreve a enigmática atividade diante da elaboração da ausência da mãe. Lacan (1953) reconhece aí o momento em que o desejo se humaniza e também aquele em que a criança nasce para a linguagem.

Com essa metáfora, *fort-da*, o menino tenta ressignificar a presença e a ausência sucessivas da mãe. Essa experiência cinde e liberta a criança do imediato. Pela palavra, a mãe se torna presente na sua ausência, inaugurando assim pela linguagem a dialética da presença e da ausência.

Aulagnier (1978) fez uma divisão em três etapas do percurso da criança desde a percepção de uma sonoridade até a apropriação do campo semântico: a do prazer de ouvir, a do desejo de escutar e a da

340   PANDEMIA: PULSÃO INVOCANTE

exigência da significação. A leitura do texto da autora *A violência da interpretação: do pictograma ao enunciado* esclarece que o pequeno ser vai recebendo um excesso de comentários sobre suas atitudes e reações e, por não falar, mistura-se com os comentários que o cercam e precisará silenciar essas vozes, para ter a sua própria.

Lacan (1962/1963) lança mão do *Shofar*[5] para dar materialidade à função do objeto *a*, no nível da voz. O *Shofar*, tomando a forma do objeto *a*, invoca. O apelo a Deus não se expressa em palavras, e sim por um som. Qual o sentido disso? Trata-se menos da mensagem que transmite o texto do pacto e mais da dimensão do apelo, da invocação.

A invocação supõe que a alteridade possa vir e existir, como anúncio. Na demanda, ela é obrigada a responder como objeto do outro, na invocação, não.

Lembremos da mensagem da mãe e da criança: o grito da necessidade se converte em grito de demanda, ao qual quem cuida do bebê responderá. É a imposição da alteridade. O apelo, a invocação é de ordem diferente da demanda.

Invocare, em latim, remete ao apelo, ao chamamento. Para chamar é preciso dar voz. Para isso acontecer, é preciso que o sujeito a tenha recebido do Outro que terá respondido ao grito e o interpretado como demanda. É preciso também que, posteriormente, ele a tenha esquecido, para poder usar a sua própria voz sem estar totalmente inundado da voz o Outro.

É importante situar a diferença essencial existente entre demanda e invocação.[6]

---

5 Buzina de chifre de carneiro (ou de qualquer animal, exceto a vaca) empregada pelos antigos hebreus em seus rituais e ainda usado nas sinagogas no término do Yom Kippur (dia do perdão), antes e durante o Rosh Hashaná (ano-novo), na proclamação do ano sabático etc. (*Houaiss Eletrônico*).

6 Invocação: (1) ato ou efeito de invocar; invocatória; (2) ato de chamar em auxílio, em socorro; (3) pedido, rogo de proteção sobrenatural para a fundação

Na demanda, o sujeito se encontra em posição de dependência absoluta em relação ao Outro, pois lhe empresta o poder de atendê-lo ou não. A demanda é compreendida como exigência absoluta feita ao Outro, de se manifestar aqui e agora.

Ao contrário, o sujeito invocante escapa dessa dependência, pois, nesse caso, não se trata mais da demanda dirigida ao outro, presente, mas da invocação supondo a possibilidade de advir a alteridade a partir da qual o sujeito seria chamado a se posicionar.

Ao conferir o objeto oral associado à demanda do Outro, Lacan introduz o olhar e a voz associados ao desejo ao Outro e passa a afirmar que a pulsão invocante é a experiência mais próxima do inconsciente.

A voz proveniente do outro é a manifestação do desejo desse outro. Lacan afirma (1965-1966): "o desejo do sujeito se funda como o desejo do Outro, esse desejo, como tal, se manifesta no nível da voz . . . a voz é o instrumento pelo qual se manifesta o desejo do Outro".

Jean-Michel Vivès (2018) mostra como, no campo pulsional, a pulsão invocante adquire estatuto particular em razão da ligação entre significante e fala e como o surgimento do sujeito fica ligado ao concerto das vozes circundantes

Elizabeth Juliboni (2018), em sua introdução ao livro de Vivès, relata a pesquisa do autor concentrada na dimensão pulsional da voz e na materialidade do som na modulação acústica, gestual e gráfica. Ressalta que, para o autor, a voz está carregada de ambiguidade: ela pacifica porque transmite a lei ao marcar escansões na fala, mas também subverte, pois seduz pela ausência de sentido e é dotada de poderes de inflamar paixões.

---

de um templo ou instituição; invitatório; (4) etimologia: lat. invocatìo, ónis 'id.' (Houaiss, 2001).

Para Vivès, a fala vela a voz. Existe uma espécie de canto gestual ou coreografia que dá suporte ao discurso. A voz do Outro introduzirá o *enfans* na fala e o fará perder, para sempre, o imediatismo da relação com a voz enquanto objeto. A voz do Outro invoca o sujeito. O Outro responde ao grito do *enfans*, chamando-o a advir como sujeito. Ao perder a voz como objeto, o *enfans* se torna invocante e dá início ao seu processo de subjetivação, entrando na trajetória para se tornar desejante.

O primeiro objeto perdido não é o seio, e sim a voz. Capturado pela linguagem, o sujeito invocado pelo som originário se tornará invocante. Nessa reversão ele conquista a própria voz e se fará ouvir.

Para fazer-se ouvir, é preciso não apenas cessar de ouvir a voz originária, como também invocar, ou seja, sustentar a hipótese de que haverá uma pessoa ouvinte capaz de escutá-lo.

Nesse momento, Vivès tece reflexões sobre o silêncio do analista. Será nesse silêncio que surgirá o discurso.

A pulsão invocante precisa de endereço. O silêncio do analista não é ausência de som, e sim o silêncio necessário à escuta, no qual o paciente se vê levado a ter de dizer alguma coisa. Vasse (1974) mostra que o silêncio do analista deve ser entendido como um silêncio invocante, pois o silêncio que habita a sessão não é silêncio de espera, mas o voto de esperança na criação, na aposta de surgimento do ato analítico. Aponta como a função da voz nos leva, não na materialidade de um objeto fonético, mas enquanto suporte não objetivável da diferença. A voz, enquanto suporte da palavra que emana de um sujeito, dirige-se ao Outro, por intermédio da demanda que faz o objeto do desejo depender do Outro. A voz é lugar simbólico porque só é definível pela relação, distância e articulação entre o objeto e o sujeito, objeto e o Outro, sujeito e Outro. Assinala como fica clara a importância do Outro na constituição do sujeito.

O corpo da mãe ou do pai, ou de quem ocupa esses lugares, é mediado pela voz, com o bebê traduzindo o contato ritmado dos cuidados como os acentos inconscientes que provoca no coração dos pais. A voz, segundo Denis Vasse, é a subversão da clausura, em que o sujeito não se reduz à localização corporal, ela sai do corpo biológico. Assim, no mesmo ato, a voz atesta o limite e dele se liberta. Tem efeito de ressonância e se situa no entremeio do orgânico e da organização, no entremeio do corpo biológico e do corpo da língua ou corpo social (Vasse, 1974, p. 84).

Considerações finais

Durante muito tempo, me considerei otimista. Nos tempos atuais, me defini como alguém com muita esperança. Talvez uma pessimista ativa.

Todos nós, de alguma maneira, fomos abatidos em 2020, ano de espera e muito luto. Não tivemos somente a covid, tivemos muitos problemas: retrocessos em diversos setores, violências de vários níveis e, usando expressões de Žižek (2009), o "exercício arbitrário e irregular dos caprichos" (p. 21) e "a desintegração das barreiras protetoras da civilidade" (p. 58).

O que perdemos em 2020? Mortes de corpos, morte social e coletiva. Mais do que nunca, estamos com perdas a serem elaboradas e um trabalho intenso de luto singular e coletivo.

Neste texto, procurei refletir acerca do sofrimento decorrente da pandemia individualmente, das consequências na vida cotidiana das famílias e também dos desafios com os quais os analistas se defrontaram.

Acompanhamos as narrativas dos casais, relatos de angústia, violências, medo, incertezas e estranhamento.

Hábitos foram mudados, sublimações evocadas e que ainda precisam ser reiteradas.

As preocupações continuam e vão tomando novos vetores.

O confronto com a morte foi inevitável. Estamos tentando entender o que aconteceu. Faltam palavras em vários momentos. A reintegração simbólica da história vivida certamente só se fará lentamente.

Questões sobre a responsabilidade com a coletividade, a humanidade, o luto, a perda nas relações sociais continuam insistindo.

Muito poderíamos recortar da ética da alteridade em Emmanuel Lévinas para pensar essas questões (Vieira, 2003). A relação ética, ou essa nova ordem do pensar, é a inversão da ordem totalitária da razão e o resgate do humanismo no homem. A razão ajudou o homem em certos aspectos, mas o deixou desamparado e despreparado para conviver em sociedade. Autores como Lévinas e Agamben, entre outros, indicam possibilidades: caminhar pelas rupturas, pela desconstrução de posições rígidas de pensamento.

Para Lévinas, em nome da liberdade individual, instaurou-se uma ética autônoma, subjetiva, individualista, em que cada pessoa passa a ser sujeito das próprias regras de convivência. Para ele, o sujeito se constitui numa relação. O outro é a possibilidade de libertação da opressão da subjetividade enclausurante, a via de acesso da constituição do sujeito e a abertura ao infinito pessoal. O sujeito se faz sujeito quando rompe com o seu egoísmo e se abre à manifestação do outro. Precisamos do outro por estrutura, por constituição.

Lévinas nos convida a escutar a voz do Outro, que sanciona todo o nosso dever moral.

Recortei como reflexão a questão da ética e da voz. Para Lévinas, a palavra é, por sua vez, escuta e resposta, é recebida e ofertada. A palavra se anuncia, então, como relação com o outro, como relação irreversível. Nisso residiria o evento originário da palavra, da linguagem e, por conseguinte, da comunicação. A proximidade com Lacan, dada a importância da palavra, de sua função e seu campo, é muito clara.

Podemos dizer que a subjetividade se oculta no coletivo, nas interações sociais, em que a luta para se tornar indivíduo autônomo é difícil. Freud (1929) apontou essa luta em seu texto *Mal-estar na civilização*. Utiliza-se da metáfora de Kant, a pomba, que se rebela contra o vento, sem se dar conta de que, sem ele, não voaria! O texto aponta para a condição e também o limite em que a natureza humana pode sobreviver, mas acima de tudo propõe uma nova ética. Nós, analistas, precisamos nos deixar atravessar por uma clínica social que clama por uma "alma plural, múltipla".

De fato, o social é designado para suportar a função essencial do Outro, desse Outro simbólico, que garante o lugar do sujeito e autoriza sua função. O Outro é lugar no qual o sujeito vai se alienar, num primeiro momento, para se constituir enquanto tal.

O inconsciente é o social e, de maneira sombria, mostra-nos a face assustadora do Outro inconsciente, a partir do qual são fomentadas operações que nem sempre vão no sentido do melhor, vide guerras, sequestros, atentados.

Enquanto analistas, cabe-nos dar à palavra sua potência, fazê-la circular, falar do sofrimento, dar nome e inventar, criar modos de falar o que parece impossível de dizer.

Referências

Agamben, G. (2002). *Homo Sacer: o poder soberano e a vida nua*. Belo Horizonte: UFMG.

Aulagnier, P. (1978). *A violência da interpretação: do pictograma ao enunciado*. Rio de Janeiro: Imago.

Catão, I. (2011). *O bebê nasce pela boca: voz, sujeito e clínica do autismo*. São Paulo: Instituto Langage.

Cusa, N. A. (1988). *Visão de Deus*. Lisboa: Fundação Calouste Gulbenkian.

Freud, S. (1905). Três ensaios sobre a teoria da sexualidade. In S. Freud, *Edição Standard Brasileira das Obras Psicológicas Completas de Sigmund Freud* (Vol. VII). Rio de Janeiro: Imago, 1980.

Freud, S. (1920). Além do princípio do prazer. In S. Freud, *Edição Standard Brasileira das Obras Psicológicas Completas de Sigmund Freud* (Vol. XVIII). Rio de Janeiro: Imago, 1980.

Freud, S. (1926). Inibição sintoma e angústia. In S. Freud, *Edição Standard Brasileira das Obras Psicológicas Completas de Sigmund Freud* (Vol. XX). Rio de Janeiro: Imago, 1980.

Freud, S. (1929). O mal-estar na civilização. In S. Freud, *Edição Standard Brasileira das Obras Psicológicas Completas de Sigmund Freud* (Vol. XXI). Rio de Janeiro: Imago, 1980.

Guyomard, P. (2019). A psicanálise e a perspectiva ética na contemporaneidade: entrevista com Patrick Guyomard. *Revista Latino-Americana de Psicopatologia Fundamental, 22*(4).

Houaiss, A. (2001). *Dicionário Houaiss da língua portuguesa*. Rio de Janeiro: Objetiva.

Juliboni, J. (2018). Introdução. In J.-M. Vivès, *A voz na clínica psicanalítica*. 2a ed. Rio de Janeiro: Contracapa.

Lacan, J. (1945). El tiempo lógico y el aserto de certidumbre anticipada. In J. Lacan, *Escritos 1*. Cidade do México: Siglo Veintiuno.

Lacan, J. (1951). Intervenção sobre a transferência. In J. Lacan, *Escritos 1*. Rio de Janeiro: Zahar, 1998.

Lacan, J. (1953). Función y campo de la palavra y del linguaje em psicoanálisis. In J. Lacan, *Escritos 1*. Cidade do México: Siglo Veintiuno.

Lacan, J. (1955). Variantes de la cura-tipo. In J. Lacan, *Escritos 1*. Cidade do México: Siglo Veintiuno.

Lacan, J. (1958). La direccción de la cura y los princípios de su poder. In J. Lacan, *Escritos 2*. Cidade do México: Siglo Veintiuno.

Lacan, J. (1959/1960). A ética da psicanálise. In J. Lacan, *O Seminário, livro 7*. Rio de Janeiro: Zahar, 1988.

Lacan, J. (1962-1963). A angústia. In J. Lacan, *O seminário – livro 10*. Trad. CEF-Recife. Exemplar mimeo.

Lacan. J. (1965-1966). L' objet de la psychanalyse. *O seminário – livro 13*. Inédito. Recuperado de www.srtarfela.free.fr. Acesso em ago. 2022.

Lacan, J. (1971). *Escritos*. T. Segovia, Trad. Cidade do México: Siglo Veintiuno.

Lacan, J. (1979). Os quatro conceitos fundamentais da psicanálise. In J. Lacan, *O Seminário, livro 11*. M. D. Magno, Trad. Rio de Janeiro: Zahar.

Lasch, C. (1990). *O mínimo eu: sobrevivência psíquica em tempos difíceis*. 5a ed. São Paulo: Brasiliense.

Levinas, E. (1991/1997). *Entre nós: ensaio sobre a alteridade*. Petropolis: Vozes.

Levinas, E. (2008). *Totalidade e infinito*, Lisboa: Edições 70.

Vasse, D. (1977). *O umbigo e a voz*. São Paulo: Loyola.

Vieira, M. N. (2003). *A ética da alteridade em Emmanuel Lévinas*. Porto Alegre: ediPUCRS.

348 PANDEMIA: PULSÃO INVOCANTE

Vivès, J. M. (2018). *A voz na clínica psicanalítica*. 2a ed. Rio de Janeiro: Contracapa.

Vorcaro, A. M. R. (1997). *Sob a vigência da linguagem: uma aproximação à clínica psicanalítica de criança*. Tese (Doutorado em Psicologia Clínica), Pontifícia Universidade Católica de São Paulo.

Žižek, S. (2009). *Violência*. Lisboa: Relógio d'Água.

15. Famílias monoparentais: um olhar psicanalítico

Lisette Weissmann

> *Acontece que família é prato difícil de preparar.*
> *Mesmo nas mãos do cozinheiro mais experiente, o doce*
> *desanda de uma hora para outra. A fofoca, súbito, faz*
> *o estrago. O mexerico surpreende e desperta a fúria*
> *de quem parecia o mais pacato. Nada a fazer – há*
> *dias em que o mundo amanhece de ovo virado.*
>
> Azevedo (2014, p. 108)

Meu interesse pela pesquisa sobre as famílias monoparentais remonta aos primeiros tempos em que, após minha migração para o Brasil, começo a me defrontar com os pacientes brasileiros. Fui convidada a trabalhar no Núcleo de Atenção aos Funcionários (NASF) do hospital da Universidade Federal de São Paulo (Unifesp), onde fiquei encarregada do atendimento a casais e famílias dos próprios trabalhadores da instituição.

Chamou-me muito a atenção nesse atendimento a quantidade de famílias monoparentais que procuravam o serviço pedindo consulta em função da grande angústia que circulava entre elas. Geralmente, as famílias monoparentais eram formadas por mães com diferentes filhos de diversos pais biológicos, com os quais tinham perdido o contato e o relacionamento. Os vínculos nas famílias que consultavam estavam carregados de situações de violência, gerando sentimentos intensos de desamparo entre seus membros.

Assim começa minha história de interesse e curiosidade sobre as famílias monoparentais e o desejo de me aprofundar no funcionamento vincular que gerava esse clima de violência e maltrato entre eles.

Lembro de uma colega brasileira que, quando pus em palavras minha surpresa com a quantidade de famílias monoparentais que consultavam, disse-me que estas eram frequentemente encontradas nas camadas menos favorecidas, sugerindo um certo modelo social que se repete na formação desses vínculos. Mas essa resposta, ao invés de me desencorajar diante da pesquisa, despertou mais meu interesse, pois constatei que isso implicava um preconceito que fechava a possibilidade de pensar sobre o tema e compreendê-lo em maior profundidade. Também percebi que minha descoberta não se referia somente a uma composição sociocultural dessas famílias, mas implicava um funcionamento vincular inconsciente que as envolvia. Tratava-se de um funcionamento que ia além da composição familiar, pois mesmo nas famílias biparentais pode se desenvolver esse tipo de funcionamento monoparental inconsciente que eu notava com tanto interesse.

Assim, comecei minha pesquisa de mestrado na Pontifícia Universidade Católica de São Paulo (PUC-SP), sob a orientação do prof. dr. Renato Mezan. No livro que escrevi a partir de minha dissertação de mestrado, *Famílias monoparentais: um olhar psicanalítico* (Weissmann, 2009), fui descrevendo as famílias monoparentais tal como são vistas pelas diferentes ciências humanas, tentando, além disso, situá-las no contexto brasileiro, desde aquelas primeiras famílias paulistas que se encontravam à noite nas fogueiras do Brasil colonial, como relata Maria Odila Leite da Silva Dias (1995) no livro *Quotidiano e poder em São Paulo no século XIX*, passando pelas famílias que se reuniam nas portas de suas casas, chegando às famílias contemporâneas atuais. Não podemos pensar psicanaliticamente as famílias sem considerar o contexto sociocultural no qual se formam e convivem.

Paralelamente, continuei a minha supervisão via Skype com meu professor e supervisor ainda de minha formação no Uruguai, que foi o psiquiatra argentino Isidoro Berenstein. Ele assinalava que eu estava em vantagem para fazer uma pesquisa psicanalítica sobre os vínculos monoparentais, pois era duplamente estrangeira diante de seus conflitos. Eu não fazia parte dos funcionários do hospital, população de classe média a baixa, e por outro lado era estrangeira, já que tinha nascido e me formado no Uruguai. Essa dupla estrangeiridade me permitiu desenvolver com maior precisão um olhar objetivo para descobrir as características desses funcionamentos e o embasamento inconsciente que os percorria.

Pesquisas quantitativas sobre a constituição das famílias atuais

O site americano *Market Watch* (Fottrell, 2015) apresenta o artigo intitulado: "America's two-parent families reach lowest point in 50 years" (Famílias americanas com dois pais alcançam o nível mais baixo em 50 anos), que traz a seguinte informação: "Menos da metade das crianças atuais moram em um lar biparental". Esse artigo reforçou minha percepção sobre a importância do tema e a abrangência populacional dele em virtude da grande quantidade de famílias conformadas monoparentalmente no mundo. Segundo o artigo, uma pesquisa do Pew Research Center realizada em 2015 em Washington-DC aponta que apenas 69% das crianças na atualidade moram em um lar biparental.

Nas famílias citadas, amplia-se a variedade de arranjos familiares em virtude do incremento de divórcios, recasamentos e coabitação. As pesquisas indicam que as crianças morando em um lar monoparental abarcam uma porcentagem de 26%. Também assinalam que muitas famílias monoparentais apresentam uma maior probabilidade de viver abaixo da linha de pobreza, fato que também foi constatado por Weissmann (2009) em seu trabalho com as famílias monoparentais brasileiras.

A mencionada pesquisa do Pew Research Center, baseada em famílias com filhos abaixo dos 18 anos de idade, constatou que, em 1960, as crianças que moravam com os dois pais correspondiam a 87% dos pesquisados; no ano de 2000, essa cifra desceu para 73% e, em 2014, para 69%. Da mesma forma, em 1960, os lares que tinham apenas um dos pais correspondiam a 9% da população, no ano de 2000, elevaram-se a 22%, subindo novamente em 2014 para 26% dos investigados. Podemos concluir que os lares com dois pais morando juntos têm decrescido amplamente e, em contrapartida, os lares com um pai só como chefe de família têm crescido em grandes proporções.

Diversas mudanças ocorreram nos formatos familiares tradicionais. Em primeiro lugar, as famílias não tradicionais excedem em número as famílias tradicionais biparentais. E isso não se deve somente aos casais homossexuais, visto que menos de 1% dessas famílias não tradicionais inclui casais parentais do mesmo sexo.

As famílias atuais têm se tornado mais complexas e menos tradicionais, reforçando a ideia de que não se trata de um declínio dos casamentos, mas de um incremento da diversidade familiar. Os adultos estão se casando mais tarde, morando em coabitação em vez de se casar, transformando-se em pais solteiros ou fazendo parte do que se convencionou chamar de famílias recompostas, famílias em arco-íris ou famílias "os meus, os teus e os nossos".

Algumas pesquisas evidenciam que as famílias atuais são mais instáveis, pois são formadas por adultos parceiros que vão e voltam, de modo a afetar a estabilidade e o bem-estar infantil. Os adultos estão se casando com menor frequência, e aqueles que operam no lugar parental não correspondem geralmente aos pais biológicos.

A psicanalista argentina Irene Meller (2012) fala de uma tendência social atual que ela denomina "mães sozinhas por escolha ou mães sem casal", referindo-se a mulheres de classe média entre 35 e 45 anos que, diante das dificuldades para formar casal, optam por buscar o exercício da maternidade prescindindo do homem. Diante da dificuldade de estabelecer vínculos duradouros de casal, decidem ser "mães a título individual".

Meller aponta que essas mulheres desejam achar um parceiro com o qual criar seus filhos, mas, ao não o encontrar e diante do limite da idade fértil, escolhem ser mães solteiras, ainda que essa não seja uma eleição delas, e sim uma consequência da dificuldade de estabelecer vínculos duradouros na idade fértil. Ela assinala que "'mães sozinhas por escolha' é uma definição falaciosa, pois nenhuma dessas mulheres escolheu realmente essa alternativa existencial, mas a adotaram como último recurso contra a solidão" (p. 81).

A psicanalista agrega que as sociedades pós-modernas são mais permissivas a respeito das mães sem marido, o que leva muitas mulheres a criar sua própria família com filhos com os quais terão um vínculo de muita proximidade. Constata-se, portanto, que muitos desses formatos familiares podem estar norteados pela própria solidão das mães.

Esse tipo de formação familiar não implica que esses filhos tenham um desenvolvimento patológico, pois dependem também de outros vínculos de intersubjetividade que vão criando. No entanto, muitas dessas mães relatam sofrer a falta de um parceiro para criar seus filhos. A autora termina dizendo que "hoje, a opressão e subalternização das mulheres transforma-se em abandono: passamos do sufoco da monogamia indissolúvel e do reinado da dupla moral ao escalafrio da solidão das jovens contemporâneas" (Meller, 2012, p. 83).

Muitas são as mudanças nos formatos familiares que os sujeitos do século XXI vivem, levando-os a se colocar em um lugar de escolha para sua vida cotidiana e sua convivência mútua.

Famílias monoparentais brasileiras

Historicamente, no Brasil "aparecem dados que refutam a ideia de se tratar de novas composições de família, Del Priore (1994, p. 69-75) constata que 'estudos demográficos, no Brasil colonial, nos mostram que as famílias chefiadas por mulheres não representam, necessariamente, uma invenção da história brasileira contemporânea'" (Weissmann, 2009, p. 163). Para demonstrar isso, a autora aponta as

> conclusões da obra *Famílias chefiadas por mulheres, pesquisa de condições de vida na região metropolitana de São Paulo*, elaborada pelo SEADE (1994). Segundo consta, "as famílias chefiadas por mulheres negras ou pardas são o conjunto populacional da região metropolitana de São Paulo que apresenta condições de vida mais adversas" (1994, p.81). Aparecem em posição desvantajosa em comparação com as famílias monoparentais chefiadas por brancos (mulheres ou homens). (p. 164)

Pensando na mulher brasileira, caberia nos perguntar como seria essa escolha de monoparentalidade. Uma pesquisa no âmbito das ciências sociais (citada em Weissmann, 2009) aprofundou estudos sobre as mulheres de famílias monoparentais. Perguntou-se às mulheres por que achavam que estavam sozinhas e elas responderam acreditar que os homens eram preguiçosos e não queriam trazer o dinheiro para casa e colaborar no plano financeiro familiar. Quando indagadas sobre como gostariam que fosse sua vida rotineira, respondiam que desejavam que o homem fosse o provedor financeiro do lar, para que elas pudessem ficar em casa cuidando dos filhos e da casa, sem ter de sair para trabalhar.

De fato, deparei com uma quantidade muito significativa de famílias monoparentais na consulta do hospital. Estas são famílias estruturadas fundamentalmente por mães com filhos de relacionamentos passageiros e diferentes parceiros sexuais. Também constatamos que essas mães escolhiam constituir uma família monoparental para não ter ninguém que as confrontasse com a alteridade.

Quando uma mãe diz, na consulta: "Eu sou mãe e pai de meus filhos ao mesmo tempo", a que se refere? Isidoro Berenstein, em supervisão individual, questionava por que essa mãe tem de trazer à tona a figura de pai se ele não faz parte desse vínculo, tentando, por meio da fala, preencher um lugar com uma pessoa que não o ocupa. Todavia, a fala insiste e aparece como clichê nas pesquisas sobre as famílias monoparentais, nas quais várias mães a repetem.

Também pensamos se essa falta não tem a ver com o viés do pesquisador dos modelos familiares tradicionais que a literatura acadêmica assinala. Talvez estejamos diante da insistência diante de um lugar esperado do ponto de vista social, que provém de séculos anteriores, mas que se instala como um espaço estabelecido no núcleo familiar atual. Parece que a estrutura familiar atual carrega uma marca e um desejo que vêm das formações sociais de séculos anteriores e reclamam por esse formato, o qual remete à família burguesa esperada no imaginário social de mãe, pai e filhos.

Na contemporaneidade, modificam-se os formatos de família dos séculos anteriores, mas também persiste, na memória e no imaginário social, uma marca das formas antigas de constituir família.

A psicanalista francesa Elizabeth Roudinesco (2003) escreve sobre as famílias atuais no livro intitulado *A família em desordem*. E nos perguntamos: de que desordem está ela falando? Será que está comparando a família desordenada com aquela família que internamente nos diz de uma ordem e uma segurança estabelecidas pela cultura, às quais os sujeitos antigamente tinham de se submeter e se sujeitar? Se nos referimos a desordem, é porque temos internamente uma figura que nos norteia e aponta para a ordem e o estabelecido.

Quando a mãe monoparental menciona que ocupa o lugar de mãe e pai ao mesmo tempo, é porque na sua cabeça parte de um modelo familiar biparental. Perguntamo-nos: por que tem de aludir ao pai, se ele não faz parte dessa convivência familiar? É porque esse lugar que está vago faz parte de sua representação de família e, ao estar vago, deixa a todos diante da falta.

Às vezes, a não ocupação do lugar designado é uma opção e uma escolha, não uma perda e uma falta. Mas, diante da necessidade de dois gametas para conceber uma criança, o espermatozoide de que toda mãe precisa para engravidar a remete à figura masculina. Aparece nessas famílias uma fantasia de roubo de um espermatozoide perpetrado pelas mães a seus parceiros ocasionais. Esse roubo traz uma bagagem inconsciente que pode ser transmitida a suas filhas mulheres, aludindo à possibilidade de prescindir do outro para gerar uma gravidez. Sustenta-se assim esta fantasia inconsciente de procriação como produção unipessoal e a própria ciência vem trabalhando nessa direção com as inseminações artificiais e *in vitro*, mas isso aponta para outras pesquisas e seus encaminhamentos.

Em uma das famílias monoparentais, a mãe reclamava do cheiro insuportável – para ela – que os filhos homens adolescentes traziam para dentro de casa cada vez que vinham da rua, a que ela nomeava como "cheiro de chulé". Quando perguntada sobre a origem do cheiro, a conclusão mostrava que o que era insuportável para ela era o cheiro de homem que esses filhos jovens – não mais crianças – traziam. De fato, ela tinha feito a escolha de construir uma família sem uma figura masculina, porém, com uma figura materna única do lado dos filhos crianças. O lugar de homem, terceiro, diferente, alteridade, afastava-a de sua escolha, pela qual procurava não ser questionada, banida ou barrada em nenhuma decisão. Em decorrência, surge o que Roudinesco chama de "poder das mães". Como resultante, a função que fica enfraquecida é a função paterna.

Considerações sobre alteridade

O contexto social das famílias monoparentais se caracteriza como espaço que consegue dar pouco apoio a tais famílias. O desenvolvimento da subjetividade dos membros dessas famílias está geralmente atravessado por situações de perda e desamparo. O entorno social parece deixar os homens-pais-*genitores* sem a possibilidade de se colocar como os provedores do lar, sem conseguir alcançar o que seria um lugar de participação e engajamento familiar. Os diferentes autores descrevem uma família sem hierarquias, nas quais os homens não se colocam no lugar de pai, o que reserva para as mulheres-mães todos os espaços atribuídos aos adultos na parentalidade.

A situação desse tipo de família poderia ser descrita como de desamparo social, seja por se tratar de um lar com uma figura parental única – o que diminuiria a renda familiar, não havendo outra fonte de recursos –, seja porque deixa a mãe e os filhos em situação de abandono pela ausência paterna, seja ainda por se tratar de mães jovens com pouco preparo, seja finalmente por se tratar de mães negras. A história indica o peso do matriarcado negro nas famílias monoparentais brasileiras. Esses índices colocam as famílias monoparentais geralmente em uma faixa da população mais desfavorecida.

Nessas famílias, pode aparecer como característica fundamental a dificuldade *de reconhecer o outro como outro*, como se houvesse um impedimento estrutural de considerar e pensar o outro em sua alteridade, em sua diferença, como outro propriamente dito. Nas famílias pesquisadas, constatou-se uma maior dificuldade na passagem do *um* a *dois*. Nelas, parece predominar – tanto no psiquismo da mãe quanto no dos filhos – um pensar sobre o *um*, sem se permitir levar em conta a alteridade do outro, em sua diferença. Como indicador dessa dinâmica, encontramos um discurso familiar em que predominam comunicações monologais, sem trocas que denotem *duas* presenças provenientes de sujeitos diferentes, dois outros, em vínculo.

Em uma das famílias monoparentais estudadas, a mãe colocou o filho de castigo porque ele não a chamou de mãe e a chamou por seu nome; diante do questionamento da analista sobre esse quesito, o filho responde: "eu não tenho outra pessoa para me indicar o que é certo e o que é errado, porém assumo que o que minha mãe assinala deve ser certo". Vemos como prevalece nos vínculos dessas famílias uma única ideia aceita como verdadeira, à qual os filhos têm de se submeter. Quando o diverso aparece no discurso familiar, não é aceito; é barrado pela impossibilidade de permitir um espaço para a diferença. Porém, constatamos diálogos violentos, acusações de uns contra os outros, impossibilidade de se escutar, constituindo um discurso familiar no qual os excessos denotam o alto montante de angústia que os atravessa. Essa conflitiva é o elemento gerador de sofrimento vincular e o motivo central da demanda.

Do ponto de vista biológico, são necessários dois gametas sexuais diferentes para conseguir uma gravidez. Isso pareceria ter a ver só com a biologia, mas na realidade traz consequências psíquicas para os sujeitos e seus vínculos familiares. As mães das famílias monoparentais precisam sem dúvida do sêmen do homem – pai biológico – para engravidar. Nas famílias monoparentais, a sexualidade entre a mulher e seu parceiro está marcada muitas vezes por um movimento inconsciente, que parte da mulher, de não reconhecimento e aceitação de *dois* sujeitos como diferentes para formar e procriar *um* filho.

Nos casos estudados, as mães gestavam esses filhos com parceiros ocasionais com os quais não permaneciam na relação. Talvez isso esteja desenhando uma forma peculiar de desejo entre dois sujeitos, em cujo espaço não há um encontro de duas pessoas diferentes em si. Uma hipótese possível para entender esse funcionamento familiar aponta para o predomínio de uma fantasia inconsciente na mãe, na qual ela rouba o sêmen do pai. No entanto, na realidade, continua presente a necessidade do *dois* para gerar a gravidez.

No relacionamento com o homem, a mãe da família monoparental aparece roubando o que ele tem, de que ela precisa para cumprir seu anseio pessoal de ter um filho. Porém, estaria procurando um *genitor*, doador de espermatozoides, situação que se concretiza por meio de um roubo. A parentalidade surge depois, como por "acaso". Nesse momento, essas mulheres-mães decidem tomar o encargo do filho, na hora em que esses homens-pais se desentendem de seu lugar parental, assim se organizando a família monoparental por decisão materna. Esse homem doador de espermatozoides deixa um lugar vazio, abandonando sua posição como *genitor*, para não se apropriar de seu lugar de pai, ao mesmo tempo que abandona a mulher na parceria da parentalidade. Isso acarreta que, por momentos, essas mães se mostrem muito agressivas com os filhos, extravasando angústia, sem contenção, talvez reagindo dessa maneira diante da solidão na função materna, sem o parceiro do lado. Isso foi reforçado no trabalho de Irene Meller (2012) quando descreve as escolhas feitas por algumas mulheres de ser mães sozinhas por escolha ou mães sem casal.

Aparece aqui uma característica parental que não pode ser anulada nem apagada: dois gametas são necessários para gerar uma gravidez. A modalidade biológica parece ser a marca das famílias monoparentais, aquilo que não pode ser anulado nem apagado, pois marca um começo impossível de ser negado, além do psiquismo materno.

Os genitores masculinos não reclamam para si o lugar de pai, abandonando os filhos que geraram, deixando sua progênie somente nas mãos das mães. Isso assinala a extrema fragilidade desses homens doadores de espermatozoide, que não podem tomar conta de sua herança. Também a presença materna é muito forte e não habilita lugar para a alteridade e a *ajenidad*[1] dos outros. Assim se forma uma família composta pelo vínculo de uma única mãe e seus filhos.

Filhos de famílias monoparentais podem vir a denunciar situações familiares não aceitas por eles. Revoltam-se diante da tentativa materna de anular o lugar paterno e o lugar masculino, tanto como terceiro quanto como homem. Em suas falas, discordam da mãe ou não se comunicam com ela, realizando *acting-outs* nos espaços sociais. A dificuldade no relacionamento geralmente aparece entre a mãe e seus filhos adolescentes homens, pois com as filhas isso ocorre menos.

O que parece quebrar o formato familiar é a aparição dos corpos masculinos dos filhos adolescentes, que irrompem como algo novo no espaço familiar. As mães costumam reclamar pelos maus cheiros que eles trazem e pelas roupas e calçados que eles destroem. O crescimento dos filhos, com a aparição dos caracteres masculinos, coloca-os no lugar de homens. Esse aparecimento não pode ser aceito, pois coloca em evidência aquilo que tenta ser anulado na família: o lugar do homem.

---

1 Termo em espanhol que alude ao *ajeno*, não tendo uma clara tradução ao português, já que implica diferença, alteridade e uma clara discriminação do outro como diferente, não homologável ao eu, motivo pelo qual o utilizo em espanhol.

Diante desses fatos, concluímos que, na estrutura familiar inconsciente das famílias monoparentais, o espaço para o masculino adulto estaria barrado, por ser um lugar de diferença que essas mães escolheram deixar fora. Esses jovens denunciam um não lugar para seus corpos tentando demarcar um lugar familiar que lhes pertence. São esses filhos homens que introduzem nessas famílias a novidade do mundo externo: da rua, do trabalho, da escola, deixando assim um acesso à terceiridade, ao alheio do outro, ao *ajeno*. Na tentativa materna de desqualificar o lugar masculino, eles insistem. Os corpos masculinos dos filhos aparecem como terceiros na família, constituindo espaços de novidade e alteridade.

Essa alteridade é dada a partir do espaço social, como terceiro que opera entre eles e possibilita o desenvolvimento da subjetividade vincular, complexizando os vínculos e as subjetividades individuais. O meio social, na medida em que seja levado em consideração, poderia operar como terceiro interditador, habilitante para todos os membros da família. Dessa forma, os filhos poderiam achar uma saída para se inserir na cultura. Esse seria o sentido que daria circulação à estrutura familiar, já que o social entraria outorgando uma significação que viria de fora, atravessaria a figura da mãe e seria transmitida aos filhos.

Poderíamos concluir que, fundamentalmente, a queixa que as famílias monoparentais trazem à consulta denotaria uma falha na função que dá lugar à alteridade, ao diferente, ao alheio, a chamada função paterna, como função que indica um além da figura da mãe e dos filhos, interditando-os e estabelecendo uma terceiridade. Não falamos necessariamente da presença de um pai, mas de um exercício que impõe uma ordem sobre todos os membros da família e que pode ser colocada por membros tanto da família como das redes sociais. Uma ordem que atinge a todos os seres humanos que compartilham um espaço social e outorgam um lugar ao outro como diferente. Essa lei deveria ser aceita por todos os membros da família, já que cada lugar dá sentido ao outro dentro da conformação familiar, e a lei os atravessa a todos. Falamos de uma ordem que no seio da família se interponha entre o desejo materno e o do filho.

O social também opera como terceiro interditador, por exemplo: o trabalho da mãe, na medida em que ocupe um lugar de preferência para ela, o círculo de amizades, a inserção social e tudo aquilo que faça com que a mãe não fique "grudada" nos filhos e permita sair, também ela própria, para a exogamia. Seria importante criar para a mulher-mãe um espaço de incerteza, de não completude, de pergunta que assinale o inacabado, o limitado dos não saberes. Talvez nessa pergunta sem resposta se abra um espaço para a alteridade, na família.

O trabalho psicanalítico vincular se apresenta como um lugar privilegiado para a circulação dos sentidos, providenciando o enriquecimento dos vínculos familiares. Com as famílias monoparentais, conseguiu-se o restabelecimento da alteridade, outorgando um espaço para a diferença e os vínculos em novidade.

Vejamos a família conformada pela mãe Celia, os dois filhos adolescentes Gustavo e Vitor e a menina Adélia. No início do atendimento, Gustavo disse: "Eles dois são os que usam o banheiro juntos" (referindo-se a Celia e Vitor). Na finalização do trabalho terapêutico, Celia disse: "Agora entendi por que não posso entrar no banheiro quando Vitor está lá. Vocês me ensinaram a ser mãe, obrigada". Em poucas palavras, ela demarcou o percurso terapêutico vincular da indiferenciação e do desrespeito à possibilidade de enxergar espaços diferentes para cada um dos membros da família.

No transcurso do trabalho clínico com as famílias monoparentais, defrontamo-nos com uma transição do sentido outorgado à figura paterna, que primeiro aparece só como pai biológico e depois evolui, com o trabalho psicanalítico, para o lugar da lei, doadora de alteridade, de um terceiro que interceda entre mãe e filhos, lugar do *dois*, já que a subjetividade do filho, para ser constituída, não pode prescindir do terceiro, do outro, do *ajeno*.

Concluímos com a ideia de que cada família monoparental é única e depende de suas próprias possibilidades, funcionando, em seu conjunto, como *um* dos tipos de famílias da atualidade. Famílias que passaremos a chamar de *famílias monoparentais*, no plural, cada uma com seu perfil peculiar. Ficam em aberto muitas perguntas para continuar pensando psicanaliticamente sobre elas.

Referências

Azevedo, F. (2014). *O arroz de palma*. Rio de Janeiro: Record.

Fottrell, Q. (2015). America's two-parent families reach lowest point in 50 years. *Market Watch*. Recuperado de: http://www.marketwatch.com/story/less-than-half-of-kids-now-live-in-a-traditional-family-2014-12-24?link=MW_home_latest_news.

Leite da Silva Dias, M. O. (1995). *Quotidiano e poder em São Paulo no século XIX*. São Paulo: Brasiliense.

Meller, I. (27 dic. 2012). Solas a pesar suyo, madres por elección. Publicado como "Chicas solas" en *Página/12*, sección Psicología.

Meller, I. (2020). Los vínculos hoy. Una lectura desde los estudios psicoanalíticos de género. In I. Fischer (Comp.), *De vínculos, subjetividades y malestares contemporáneos*. Buenos Aires: Entreideas.

Roudinesco, E. (2003). *A família em desordem*. Rio de Janeiro: Jorge Zahar.

Weissmann, L. (2009). *Famílias monoparentais: um olhar psicanalítico*. São Paulo: Casa do Psicólogo. (Coleção Clínica Psicanalítica)

16. Intimidade e contemporaneidade: algumas considerações

Walderez Bittencourt

Na cultura contemporânea, defrontamo-nos com uma intimidade bastante exibida, direcionada e utilizada pelos meios de comunicação com os fins econômicos típicos de nossa sociedade de consumo. A exposição da intimidade adicionou um dado a mais em um fenômeno já por si muito complexo, como são os relacionamentos afetivos.

Segundo Lipovetsky (2020), vivemos uma era hedonista, de hiperconsumismo, individualismo e movida pelo motor da sedução, gerando um perfil de homem preocupado com desempenho e prazeres dos sentidos. A felicidade e a diversão são objetivos de grande significado a serem atingidos tendo em vista o mar de possibilidades que a internet oferece, como os compartilhamentos de fotos, as redes sociais e tantas outras que produzem reconhecimento e gratificação instantâneos.

Esse autor afirma que o homem atual busca a felicidade, o gozo pleno e a alegria, com o culto às sensações imediatas, aos prazeres do corpo e dos sentidos, às volúpias do presente. Ele ainda ressalta que se trata de puro engodo, pois os medos e as angústias que a vida apresenta não desaparecem. O culto do instante não esconde o vazio característico do fato de existir.

Lipovetsky utiliza o termo "turbo consumidor" para se referir às rápidas mudanças sociais e econômicas que levaram o ser humano não apenas ao consumo em massa, mas a uma situação de individualização e mesmo de hiperindividualização do consumo, como se este fosse o direcionador dos sentimentos em torno do ser feliz, o que atingiria todas as esferas sociais e todas as idades. O consumir se espalha para todas as áreas da vida: alimentação, amor, comunicação, educação dos filhos.

A questão da intimidade

Como anda efetivamente a busca de uma intimidade relacional? Como anda o sentido da vida na relação com o outro? A família e as relações afetivas estão sendo valorizadas?

Em 1993, Anthony Giddens, sociólogo inglês, publica o livro *A transformação da intimidade: sexualidade, amor e erotismo nas sociedades modernas*. No que se segue, acompanharemos o texto de Karine Brito dos Santos (2019) intitulado: "Intimidade: uma análise do pensamento de Anthony Giddens".

Karine aponta como atualmente a intimidade tem despertado interesse em razão dos desafios para constituir relacionamentos íntimos sadios. Ela destaca que, para Giddens, a pós-modernidade é, na realidade, a expressão de uma modernidade tardia ou reflexiva, capaz de (re)pensar a construção da intimidade e estabelecer limites necessários para prevenir relacionamentos fixados e viciados.

Na obra citada de Giddens, especificamente no capítulo intitulado "O significado sociológico da codependência", ao caracterizar a construção do conceito de intimidade, ele entrelaça discussões a respeito da codependência enquanto fator limitante ou bloqueador do desenvolvimento sadio da intimidade. Por meio de análise desse capítulo, pode-se constatar que a mulher codependente tem como característica peculiar a busca de proteção e de manutenção do tradicional "papel feminino".

O autor, segundo Karine, aponta a problemática das influências parentais na arquitetura dos relacionamentos interpessoais. Na modernidade reflexiva, as relações de gênero ganham novos contornos, na medida em que homens e mulheres são impelidos a repensar e reconfigurar seus papéis, suas demandas e suas expectativas em prol de um relacionamento mais igualitário, democrático e íntimo, em detrimento de relacionamentos fixados e viciados. Conclui-se que a construção da intimidade sadia tem como condição fundamental a independência emocional e a libertação da toxidade dos vínculos parentais e, para lidar com as transformações da intimidade, torna-se imperativa a reescrita da narrativa do eu.

Para Giddens, na esfera dos relacionamentos interpessoais, a vivência da intimidade se estreita e, ao mesmo tempo, gera uma grande contradição. Se, por um lado, há a busca pela intimidade, a ânsia em conhecer e saber sobre o outro e mostrar de si, por outro, há a evitação, em geral por medo, pela dificuldade em lidar com as implicações imprevisíveis do seu aprofundamento. No universo das mudanças na vida pessoal dos indivíduos, um fato histórico relevante que influenciou e tem reflexos até os dias atuais é, sem dúvida, a revolução sexual que ocorreu nas últimas décadas. A sexualidade sem exigência de reprodução, o uso de contraceptivos eficazes, a autonomia social das mulheres em relação aos homens no campo profissional são algumas questões que emergem nesse contexto.

Giddens aponta que, ao se libertar das tradições, dos tabus e dos constrangimentos morais, os indivíduos são impelidos a construir a si mesmos e, com isso, acabam por reconstruir suas relações interpessoais. A isso o autor denomina "reescrita da narrativa do eu", condição fundamental para conseguir lidar de maneira produtiva e sadia com as transformações da intimidade.

A reflexão a respeito das transformações da intimidade é fundamental para podermos compreender melhor as novas estruturas, funções e essência das relações de gênero estabelecidas a partir da revolução sexual. Se, por um lado, a liberdade sexual trouxe um vislumbre de democratização na esfera pessoal, por outro, suscita desafios e dilemas que precisam ser eleitos como eixo de reflexão. Por exemplo, reflexões sobre o espaço virtual inter-relacional da internet.

O autor traz a reflexividade como parâmetro para análise e compreensão das mudanças da intimidade, ressaltando o papel da mulher como agente catalisador das novas configurações interacionais de cunho socioafetivo que se estabelecem diante dessas transformações.

Na medida em que as relações de gênero são contestadas e re-negociadas ao longo do período moderno, a transversalidade temática da intimidade na modernidade tardia analisada por Giddens (1993) ganha contribuições teóricas notáveis. Bauman (2001) argumenta de modo pontual sobre as relações humanas na modernidade líquida, no intuito de compreender em profundidade a oposição entre o público e o privado. Alberoni (1989) lança também um curioso olhar sobre a intimidade ao explorar o fenômeno da amizade em suas gradações. E, sem dúvida, outro viés interessante é o aprofundamento temático proposto por Kelly (2007), no livro intitulado "Os Sete Níveis da Intimidade", no qual o autor esmiúça o conceito de intimidade, "a fim de compreender como é possível experimentá-lo de modo verdadeiro, a fim de estabelecer vínculos fortes e duradouros". (Santos, 2019, p. 62)

Na medida em que as mulheres saem em busca da igualdade, configura-se uma mudança substancial nas relações humanas, e tanto homens quanto mulheres passam a rever seus papéis uns diante dos outros. Mas, justamente nesse contexto de modificações na esfera da intimidade, a dominação sexual masculina é questionada e combatida, e surge o imperativo de ambos os sexos terem de começar a lidar de fato com as implicações desse fenômeno.

A família é considerada o substrato primário de desenvolvimento da intimidade, sendo, portanto, fundamental aprofundar o estudo de seus vínculos, tanto no tocante à sua natureza quanto no referente à sua qualidade.

A retrospectiva da experiência familiar pode ajudar, portanto, o indivíduo a estabelecer comparações interessantes com os padrões de relacionamentos atuais, abrindo espaço para a reforma no projeto reflexivo do eu e a atualização evolutiva da sua intimidade e da identidade de si como um todo. A compreensão do aspecto intergeracional é condição *sine qua non* para desfazer os mitos, os fantasmas e os preconceitos que sobrevoam o terreno da intimidade na idade adulta. Reavaliar os termos da relação parental passada pode dar pistas para compreender as dificuldades enfrentadas no presente no âmbito da intimidade.

Giddens pontua o caráter ambíguo da intimidade, na medida em que por vezes esta é considerada opressiva, se encarada como "uma exigência emocional constante", e por vezes como "uma negociação transacional de vínculos pessoais, estabelecida por iguais".

Esse último viés confere um caráter completamente distinto à intimidade e eleva o seu *status* no sentido de democratização do domínio interpessoal. Cada um pensando por si e unindo-se para pensar juntos.

Dentre os fatores que coíbem a manifestação da intimidade, tal como Giddens propõe, ressalta-se a identificação com o outro e em certo sentido a falta de abertura ao outro. Para o autor, a reflexividade é uma condição importante para a superação dessa situação de vício.

Pensando o vício e a questão da intimidade, Giddens comenta a fusão do eu com o outro no caso do relacionamento viciado.

A importância da delimitação dos limites pessoais é outro aspecto abordado pelo autor que dificultaria a prática da intimidade. Saber o que pertence a quem é importante para neutralizar os efeitos da identificação projetiva.

Esses limites são fundamentais, por sua vez, para a manutenção da intimidade. Segundo Giddens, intimidade não significa ser absorvido pelo outro, mas conhecer as próprias características.

O autor salienta ainda que intimidade exige "sensibilidade e tato, pois não é o mesmo que viver absolutamente sem pensamentos particulares" (Giddens, 1993, p. 106).

Eis ao menos dez características do relacionamento íntimo, capazes de sugerir a abrangência do conceito de intimidade proposto por Giddens: 1. desenvolvimento do eu como a principal prioridade; 2. desejo de satisfação a longo prazo; 3. equilíbrio e mutualidade no relacionamento; 4. compartilhamento das vontades, dos sentimentos e avaliação do que o seu parceiro significa para você; 5. franqueza; 6. compreensão da individualidade um do outro; 7. o relacionamento está sempre mudando; 8. preocupação saudável com o bem-estar e a evolução do parceiro, com desprendimento; 9. o sexo deriva da amizade e da proteção; 10. solução conjunta dos problemas.

Em contrapartida, eis ao menos cinco aspectos constituintes do relacionamento viciado, capazes de comprometer qualquer tentativa de soerguer a intimidade no relacionamento: 1. necessidade de gratificação imediata; 2. manipulação; 3. falta de confiança; 4. tentativas de mudar o parceiro para satisfazer às próprias necessidades; 5. culpar a si mesmo ou ao parceiro pelos problemas cotidianos.

O processo de decisão constante de lidar com o cônjuge no estabelecimento de "compromissos negociados" constitui a base para a construção de uma nova ética pessoal na vida cotidiana.

Passemos a examinar a questão da intimidade, com suas implicações conjugais tal como se apresentam na clínica atual de casal e família e, neste caso, com o meio virtual permeando o relacionamento em crise.

O que constitui um casal?

Questão que formulamos e que Spivacow (2011) propõe responder da seguinte maneira: "casal não é só o encontro de dois sujeitos . . . o que importa é o que reciprocamente ativam ou desativam um no outro e/ou juntos produzem, o 'entre' os dois" (p. 46).

E, complementando, apoiamo-nos em Eiguer (2013), que propõe o reconhecimento mútuo como função primordial na vida do casal, que implica ampliação do conhecimento, ou seja, como cada um é, bem como o que cada um traz consigo: fantasias, desejos, ilusões. Para se alcançar o reconhecimento mútuo, deve-se reconhecer o outro, ser reconhecido por ele e reconhecer-se a si mesmo. Os que não se sentem reconhecidos, na opinião do autor, entram em conflito e frequentes desentendimentos. "No vínculo de casal, o reconhecimento mútuo é da ordem de amor erótico, o que implica cumplicidade, intimidade, confiança, compartilhamento de alegrias, dores, projetos, família, filhos" (p. 49).

Na grande maioria das vezes, a escolha amorosa vem impregnada de idealizações e projeções que impedem perceber o outro como diferente do eu e vice-versa. Sabemos também da influência dos modelos da família de origem na construção da nova vida conjugal, e suas relações no desencadeamento de conflitos.

Os relacionamentos em rede, por outro lado, oferecem alternância de pessoas, diálogos, níveis de exposição sem o compromisso de vínculos, afetando também nossa capacidade de tratar com humanidade o Outro, que nos é, de fato, estranho.

Diante desse panorama de influências socioculturais massivas na vida mental dos indivíduos, como compreender as implicações desse cenário nas relações de casal e família, em que formas tradicionais de relação convivem com a desafiadora oportunidade de novas experimentações reais ou ilusórias disponíveis nas redes?

Remetemos aqui a um trecho do trabalho de Levisky (2017) sobre intimidade nas relações reais e virtuais. Comentando as novas tecnologias aplicadas aos relacionamentos virtuais na busca de criar relações afetivas, diz a autora que certos indivíduos sentem mais facilidade para compartilhar intimidades pela internet do que presencialmente. Segundo a autora, isso pode acontecer pelo fato de as defesas estarem mais afrouxadas e pela diminuição fantasiosa da crítica. Casais que vivem juntos há muitos anos nem sempre alcançam esse estado.

Se no âmbito dos comportamentos a intimidade sofreu reais transformações, é importante, no entanto, diferenciá-la das questões da permissividade, na medida em que ela cria uma ética de vida pessoal que tem por objetivo a possível conjunção de felicidade, amor e respeito.

O conceito de vincularidade é uma questão fundamental na compreensão teórica do trabalho terapêutico e o vínculo intersubjetivo é seu principal protagonista.

Exemplificamos com o relato de uma história de casal cujos dados pessoais foram alterados e mantidos no anonimato, porém conservando questões fundamentais de sua história.

O caso clínico

O casal que se apresenta, Lucineide e José Carlos, traz como queixa um tema recorrente nos momentos atuais. Desejam terapia de casal: ele, "porque não dá mais", ou "tem dúvidas", e ela, porque "quer salvar o casamento".

Permanecer juntos ou se separar era o tema das primeiras sessões; ele argumentando sobre as dificuldades em conciliar os "temperamentos", ela no empenho de relativizar as "diferenças". Estão casados há 5 anos e têm duas meninas pequenas.

Uma breve apresentação: José Carlos tem 33 anos, nascido no interior do estado de São Paulo, tendo vindo para a capital a chamado de parentes, com o objetivo de trabalhar e estudar, pois era considerado a pessoa mais promissora do círculo familiar. O mais velho de cinco irmãos, José Carlos conseguiu realizar curso superior, trabalhando durante o dia e estudando à noite, o que lhe garantiu trabalho e remuneração estáveis. Considera sua condição satisfatória, distinta da de seus irmãos e demais familiares.

José Carlos testemunhou várias cenas de violência de seu pai alcoólatra contra sua mãe paciente e tolerante, e ouviu muitos relatos sobre o avô, conhecido na região por seus atos arbitrários de crueldade, autoritarismo, intolerância e fanatismo. Essas histórias passaram a fazer parte do folclore familiar, repetidas por seus membros em encontros e reuniões. Essas descrições apresentam um misto de realidade e fantasia que José Carlos relata demonstrando visível interesse na reação da terapeuta.

Lucineide tem 30 anos, é nascida e criada na capital de São Paulo e vem de família de origem modesta. Ela e o irmão não conheceram o pai e viveram com a mãe e avó, essa última a figura mais significativa da família no que diz respeito a compreensão e carinho. Lucineide não sentia interesse pelos estudos, preferia estar na companhia de colegas e amigos, angariando simpatias que mantém até hoje e das quais se orgulha. Conseguiu completar sua formação em curso técnico, o que lhe proporcionou trabalho remunerado e certa independência. Na época do atendimento era dona de casa e parecia se sentir realizada nessa função e como mãe das duas crianças.

Após algumas sessões, soubemos que Lucineide havia perdido a mãe e a avó há algum tempo, restando só seu irmão como familiar mais próximo. Foi também relatado que sua mãe fora "garota de programa", sendo essa revelação feita com muito constrangimento.

O casal relata que as discussões sobre ficar junto ou se separar costumam ser precedidas por ataques verbais, depreciações e acusações mútuas, e seguidas de frieza e distanciamento. Nas sessões, no entanto, conseguem compreender e reparar a violência interna de cada um e manter certo nível de tolerância e companheirismo.

Algumas observações provenientes da sala de espera contribuíam para a compreensão da dinâmica do casal. Chegavam em momentos diferentes, o marido procurava a cadeira mais distanciada da mulher e ficava entretido com seu celular, desligando-o somente ao entrar na sala. Quando comentei esse distanciamento, a esposa acrescentou ser esse comportamento usual, em casa ou fora dela. O marido concorda e afirma ser característico de seu trabalho, deixando claro não dispor de rotina e horários regulares.

Os primeiros encontros do casal ocorreram em meio a amigos comuns que se reuniam nos finais de semana, para conversar e tomar cerveja nos bares do bairro em que moravam.

José Carlos era um dos mais velhos do grupo e exercia certa liderança entre os jovens, considerando-se com maior experiência por já possuir um trabalho fixo.

O encontro entre eles é relatado na sessão por Lucineide em tom saudosista; descreve seu companheiro como pessoa solícita, compreensiva, com empenho em ajudá-la profissionalmente, dando-lhe sugestões e apoio.

Lucineide se mostrou reservada no início do relacionamento, mas aos poucos foi mudando e confiando em José Carlos, especialmente no que se refere a aspectos de sua vida que mantinha em segredo: as vicissitudes pelas quais passara com sua pequena família, privações materiais, e sobretudo vergonha e medo de que descobrissem seu segredo familiar, a prostituição materna.

José Carlos compreendia a cautelosa aproximação da jovem, ajudando-a na superação de suas dificuldades, criando um clima de confiança e intimidade que facilitava a exposição dos sentimentos de Lucineide.

Por sua vez, ela o admirava: considerava-o homem lutador, ambicioso na carreira, empenhado e responsável, qualidades valorizadas por ela.

Lucineide reivindicava a volta do marido do início do relacionamento; sentia falta das conversas íntimas que mantinham, de ser ouvida, compreendida, levada a falar de si mesma, de contar suas histórias. Mas o homem acolhedor tinha ficado para trás.

José Carlos retrucava que não tinha tempo e ficava irritado com as cobranças. Estava permanentemente trabalhando no computador ou no celular em casa e exigia a não interferência em suas tarefas, as quais não eram realizadas nos horários convencionais.

Após o nascimento das crianças, o casal passou a ter poucos encontros sexuais, que gradualmente foram se espaçando e, na ocasião do início da terapia, dormiam em quartos separados.

Concordavam que a vida sexual era pouco estimulante e com o passar do tempo foi se transformando em frios encontros, breves o suficiente para ele, e desapontadores para ela.

No momento que o andamento da terapia estava propiciando maior capacidade para pensar e refletir sobre o que os mantinha juntos e separados, Lucineide relata, de forma perturbada, ter encontrado no celular do marido conversas dele com outra mulher, claramente "um caso". A confirmação se deu quando o encontrou de madrugada, no computador, partilhando de um encontro de sexual virtual com a mesma pessoa.

O casal assumiu o que já conheciam a respeito de cada um e o episódio precipitou o término da relação. Tivemos mais duas sessões sobre a separação, e cada um foi encaminhado para terapia individual, algo solicitado por ela e aceito por ele.

Comentário

O casal José Carlos e Lucineide procurou na terapia de casal a presença de um terceiro para auxiliar a compreender os sentimentos de cada um sem se destruírem mutuamente.

Podemos afirmar que existia um casal? O que caracteriza um casal?

Pôde-se perceber nas sessões como os compromissos comuns não eram negociados, mostrando a falta de alicerce nas conversas para a construção da vida cotidiana.

No tempo que permaneceram em análise, não foi possível investigar as famílias de origem, de forma a percorrer tramas transgeracionais às quais cada um teria ficado preso, dificultando posterior intimidade conjugal.

Por trás do aparente interesse participativo nas sessões, José Carlos era frio e distante de Lucineide, que reagia com acusações raivosas e lágrimas, mas estas não o comoviam. Em casa viviam em guerra e nas sessões podiam pensar a respeito dos conflitos e relacionar o que se passava *entre* os dois.

Lucineide mantinha relação fusional com José Carlos, procurando encontrar nele narcisicamente a proteção contra seus sentimentos de profundo desamparo. Vimos com Giddens as consequências desse posicionamento enquanto fator limitante ou bloqueador do desenvolvimento sadio da intimidade.

A terapia a ajudou a reconhecer sua capacidade de viver sem ele. Curiosamente, quando decidiram pela separação, Lucineide comentou: "Tenho de procurar um emprego". Cuidar da própria vida e tomar nas mãos o seu destino vai lhe fazer muito bem!

De acordo com a hipótese levantada, o episódio de "traição virtual" foi a maneira encontrada por José Carlos para concretizar seu desejo de separação. Com seu distanciamento, ele se defendia de entrar em contato com a história de violência dos homens de sua família.

O vínculo de amor erótico já não os unia: ativavam raiva e frustação um no outro e juntos produziam violência. Ela se refugiava nos filhos, e ele, no computador; ambos substituíam o conjugal pelo parental. Como foram suas relações com as respectivas famílias de origem? Talvez, se tivessem procurado análise antes, muito conflitos e desapontamentos poderiam ter sido evitados.

Como vimos nesse caso, os desencontros na relação amorosa, melhor dizendo, homem-mulher, foram-na esgarçando, abrindo brechas para o afastamento do casal por meio de processos defensivos.

A psicoterapia de casal facilitou a elaboração dos desejos e das possibilidades emocionais para que cada um encontrasse seu próprio caminho.

O caso ocasiona algumas reflexões: a procura de relações sexuais por meio virtual pode ser considerada traição? O fato de haver ou não vínculo amoroso com a personagem da tela configura maior gravidade?

Essas são questões complexas, que têm trazido casais à terapia, pois a exposição virtual da intimidade se tornou fenômeno característico da nossa cultura, no entanto, não cabendo ao terapeuta de casal legislar, expressão usada por Spivacow.

Referências

Bauman, Z. (2001). *Amor líquido: sobre a fragilidade dos laços humanos*. Carlos Alberto Medeiros, Trad. Rio de Janeiro: Zahar.

Eiguer, A. (2013). Desentendimento de casal e luta pelo reconhecimento. In I. C. Gomes (Coord.), *Atendimento psicanalítico de casal* (pp. 45-59). São Paulo: Zagodoni.

Giddens, A. (1993). *A transformação da intimidade: sexualidade, amor e erotismo nas sociedades modernas*. Magda Lopes, Trad. São Paulo: Editora da UEP.

Levisky, B. (2017). Expressões da intimidade nos vínculos: interferência da cultura. *Id*, *39*(63), 41-58.

Lipovetsky, G. (2020, 3 dez.). A sociedade da sedução soberana. *Fronteiras do Pensamento*. Entrevista concedida a Justo Barranca. Recuperado de: https://www.fronteiras.com/entrevistas/gilles-lipovetsky-e-a-sociedade-da-seducao-soberana. Acesso em: ago. 2022.

Santos, K. B. (2019). Intimidade: uma análise do pensamento de Anthony Giddens. *Pleiade*, *13*(28).

Spivacow, M. A. (2011). *La pareja em conflicto: aportes psicoanalíticos*. Buenos Aires: Libros del pasaje.

17. Ética e manejo clínico: algumas considerações

Rosely Pennacchi e Sonia Thorstensen

A psicanálise trouxe alterações no modo de pensar as relações do homem com o Bem, desmascarou certezas e nos obrigou a rever o laço social. Freud anunciara essas questões em seu texto *O mal-estar na civilização* (1930), propondo repensar os fundamentos éticos do laço social: felicidade, completude, ajustes perfeitos entre o que se quer e o que se pode. Deveríamos suportar um mínimo de infelicidade, foi a sugestão de Freud. Ele mostrou com clareza que o mal-estar era o mal-estar do desejo, pois ambos apontam para as condições e os limites em que a natureza humana pode sobreviver.

A ciência, referência social forte na contemporaneidade, abole o sujeito do seu lugar no laço social; sujeito que não consegue mais se manifestar a não ser na marginalidade, em estado de abandono e de solidão moral. Poderíamos ver aí, em resposta, a proliferação das seitas religiosas, o imediatismo procurado nas curas, tornando erráticas as condutas. Isso aponta para a afirmação de que o inconsciente é social.

De fato, o social é designado para suportar a função essencial do Outro (a família, a cultura), desse Outro simbólico que garante o lugar do sujeito e autoriza sua função. O Outro primordial (a função materna) é lugar no qual o sujeito vai se alienar, num primeiro momento, para se constituir enquanto tal e, posteriormente, se diferenciar na busca da sua autonomia de sujeito.

Freud sustenta que o destino do indivíduo não pode ser estudado fora da comunidade na qual está inserido. O semelhante incomoda e invade, mas precisamos dele para ter contorno, confronto e reconhecimento. Duro destino para quem fala!

Como o sujeito faz para não mascarar seu desejo sob as normas sociais e ter responsabilidade sobre este no âmbito coletivo? Como mesclar a ilusão necessária para o viver e a realidade da vida? Como conviver sem perder a singularidade?

A psicanálise não é uma ética, mas, na medida em que se dispõe a refletir sobre o desejo em relação ao outro, suas indagações são bem-vindas.

Philippe Julien (1996), em seu livro *O estranho gozo do próximo*, evoca o texto de Freud de 1930, no qual o autor comenta que um dos preceitos da sociedade civilizada é: "Amarás teu próximo como a ti mesmo". Seria necessário, segue Julien, que o outro "se parecesse tanto comigo que eu amasse a mim mesmo nele" (p. 21).

Para Julien, "se o outro é meu espelho, é muito natural que eu ame meu próximo como a mim mesmo. Mas, nesse caso, não haveria necessidade de preceito. Por que esse preceito então?" (p. 21).

No texto de 1930, Freud ressalta a maldade do ser humano:

> *O homem não é em absoluto esse ser indulgente, de coração sedento de amor, que dizem que só faz defender--se ao ser atacado, mas é, ao contrário, um ser que tem que computar em seus dados instintivos uma dose de agressividade. Para ele, por conseguinte, o próximo é*

não apenas um auxiliar e um objeto sexual possível, mas também um objeto de tentação. De fato, o homem fica tentado a satisfazer sua necessidade de agressão à custa do próximo, a explorar seu trabalho sem remuneração, a utilizá-lo sexualmente sem seu consentimento, a se apropriar de seus bens, humilhá-lo, infligir-lhe sofrimentos, torturá-lo e matá-lo. (p. 132)

A psicanálise é convocada a responder sobre os caminhos que nos permitem reencontrar o semelhante e Julien mostra que a única via é fazer-se suficientemente próximo do próprio vazio central da nossa maldade; dessa alteridade interna, estranha e assustadora.

Julien se afasta, portanto, de uma ética cujo leito é o superego e propõe, com Lacan, a sublimação como fundamento da ética psicanalítica. A sublimação abre uma via de reconciliação com o semelhante em sua estranheza, em sua alteridade absoluta. Lembremos que, segundo Lacan, a agressividade é simultânea ao estágio do espelho e, portanto, constitutiva.

A proposta de Julien é a de uma "ética do bem-dizer". Dar à palavra sua dimensão instauradora do laço social.

Sabemos que o amor ao próximo pode ser tão mais cruel quanto mais incondicional. Afinal, amar (o estranho, diferente de mim) *como a mim* implica a anulação de toda a alteridade. Anulação bastante tentadora: fazer do próximo um idêntico (e não um *semelhante na diferença*), suprimindo nele tudo o que é estranho ao eu.

Júlia Kristeva (1993), em seu livro *As novas doenças da alma*, também abordou esse tema. No que se segue, acompanharemos a bela resenha de Ivanise Fontes (2002) sobre o livro de Kristeva.

Segundo a autora, Kristeva faz uma análise consistente das repercussões de nossos tempos modernos naquilo que chamamos

382 ÉTICA E MANEJO CLÍNICO: ALGUMAS CONSIDERAÇÕES

de vida psíquica. A questão apresentada por Kristeva é: "Quem, hoje em dia, ainda tem alma?".

Kristeva evidencia a instigante interrogação que nos remete à construção de nossa vida interior. Habitante de um espaço e de um tempo fragmentados, o homem moderno, segundo ela, mal reconhece sua fisionomia. Pressionado pelo estresse, impaciente por ganhar e gastar, por desfrutar e morrer, não tem o tempo nem o espaço necessários para construir uma alma, pois está submetido a uma redução espetacular de seu espaço psíquico.

Espetáculo aqui é palavra-chave para a constatação a que nos leva Kristeva: a de que a sociedade-show produz a atrofia do psiquismo. Pois a clínica deste início de século nos mostra, de fato, uma certa atrofia da vida psíquica em nossos pacientes. As novas nosografias, que incluem as falsas-personalidades, os estados psicossomáticos, as toxicomanias, as depressões, têm como denominador comum a incapacidade de representação. Esses pacientes também denominados "modernos" empregam cada vez mais uma linguagem artificial, vazia, robotizada, monossilábica.

Voltando aos comentários sobre Kristeva, a autora enfatiza que boa parte de nosso mal contemporâneo se origina na inibição do tempo sensível. Torna-se, portanto, vital resgatar a ligação do corpo à palavra porque não haveria despertar do sujeito enquanto uma significação de suas percepções e sensações não tivesse lugar.

Kristeva não deixa de fora os analistas e se pergunta: "Para que servem os analistas em tempo de desgraça que é ignorada?". E também propõe que a psicanálise de hoje, e sem dúvida a de amanhã, volte-se mais atentamente para a pulsão: "Após seu período linguístico, a psicanálise precisa decifrar a dramaturgia das pulsões para além da significação da linguagem". Vale a pena repetir suas palavras: "A psicanálise poderia ser um dos raros lugares preservados, de mudança e surpresa, isto é, de vida".

Algumas observações sobre o manejo clínico

O manejo clínico é sempre um ponto sensível de qualquer intervenção psicanalítica, mais ainda quando se trata de atendimentos de casal e família, dada a multiplicidade de estímulos a que o analista está exposto. No caso a caso da clínica, e interagindo com a bagagem emocional de cada analista, uma relação em grupo vai se construindo, sujeita sempre às regras éticas da escuta psicanalítica e da abstinência, ou seja, ao próprio cerne da formação do analista.

Atender um casal ou uma família, no entanto, em muitos aspectos, não é equivalente ao atendimento individual. Não nos ocuparemos aqui das questões referentes ao atendimento individual, apenas apontaremos alguns temas mais frequentes no atendimento do casal e da família. Sempre lembrando, como Spivacow (2020) não se cansa de repetir, que se trata de uma prática em construção.

Ele sublinha como "os modos de intervenção do analista numa sessão de casal são variados, inclassificáveis e se decidem no andar do caso. Podem apontar ao vincular, ao singular, ao cultural, às crenças sobre o casal" (p. 234).

A questão central se situa no que ele chamou de *estado mental de casal*. Como já foi mencionado na Introdução:

> *trata-se de um estado mental que deve estar presente no analista e que, se as coisas vão bem na terapia, esse estado mental será internalizado pelos parceiros. Quando o analista assim se coloca, o foco central da análise é a relação. Dessa forma, mesmo que o analista esteja se referindo ao funcionamento de um ou de outro, ou de ambos, ele terá sempre em mente a relação, e a considera de uma perspectiva intersubjetiva.* (p. 52)

384　ÉTICA E MANEJO CLÍNICO: ALGUMAS CONSIDERAÇÕES

Pensamos que a manutenção desse posicionamento mental já garante uma parte importante da qualidade da escuta do casal e da família.

Lembremos que uma armadilha estará sempre à espreita do analista: a de, inconscientemente, colocar-se no papel de juiz, ou de se aliar a um dos parceiros.

> *O fato de dirigir-se simultaneamente a duas ou mais pessoas, geralmente em conflito, implica uma multiplicidade de questões técnicas e a principal é que diante da fala do analista um dos membros do casal pode se sentir apoiado e o outro perseguido, desassistido, julgado. Suas palavras sempre serão recebidas num campo de conflitos e raivas, em busca de um juiz. (Spivacow, 2020, p. 235)*

Uma saída para não incorrer nesse risco é esperar para fazer a intervenção quando puder evidenciar as dinâmicas dos dois lados, isto é, o que um causa no outro, implicando, dessa forma, os dois ao mesmo tempo e levando cada um a uma introspecção.

A dificuldade que pode ocorrer nesse momento é o analista começar a apontar a dinâmica de um parceiro e o outro, sentindo-se confirmado em sua queixa, interromper, apoiando o analista. Ao fazer isso, ele desequilibra a comunicação e suscita mais agressividade no parceiro. Nessa situação, o analista deve pedir que o outro espere ele completar o pensamento e acrescentar que, de toda forma, num casal ambos sempre serão corresponsáveis pelo que se passa; trata-se de descobrir como se constrói essa "engrenagem maléfica".

O fato é que com casal ou família se trabalha mergulhado num campo pulsional tenso. Para compreendê-los, é necessário se deixar "contaminar" com esses sentimentos conflituosos e, em seguida, retirar-se deles para contribuir com uma intervenção vincular eficaz. Nesses momentos mais tensos, a intervenção deve ser sempre vincular.

Por exemplo: "Veja, Maria, quando você diz que João não colabora com você em casa, ele se sente injustiçado e emudece para não ser agressivo com você. E aí, João, você emudece e Maria sente que você não percebe como ela está sobrecarregada de tarefas. Quanto mais você emudece, mais ela fica agressiva e aí você emudece mais".

Trata-se de ir apontando os círculos viciosos que eles constroem para si mesmos e abrindo espaço para que um círculo benéfico possa ocorrer.

Spivacow (2020) não utiliza o termo "interpretação" no atendimento de casal e propõe "intervenção vincular". Segundo ele, o objetivo central é esclarecer ou modificar a maneira como os membros do vínculo contribuem para um tipo de funcionamento que causa sofrimento a ambos; como um sujeito influencia o outro, consciente e inconscientemente, como ativam ou desativam certas atitudes no outro, como constroem ou retroalimentam reações repetitivas entre os dois. Trata-se de identificar quais fenômenos complexos levam dois sujeitos a se relacionar, sentir, conter, expulsar, sintonizar, manipular da forma que o fazem.

O autor também não utiliza o conceito de "associação livre", mas "discurso conjunto": "o que um diz dá sentido à produção do outro, retificando condutas e palavras. As interferências do outro, sua presença disruptiva constituem a própria matéria do discurso conjunto e a expressão em sessão do intersubjetivo" (p. 233).

O discurso conjunto se manifesta nas falas e também nas encenações: mímicas, trejeitos, a que o analista deve prestar atenção.

No que se refere às falas, devemos atentar para mal-entendidos, interrupções, manipulações, repetições, conteúdos idênticos nas falas dos dois, polarizações, distribuições de papéis, induções,

386 ÉTICA E MANEJO CLÍNICO: ALGUMAS CONSIDERAÇÕES

argumentações inaceitáveis, contradições entre conteúdo da fala e formas de o falar, as interinfluências fantasmáticas.

Questões éticas podem se evidenciar no decorrer de um atendimento (ser testemunha de abusos, atitudes perversas, violências), obrigando, por vezes, o analista a ter de tomar uma decisão sobre qual caminho trilhar para além de sua atividade específica. Nesses casos, é aconselhável procurar ajuda junto a colegas mais experientes ou montando uma equipe multidisciplinar de apoio.

Por outro lado, como no atendimento individual, cada analista terá seus impedimentos emocionais para determinado tipo de caso, o que, naturalmente, deve ser respeitado. Por exemplo, muitos analistas não se sentem à vontade com níveis elevados de agressividade verbal num casal ou família. E, de fato, quando a agressividade vier a se manifestar por meio de ataques físicos, a maioria dos analistas aponta para a necessidade de atendimento multidisciplinar (Spivacow, 2020, 2016), no qual deve ocorrer a interdição da passagem ao ato.

A clínica de casal e família é muito variada em suas necessidades e nas formas de atendê-las. E, como aponta Spivacow, trata-se de uma prática em construção. Nesse sentido, não há regras que sirvam para todos os casos, nem para todos os analistas. De modo geral, no atendimento de casal, é usual não receber os parceiros separadamente: se um faltar ou atrasar, o outro espera fora da sala ou desiste da sessão.

No caso de família, a regra tende a ser atender no mínimo dois que se apresentem, mas nenhum individualmente. Por outro lado, atende-se o casal parental, ou a figura que ocupa esse lugar, separado dos filhos sempre que necessário. Ao agir assim, enfatizam-se seus lugares simbólicos, base de toda organização familiar.

Como se preparar para o atendimento de casais e famílias a partir do referencial psicanalítico? Essa função implica a formação usual em psicanálise com seu famoso tripé: análise pessoal, supervisão e muito estudo, acrescido de uma clara visão do funcionamento interpsíquico e de como lidar com ele.

Também é necessário que o analista tenha plasticidade, flexibilidade, tenacidade e paciência. Como diz Calligaris (2004), que ele possua alguns traços de caráter ou de personalidade que dificilmente podem ser adquiridos no decorrer da formação. O analista precisaria contemplar com carinho, sem julgar, as várias condutas humanas e que tivesse também a vontade de mexer com a vida dos outros, de ensiná-los e influenciá-los?

De fato, o que ele propõe é que a escolha da direção ou do caminho não deve ser decidida por uma norma, nem mesmo por uma sabedoria, mas animada pela curiosidade e pela vontade de escutar.

Acrescente-se ao que já foi dito a necessidade de interesses culturais múltiplos por parte do analista, estudos constantes e retornos periódicos à análise pessoal. Além disso, a supervisão é essencial nos primeiros anos e a discussão dos casos difíceis com colegas mais experientes é fundamental. É emocionalmente muito trabalhoso transitar pelos meandros dos conflitos conjugais ou familiares sem se perder neles.

Como em todo trabalho analítico, a psicanálise com casal e família envolve: análise pessoal, supervisões constantes e muito, muito estudo!

Referências

Calligaris, C. (2004). *Cartas a um jovem terapeuta*. Rio de Janeiro: Elsevier.

Fontes, I. (2002). Resenha de "As novas doenças da alma" de Júlia Kristeva. *Revista Latinoamericana de Psicopatologia Fundamental, V*(4), 161-163.

388   ÉTICA E MANEJO CLÍNICO: ALGUMAS CONSIDERAÇÕES

Freud, S. (1930). O mal-estar na civilização. In S. Freud, *Edição Standard Brasileira das Obras Completas de Sigmund Freud* (Vol. XXI). Rio de Janeiro: Imago, 1980.

Julien, P. (1996). *O estranho gozo do próximo*. Rio de Janeiro: Zahar.

Kristeva, J. (1993). *As novas doenças da alma*. Rio de Janeiro: Rocco.

Spivacow, M. (2016). *La pareja en conflito*. Buenos Aires: Paidós.

Spivacow, M. (2020). *Amores en crisis*. Buenos Aires: Paidós.

Considerações finais

Nossa ideia inicial a respeito deste livro foi de que pudesse servir como introdução aos temas básicos e recorrentes na psicanálise de casal e família. Assim, cada autora foi convidada a escrever sobre o que considerava mais fundamental transmitir aos jovens iniciantes nessa atividade clínica. Pensamos que, dessa maneira, conservaríamos melhor a intensidade afetiva que caracteriza a implicação de cada uma de nós com o tema "casal e família".

Por outro lado, também solicitou-se que a abordagem, embora clínica, fosse acompanhada de uma amarração teórica que possibilitasse algum acercamento das teorias que embasam nosso trabalho. Desse modo, o pensamento teórico aqui desenvolvido ajudará no desbravamento de novos territórios.

Analistas principiantes podem sentir receio de trabalhar com a intensidade emocional que surge na terapia com casal ou família. Deparar com a complexidade de estímulos que irrompe na sessão com casais pode ser excessivo para o terapeuta iniciante. Por exemplo: a problemática aparente pode ser a escolha da escola da criança; esse é o conteúdo manifesto da queixa e a questão pode provocar brigas

390   CONSIDERAÇÕES FINAIS

violentas. A escuta atenta do analista poderá chegar ao material latente de tal divergência: histórias das famílias de origem, ideologias sobre educação que perpassam várias gerações, lutos não resolvidos etc. A pesquisa obsessiva das escolas, no caso, é o recorte simplificador da questão maior. Cabe ao terapeuta captar essa situação e ajudar o casal a encontrar os motivos inconscientes de seu conflito.

Quais seriam as queixas mais frequentes dos casais?

A procura surge, em geral, quando ocorrem certos desequilíbrios nas alianças. Por exemplo: dificuldades sexuais, traições, nascimento do primeiro filho, crescimento desigual de um dos parceiros do casal em relação ao outro, dificuldades com os filhos, desentendimentos quanto à educação, violência no casal, tarefas de casa não divididas, o celular como terceiro elemento da relação, distanciamento de objetivos, dificuldades financeiras, perda de admiração, entre outros.

Sabemos que toda união implica, obrigatoriamente, um eco de castração. O "masculino" e o "feminino" possuem modalidades essencialmente distintas quanto a amor, desejo e gozo. Entre a satisfação buscada e a satisfação encontrada, sempre persistirá uma diferença e esta terá efeito de re-lance do desejo. Falta que circulará em seus deslocamentos e retornos e sustentará o desejo em sua busca substitutiva. Fracasso que colocará novamente o processo em marcha.

Muitas vezes, o laço conjugal necessita de reinvestimento, apesar dos múltiplos desencantamentos que o casamento, especialmente os de longa duração, pode promover. É custoso manter o espaço amoroso, é custoso compartilhar, viver a dois dá trabalho.

Lidar com os sonhos que depositamos no outro e a realidade que depois se coloca, recolorir o manto de objeto primário com o qual cobrimos o objeto amado evoca a inquietante estranheza freudiana. O retorno do recalcado inquieta.

O vínculo inclui subjetividades em jogo e se desdobra em duas direções: a narcísica, marcada pela fusão e pela ilusão de plenitude resultante do encontro com o outro, pela marca do desamparo primordial, e outra marcada pelo reconhecimento da alteridade. Condenado ao investimento e à busca do outro para sobreviver, inevitavelmente o sujeito vivencia a carência afetiva.

Essa é a dimensão do trabalho dos lutos na clínica conjugal.

Pensemos agora na compulsão à repetição no trabalho analítico com casais e famílias. Sigamos o pensamento de Thorstensen a respeito do tema:

> *De fato, nada mais próximo dos aspectos mortíferos da compulsão à repetição do que a reedição compulsiva dos mesmos discursos carregados de ressentimentos e hostilidade a que os parceiros frequentemente se entregam num gozo destrutivo e vingativo. Sessão após sessão, esse processo pode se desenrolar se não for suficientemente estancado por uma interpretação certeira do terapeuta visando, justamente, evidenciar a resistência ao trabalho de luto inerente a toda relação amorosa. Os ataques configuram-se como defesas diante da dor e da desilusão face a alteridade do outro . . . um cônjuge pode inconscientemente se comportar de modo a obter uma alteração no comportamento do parceiro para que este se modifique na direção dos seus desejos. Quando isso não ocorre o cônjuge aumenta a intensidade de suas manobras para obter o resultado desejado. E quanto mais o outro se sente pressionado a mudar seu comportamento habitual, mais se apega a ele criando-se assim um círculo vicioso de ressentimentos . . . por que um casal se entregaria a esse tipo de jogo verdadeiramente demoníaco, no dizer*

de Freud, ao invés de procurar saídas negociadas para seus conflitos?[1]

Vale lembrar que a sexualidade adulta se constitui sobre a infantil, com as exigências próprias do processo primário ou princípio do prazer; nele, o impulso procura sua satisfação passando sem barreiras em busca de vivências de satisfação do desejo primitivo: "quero tudo aqui, já, e mais ainda...". Ressentimentos encontram aí o campo fértil para se instalar. A dupla amor/ódio estará inexoravelmente implicada em toda relação amorosa. O princípio de realidade vai se instalar aos poucos, concomitantemente à instalação do "outro" como alteridade, o "outro" enquanto diferente de si mesmo. Fica mais fácil entender por que a questão da violência conjugal é presença frequente em nossa clínica.

Essa é a dimensão da compulsão a repetição na clínica conjugal. E quais seriam os benefícios terapêuticos do atendimento de casais?

Desenvolver algum grau de sintonia/validação no casal. Sintonia inclui receptividade ao outro de forma tal que as representações regidas pelo princípio de realidade se ligam às transferências que sustentam a relação. Validação é a aceitação e a legitimação do que se capta do outro tal como é, sem pretender modificá-lo. Trata-se de sustentar o que a presença do outro cria. Também sentir-se incluído em pactos e acordos, propor-se a revisões e ter muita criatividade. De modo geral, o terapeuta de casal e família deve procurar que Eros circule mais e melhor entre eles, além de tratar os conflitos apresentados, evidentemente.

Uma observação final. Segundo constatamos, a questão da transmissão psíquica tem sido prevalente na literatura atual sobre

---

1 Thorstensen, S. (2017). *A indisponibilidade sexual da mulher como queixa conjugal: a psicanálise de casal, o sexual e o intersubjetivo* (p. 382). São Paulo: Blucher.

psicanálise de casal e família. Não foi diferente com nossas autoras em sua livre escolha de temas. Neste caso, cabe uma reflexão mais aprofundada. Sabemos que nem tudo o que se transmite é da ordem do constitutivo e do formativo do novo ser. Em muitas situações, trata-se verdadeiramente da ordem do patológico. Que tipo de trabalho preventivo seria possível oferecer para a promoção da saúde mental da família? Como nossos jovens colegas poderão desenvolver toda essa imensa área?

Esperamos e confiamos que a leitura deste livro possa provocar e inspirar nossos leitores! Agradecemos às colegas do Grupo Vincular, que tão gentilmente aceitaram nosso convite para participar desta obra e que muito contribuíram com dedicação e rigor teórico.

Sobre as autoras

Celia Blini de Lima

Psicanalista e terapeuta familiar. Mestre e doutora pelo Instituto de Psicologia da Universidade de São Paulo (IPUSP). Membro efetivo da Sociedade Brasileira de Psicanálise de São Paulo (SBPSP). Membro fundador da Associação Brasileira de Psicanálise de Casal e Família (ABPCF). Autora de artigos e capítulos de livros na área clínica e de família. E-mail: celiablini@gmail.com.

Isabel Cristina Gomes

Livre-docente e professora titular do Departamento de Psicologia Clínica do Instituto de Psicologia da Universidade de São Paulo (IPUSP). Coordenadora do Laboratório de Casal e Família: Clínica e Estudos Psicossociais do IPUSP. Membro da Associação Internacional de Psicanálise de Família e Casal (AIPCF). Membro fundador da Associação Brasileira de Psicanálise de Família e Casal (ABPCF). Orientadora de mestrado e doutorado. Tem várias publicações na área de psicanálise de casal e família. E-mail: isagomes.usp@gmail.com.

Lisette Weissmann

Psicanalista de casais, famílias e individual. Mestre e doutora em Psicologia. Membro do Departamento de Psicanálise do Instituto Sedes Sapientiae e da Associação Brasileira de Psicanálise de Família e Casal (ABPCF). Professora do CEP, da BSP, professora convidada do Instituto Sedes Sapientiae e da Universidade de São Paulo (USP). Autora dos livros *Famílias monoparentais: um olhar psicanalítico* (Casa do Psicólogo, 2009), *Atendimento psicanalítico de família* (Zagodoni, 2014), em coautoria com Isabel Cristina Gomes, e *Interculturalidade e vínculos familiares* (Blucher, 2019). E-mail: lisettewbr@gmail.com.

Magdalena Ramos

Psicanalista e terapeuta de casal e família. Ex-professora do Núcleo de Casal e Família da Pontifícia Universidade Católica de São Paulo (PUC-SP), cargo que ocupou por 30 anos. Supervisora de família na Clínica de Anorexia e Bulimia no Instituto Sedes Sapientiae. Organizadora dos livros: *Casal e família como paciente* (Escuta, 1999), *Terapia de casal e família: o lugar do terapeuta* (Brasiliense, 1998) e *Novas fronteiras da clínica psicanalítica de casal e família* (Escuta, 2016) e autora de capítulo no livro *Atendimento psicanalítico da anorexia e bulimia* (Zagodoni, 2015). E-mail: magdaramos@uol.com.br.

Maria Inês Assumpção Fernandes

Livre-docente e professora titular do Departamento de Psicologia Social e do Trabalho do Instituto de Psicologia da Universidade de

São Paulo (IPUSP). Coordenadora do Laboratório de Estudos em Psicanálise e Psicologia Social (LAPSO) do IPUSP. Presidente da Associação Internacional de Psicanálise de Casal e Família (AIPCF) e membro fundador da Associação Brasileira de Psicanálise de Casal e Família (ABPCF). Psicanalista com várias publicações na área de psicanálise de grupo, casal e família. E-mail: marines@usp.br.

Maria Lucia de Souza Campos Paiva

Psicanalista e psicóloga. Doutora em Psicologia Clínica pelo Instituto de Psicologia da Universidade de São Paulo (USP). Membro da equipe do Programa da Mulher Dependente Química do Instituto de Psiquiatria da Faculdade de Medicina da USP (PROMUD-Ipq/FMUSP) e do Departamento de Psicanálise do Instituto Sedes Sapientiae. Membro fundador e da Diretoria (de 2017 até o momento) da Associação Brasileira de Psicanálise de Casal e Família (ABPCF) e membro da Diretoria (biênio 2014-2016) e do Conselho Administrativo (de 2014 até o momento) da Associação Internacional de Psicanálise de Casal e Família (AIPCF). Trabalha em consultório particular em atendimento individual, de casal e família. E-mail: mlupaiva@alumni.usp.br.

Maria Luiza Dias

Psicóloga e psicanalista de casal e família. Membro fundador da Associação Brasileira de Terapia Familiar (Abratef) e da Associação Brasileira de Psicanálise de Casal e Família (ABPCF). Membro da Associação Internacional de Psicanálise de Casal e Família (AIPCF). Presidente da Associação Paulista de Terapia Familiar (APTF) (gestão 2010-2012). Mestre pela Pontifícia Universidade Católica de São Paulo (PUC-SP), doutora pela Universidade de São Paulo (USP) e tem pós-doutorado pelo Instituto de Psicologia da USP (IPUSP). Docente universitária e supervisora clínica. Especialista em Psicologia Clínica pelo Conselho Regional de Psicologia de São Paulo (CRP/SP). Coordenadora da Formação em Psicanálise de Casal e Família da Laços Psicologia. E-mail: ml.lacospsicologia@yahoo.com.br.

Rosely Pennacchi

Pedagoga, psicóloga e psicanalista. Mestre em Comunicação e Semiótica pela Pontifícia Universidade Católica de São Paulo (PUC-SP). Membro da Associação Internacional de Psicanálise de Casal e Família (AIPCF). Membro fundador da Associação Brasileira de Psicanálise de Casal e Família (ABPCF). Coordenadora do grupo Trama e Urdidura: Família, Psicanálise e Contemporaneidade desde 2004. De 2017 a 2020, foi professora do curso Família: Origens e Transformações na Contemporaneidade e seus Efeitos na Educação, da Coordenadoria Geral de Especialização, Aperfeiçoamento e Extensão (Cogeae) da PUC-SP. E-mail: pennacchirosely@gmail.com.

Ruth Blay Levisky

Psicóloga e psicanalista de grupo, casal e família. Presidente da Associação Brasileira de Psicanálise de Casal e Família (ABPCF) de 2017 a 2021, secretária adjunta da atual Diretoria da ABPCF (2021-2023), membro da Associação Internacional de Psicanálise de Casal e Família (AIPCF) e do Conselho da AIPCF (2006-2014). Bióloga, mestre e doutora em Genética Humana pela Universidade de São Paulo (USP). Autora de livros e artigos especializados nas áreas de psicanálise e de genética humana. Organizadora, junto com

Maria Luiza Dias e David Léo Levisky, do *Dicionário de psicanálise de casal e família* (Blucher, 2021). E-mail: blaylevisky@gmail.com.

Silvia Brasiliano

Psicanalista e psicóloga, especialista em Casal e Família pelo Instituto Sedes Sapientiae. Doutora em Ciências pela Faculdade de Medicina da Universidade de São Paulo (FMUSP). Coordenadora do Programa da Mulher Dependente Química (PROMUD) do Instituto de Psiquiatria da Faculdade de Medicina da Universidade de São Paulo (IPq-FMUSP). Membro efetivo do Núcleo de Estudos em Saúde Mental e Psicanálise das Configurações Vinculares (NESME), membro fundador e da Diretoria (biênios 2005-2007 e 2007-2009) da Associação Brasileira Multidisciplinar de Estudos sobre Drogas (ABRAMD) e membro fundador e da Diretoria (de 2017 até o momento) da Associação Brasileira de Psicanálise de Casal e Família (ABPCF). Trabalha em consultório particular com adultos, casais e famílias. E-mail: brasili@netway.com.br.

Sonia Thorstensen

Psicóloga clínica pela Pontifícia Universidade Católica de São Paulo (PUC-SP), psicanalista, mestre em Educação pela Universidade de Stanford, mestre e doutora em Psicologia Clínica, Núcleo de Psicanálise, pela PUC-SP. Membro fundador da Associação Brasileira de Psicanálise de Casal e Família. Membro da Sociedade Internacional de Psicanálise de Casal e Família. Coordenadora do Grupo Trama e Urdidura: Família, Psicanálise e Contemporaneidade desde 2004. Professora convidada no curso de extensão Família: Origens e Transformações na Contemporaneidade e seus Efeitos na Educação na Coordenadoria Geral de Especialização, Aperfeiçoamento e

400 SOBRE AS AUTORAS

Extensão (COGEAE) da PUC-SP, de março de 2017 a dezembro de 2020. Autora dos livros *Incestualidade: um pathos familiar* (Casa do Psicólogo, 2012) e *A indisponibilidade sexual da mulher como queixa conjugal* (Blucher, 2017), além de ser autora de artigos em revistas nacionais e internacionais. E-mail: sthorstensen@terra.com.br.

Walderez Bittencourt

Psicóloga clínica, mestre e doutora pela Universidade de São Paulo (USP). Membro fundador da Associação Brasileira de Psicanálise de Família e Casal (ABPFC). Coordenadora do Programa de Terapia Familiar do Centro de Estudos e Assistência a Família (CEAF), organização não governamental de São Paulo. E-mail: walderezbittencourt@outlook.com.

Série Psicanálise Contemporânea

Adoecimentos psíquicos e estratégias de cura: matrizes e modelos em psicanálise, de Luís Claudio Figueiredo e Nelson Ernesto Coelho Junior

O brincar na clínica psicanalítica de crianças com autismo, de Talita Arruda Tavares

Budapeste, Viena e Wiesbaden: o percurso do pensamento clínico-teórico de Sándor Ferenczi, de Gustavo Dean-Gomes

Clínica da excitação: psicossomática e traumatismo, de Diana Tabacof

Do pensamento clínico ao paradigma contemporâneo: diálogos, de André Green e Fernando Urribarri

Do povo do nevoeiro: psicanálise dos casos difíceis, de Fátima Flórido Cesar

Em carne viva: abuso sexual de crianças e adolescentes, de Susana Toporosi

Escola, espaço de subjetivação: de Freud a Morin, de Esméria Rovai e Alcimar Lima

402 SÉRIE PSICANÁLISE CONTEMPORÂNEA

Expressão e linguagem: aspectos da teoria freudiana, de Janaina Namba

Fernando Pessoa e Freud: diálogos inquietantes, de Nelson da Silva Junior

O grão de areia no centro da pérola: sobre neuroses atuais, de Paulo Ritter e Flávio Ferraz

Heranças invisíveis do abandono afetivo: um estudo psicanalítico sobre as dimensões da experiência traumática, de Daniel Schor

Histórias recobridoras: quando o vivido não se transforma em experiência, de Tatiana Inglez-Mazzarella

A indisponibilidade sexual da mulher como queixa conjugal: a psicanálise de casal, o sexual e o intersubjetivo, de Sonia Thorstensen

Interculturalidade e vínculos familiares, de Lisette Weissmann

Janelas da psicanálise: transmissão, clínica, paternidade, mitos, arte, de Fernando Rocha

O lugar do gênero na psicanálise: metapsicologia, identidade, novas formas de subjetivação, de Felippe Lattanzio

Os lugares da psicanálise na clínica e na cultura, de Wilson Franco

Metapsicologia dos limites, de Camila Junqueira

Os muitos nomes de Silvana: contribuições clínico-políticas da psicanálise sobre mulheres negras, de Ana Paula Musatti-Braga

Nem sapo, nem princesa: terror e fascínio pelo feminino, de Cassandra Pereira França

Neurose e não neurose, 2. ed., de Marion Minerbo

A perlaboração da contratransferência: a alucinação do psicanalista como recurso das construções em análise, de Lizana Dallazen

Psicanálise de casal e família: uma introdução, com organização de Rosely Pennacchi e Sonia Thorstensen

Psicanálise e ciência: um debate necessário, de Paulo Beer

Psicossomática e teoria do corpo, de Christophe Dejours

Relações de objeto, de Decio Gurfinkel

Ressonâncias da clínica e da cultura: ensaios psicanalíticos, de Silvia Leonor Alonso

Sabina Spielrein: uma pioneira da psicanálise – Obras Completas, volume 1, 2. ed., com organização, textos e notas de Renata Udler Cromberg

Sabina Spielrein: uma pioneira da psicanálise – Obras Completas, volume 2, com organização, textos e notas de Renata Udler Cromberg

O ser sexual e seus outros: gênero, autorização e nomeação em Lacan, de Pedro Ambra

O tempo e os medos: a parábola das estátuas pensantes, de Maria Silvia de Mesquita Bolguese

Tempos de encontro: escrita, escuta, psicanálise, de Rubens M. Volich

Transferência e contratransferência, 2. ed., de Marion Minerbo